Prof. Dr. Reza Asghari, geb. 1961, ist Professor für Betriebswirtschaftslehre, Internetökonomie und E-Business an der Fachhochschule Braunschweig/Wolfenbüttel. Nach dem Studium der Wirtschaftsinformatik promovierte er 1997 am Institut für Wirtschaftswissenschaften der TU Braunschweig. Er hat mehrere Jahre in der IT-Branche, u.a. bei Oracle Deutschland gearbeitet. Er ist geschäftsführender Leiter des Instituts für E-Business (*www.institut-e-business.de*) an der Fachhochschule Braunschweig/Wolfenbüttel.

Reza Asghari (Hrsg.)

E-Government in der Praxis

Reza Asghari (Hrsg.)

# E-Government in der Praxis
Leitfaden für Politik und Verwaltung

Software & Support Verlag GmbH
Frankfurt 2005

Asghari, Reza (Hrsg.): E-Government in der Praxis.
Leitfaden für Politik und Verwaltung.
Frankfurt, 2005
ISBN 3-935042-53-1

© 2005 Software & Support Verlag GmbH

http://www.software-support-verlag.de
http://www.entwickler.com/buecher/egovernment

Ihr Kontakt zum Verlag und Lektorat: lektorat@software-support.biz

Bibliografische Information Der Deutschen Bibliothek
Die Deutsche Bibliothek verzeichnet diese Publikation in der Deutschen Nationalbibliografie; detaillierte bibliografische Daten sind im Internet über http://dnb.ddb.de abrufbar.

Korrektorat: Ursula Welsch
Satz: text & form GbR Carsten Kienle
Umschlaggestaltung: Melanie Hahn
Belichtung, Druck und Bindung: M.P. Media-Print Informationstechnologie GmbH, Paderborn.
Alle Rechte, auch für Übersetzungen, sind vorbehalten. Reproduktion jeglicher Art (Fotokopie, Nachdruck, Mikrofilm, Erfassung auf elektronischen Datenträgern oder andere Verfahren) nur mit schriftlicher Genehmigung des Verlags. Jegliche Haftung für die Richtigkeit des gesamten Werks kann, trotz sorgfältiger Prüfung durch Autor und Verlag, nicht übernommen werden. Die im Buch genannten Produkte, Warenzeichen und Firmennamen sind in der Regel durch deren Inhaber geschützt.

# Inhaltsverzeichnis

Vorwort .................................... 11
Grußwort zur E-Government-Tagung des
Instituts für E-Business ....................... 13
Vorwort des Herausgebers ..................... 15

1 **Digitale Evolution im Staat** ................. 17
  1.1 E-Government-Phasen .................... 20
  1.2 Geschäftsmodelle ........................ 21
      1.2.1 G2C (Government-to-Citizen) ....... 22
      1.2.2 E-Partizipation .................... 24
      1.2.3 G2B (Government-to-Business) ...... 25
      1.2.4 G2G (Government-to-Government) ... 27
  1.3 Kostensenkung im öffentlichen Sektor ....... 27
  1.4 Prozessoptimierung als Grundlage des E-Government .. 30
  1.5 Application Service Providing (ASP) ........ 33

2 **Organisationsoptimierung und Prozessmanagement in öffentlichen Verwaltungen** .................. 35
  2.1 Informationstechnologie und
      Verwaltungsmodernisierung ................ 35
  2.2 Organisations- und Prozessstrukturen in
      öffentlichen Verwaltungen ................. 36
  2.3 Modernisierung von Organisations- und
      Prozessstrukturen ........................ 40
  2.4 Ansätze zur Organisationsoptimierung ....... 43
      2.4.1 Zielorientiertes Organisationsmanagement ... 43
      2.4.2 Geschäftsprozessoptimierung ....... 43
      2.4.3 Qualitätsmanagement .............. 49
      2.4.4 Kommunikations- und Informationstechnik ... 50

2.4.5 Neuausrichtung der Aufbauorganisation ...... 53
2.4.6 Personalmanagement .................... 58
2.5 Beispiele für Prozessoptimierung durch
E-Government ............................... 59
2.5.1 Projektmanagement bei der Einführung von
E-Government ......................... 59
2.5.2 Information ........................... 61
2.5.3 Kommunikation ........................ 62
2.5.4 Transaktion ........................... 63
2.5.5 Integration ........................... 63
2.6 Erfolgsfaktoren für eine Reorganisation öffentlicher
Verwaltungen. ............................... 64

3 **Das neue kommunale Finanzwesen im strategischen E-Government.** .................................... 67

3.1 Vision und Ziel ............................... 68
3.2 Bedeutung des Planungsprozesses ................ 69
3.3 Produktionsprozess in der Verwaltung ............ 69
3.4 Dokumentation der Leistungserstellung ........... 71
3.5 Steuerungsinstrumente ........................ 73
3.6 Vorgehensweise zur Zielerreichung ............... 76
3.7 Auf dem Weg. ............................... 81

4 **Integrierte E-Procurement-Lösungen für öffentliche Auftraggeber** ...................................... 83

4.1 Ziele und Strategien bei der Einführung von
E-Procurement-Lösungen ...................... 83
4.2 Architektur des Beschaffungworkflows –
vom Bedarfsträger zum Auftragnehmer und zurück. ... 88
4.3 Benutzerportal ............................... 89
4.4 Bedarfsmanagement .......................... 90
4.5 Workflowmanagement ......................... 90
4.6 Vergabemanagement .......................... 91

| | | |
|---|---|---|
| 4.7 | Bestellmanagement | 91 |
| 4.8 | Reorganisation und Automatisierung | 92 |
| 4.9 | Mittelprüfung/Mittelbindung | 92 |
| 4.10 | Gestraffte und transparente Prozesse durch Workflow-Steuerung | 93 |
| 4.11 | Minimierung von Lagerkosten durch direkten Wareneingang | 93 |
| 4.12 | Rechnungsprüfung und Zahlungsauslösung | 94 |
| 4.13 | Beschaffungsanalyse | 94 |
| 4.14 | Integration als Schlüssel zu effizienten Prozessen | 94 |
| 4.15 | Systemintegration | 95 |
| 4.16 | Partnerintegration | 96 |
| 4.17 | Vielfältige Nutzungsmöglichkeiten elektronischer Katalogsysteme | 98 |
| 4.18 | Straffung der Vergabeprozesse und Vermeidung formal-juristischer Fehler durch elektronische Unterstützung | 101 |
| 4.19 | Inventarisierung, Anlagen- und Lagerverwaltung als wichtige Bausteine einer Gesamtlösung | 103 |
| 4.20 | Auswertungen, Analysen, Bewertungen – Permanente Optimierung des Beschaffungszyklus | 104 |
| 4.21 | „Best Practise"-Beispiel – Logistik-Management-System der Thüringer Polizei 3 | 106 |
| **5** | **E-Learning im öffentlichen Dienst** | **111** |
| 5.1 | Einleitung | 111 |
| 5.2 | Anforderungen – Von Wünschen und Notwendigkeiten | 112 |
| 5.3 | Projekt – Der Fahrplan zum Erfolg | 117 |
| 5.4 | Konzeptionsphase – Am Anfang war die Dunkelheit | 121 |
| 5.5 | Kosten-Nutzen-Betrachtung | 123 |
| 5.6 | Technik und Features | 126 |
| 5.7 | Das Pflichtenheft | 129 |
| 5.8 | Entscheidung | 132 |

## Inhaltsverzeichnis

- 5.9 Testbetrieb .................................... 132
- 5.10 Go-Live-Phase ................................ 135
- 5.11 Bewährung – Die Lernplattform als Motor der lernenden Verwaltung ........................... 137

**6 Elektronische Signatur: Schlüssel für die öffentliche Verwaltung der Zukunft** ............................. 141

- 6.1 Auf dem Weg zum differenzierten und bedarfsorientierten Einsatz elektronischer Signaturen ........ 141
  - 6.1.1 Zweck und Funktion der elektronischen Signatur ............................... 142
- 6.2 Anwendung der elektronischen Signatur in der öffentlichen Verwaltung ........................ 147
- 6.3 Aktuelle Herausforderungen ..................... 151
- 6.4 Ausblick ..................................... 154

**7 Kosteneinsparungen durch Open Source am Beispiel des Content-Management-Systems ZMS** .................. 157

- 7.1 Linux ....................................... 158
  - 7.1.1 Linux als bekanntester Vertreter der Open-Source-Software ................... 158
  - 7.1.2 Sicherheitsaspekte ...................... 159
- 7.2 Software-Lizenzen ............................ 160
- 7.3 Umstellung auf Open Source – praktische Beispiele ... 162
- 7.4 ZMS ........................................ 164
  - 7.4.1 Prinzip von ZMS ........................ 168
  - 7.4.2 Arbeiten in ZMS – erste Impressionen ....... 169

**8 DEMOS: E-Democracy in der Praxis** .................... 173

- 8.1 Hintergrund .................................. 174
- 8.2 Die Online-Diskussion „Wachsende Stadt" .......... 175
  - 8.2.1 Konzeption der Plattform und Diskursmanagement ..................... 175

| | | | |
|---|---|---|---|
| 8.2.2 | Diskussionsverlauf und politische Einbindung . | | 177 |
| 8.2.3 | Diskussionsergebnisse und deren Umsetzung. . | | 179 |
| 8.3 | Zusammenfassung und Ausblick | | 184 |

**9 E-Government – Chancen und Impulse für die regionale Entwicklung** ........................... 187

**10 „Risikominimierung" durch externes Projektcontrolling (EPC)** ............................. 197

    10.1 Kernaufgaben des EPC .......................... 198

        10.1.1 Notwendige Verhaltensregeln für ein erfolgreiches EPC ...................... 199

        10.1.2 Input-Output-Modell des EPC.............. 200

        10.1.3 Der EPC-Prozess ....................... 201

        10.1.4 Die EPC-Projektorganisation und Rollen ..... 203

        10.1.5 Das EPC-Modell ....................... 203

        10.1.6 Das EPC-Fortschrittskontrollsystem ......... 205

        10.1.7 Das EPC-Frühwarnsystem................. 205

        10.1.8 Das EPC-Reportingsystem ................ 208

        10.1.9 Die EPC-Projektkommunikation............ 209

        10.1.10 Die EPC-Dokumentation.................. 210

        10.1.11 Zusammenfassung ...................... 210

**11 Der elektronische Verwaltungsakt als Kernelement des E-Government**..................................... 211

    11.1 Die Rechtslage vor Erlass des Rechtsrahmens für die elektronische Verwaltung.................. 213

    11.2 Automatisierte Verwaltungsakte .................. 214

    11.3 Elektronische Verwaltungsakte und Schriftformerfordernis........................... 216

        11.3.1 Wesensmerkmale der Schriftform........... 219

        11.3.2 Charakteristika der elektronischen Form...... 221

        11.3.3 Fehlende Austauschbarkeit ................ 223

## Inhaltsverzeichnis

11.4 Der neue Rechtsrahmen für
elektronisches Verwaltungshandeln ............... 224
11.5 Die Generalklausel in § 3a VwVfG ............... 225
11.6 Anwendung der unterschiedlichen Signaturverfahren .. 228
11.7 Fehlerhafte elektronische Kommunikation ........... 231
11.8 Elektronische Verwaltungsakte auf Grundlage des
3. VwVfÄndG ................................ 232
11.9 Zugang und Bekanntgabe von elektronischen
Verwaltungsakten ............................. 234
11.10 Zustellung von elektronischen Verwaltungsakten ...... 236
11.11 Fazit ....................................... 237

**12 Elektronische Verwaltung: Rechts- und Verwaltungs-
organisationsfragen bei der Implementierung** ........... 239

12.1 Einleitung .................................... 239
12.2 „Unter falscher Flagge" ........................ 241
12.3 „Digitale Spaltung" ............................ 242

**Autoren** ......................................... 251

**Stichwortverzeichnis** .............................. 257

# Vorwort

E-Government ist längst aus dem Experimentierstadium heraus – und das schafft zügigere Umsetzungsschritte und nachhaltigere Erfolge bei der Gestaltung moderner, bürgerfreundlicher und effizienter Strukturen in den administrativen Bereichen unseres Landes. Inzwischen sind es die vorweisbaren „best practices", die dazu führen, dass immer mehr Entscheidungsträger überzeugt werden, mit E-Government-Lösungen ihre Abläufe, ihre Angebote und damit die Dienstleistungen insgesamt zu verbessern.

Wenn in diesem Buch von ausgewiesenen Fachleuten aus Wissenschaft und Praxis die wichtigsten Teilaspekte beleuchtet werden, dann hat der Herausgeber damit einen wichtigen Beitrag zur Theorie-Darstellung abgeliefert und zugleich für die notwendige praktische Transformation zur Praxisseite interessante Informationen vorgelegt. Das macht mir Hoffnung, dass mit diesen und zahlreichen weiteren Aktivitäten eine Beschleunigung des Prozesses in Richtung E-Government-Lösungen unterstützt wird.

Die Bundesregierung und meine Fraktion haben in den vergangenen Jahren, trotz einiger Rückschläge, diese Arbeit nach Kräften unterstützt. Wir erhoffen uns auch für die weit verzweigte und vielschichtige Bundesverwaltung Impulse. Gerade der Bund könnte E-Government noch viel intensiver selbst für seine Aufgabenerfüllung einsetzen.

Ich danke den Expertinnen und Experten, die über dieses Buch ihre Kompetenz einem größeren Kreis zugänglich machen und damit ihr Engagement in der Sache untermauern. Allen Beteiligten wünsche ich viel Erfolg auf dem Weg zur Realisierung der weiteren E-Government-Strukturen!

*Wilhelm Schmidt*, MdB
1. Geschäftsführer der SPD-Fraktion im deutschen Bundestag

# Grußwort zur E-Government-Tagung des Instituts für E-Business

E-Government als Motor der Verwaltungsmodernisierung stand im Mittelpunkt der Tagung des Instituts für E-Business an der Fachhochschule Braunschweig/Wolfenbüttel.

Vor allem für die Mitarbeiterinnen und Mitarbeiter der Verwaltungen bot sich hier die Chance, praxisnahe, lösungsbezogene Antworten auf die Fragen der rechtlichen, wirtschaftlichen und technischen Gestaltbarkeit von Verwaltungsdienstleistungen zu gewinnen.

E-Government und Verwaltungsmodernisierung gehen Hand in Hand und leisten einen wesentlichen Beitrag für einen attraktiven Wirtschaftsstandort Deutschland. Die Bundesregierung hat mit ihrem Kabinettsbeschluss im Februar 2003 die Initiative Bürokratieabbau gestartet. E-Government kommt darin eine besondere Stellung zu. Ein modernes Verwaltungsmanagement, die Initiative Bürokratieabbau und E-Government bilden die drei Säulen der umfassenden Verwaltungsmodernisierung der Bundesregierung, deren Stärken gerade in ihrer Verbindung liegen.

Das Ziel ist, Geschäftsprozesse zu vereinfachen, überflüssige Regelungen abzubauen und die bürokratischen Pflichten für die Bürgerinnen und Bürger sowie die Wirtschaft zu minimieren. Damit geht die Modernisierung der Verwaltung einher. Die öffentlichen Haushalte werden entlastet und auch Unternehmen sparen Zeit und Geld. Wachstum und Beschäftigung in Deutschland werden gefördert.

Doch von E-Government können Wirtschaft, Bürger, Bürgerinnen und Verwaltung nur dann in vollem Umfang profitieren, wenn alle Verwaltungsebenen umfassend integriert sind. Für die Verwaltungskunden spielt es keine Rolle, welche Dienstleistung von welcher Verwaltung im Internet erbracht wird. Sie wollen diese Dienstleistung nur schnell und kostengünstig bekommen. Diesem Ziel dient Deutschland Online, die gemeinsame E-Government-Strategie von Bund, Ländern und Kommunen. Die kommunal ausgerichteten Vorträge und Workshops dieser Tagung sind hierfür gewinnbringende Impulse.


*Dr. Göttrik Wewer*
Staatssekretär im Bundesministerium des Innern

# Vorwort des Herausgebers

E-Government ist eine Herausforderung für unseren Staat. Der sich vollziehende Prozess des E-Business in Wirtschaft und Gesellschaft zwingt den Bund, das Land und die Kommunen, ihre Dienstleistungen nicht nur elektronisch anzubieten, sondern diese auch digital zu bearbeiten.

Den Bürgern wird so mehr Transparenz und Service geboten.

Die erfolgreiche Umsetzung des Government setzt ein umfassendes Wissen über die digitale Verwaltung voraus. Dieses Buch will hierzu beitragen und den Entscheidungsträgern des E-Government wertvolle Anregungen für die Realisierung ihrer Vorhaben liefern.

Mein Dank gilt allen Autoren dieses Buches, die selbst bei der Umsetzung des E-Government in unterschiedlichen Funktionen beteiligt sind.

Auch der FH Braunschweig/Wolfenbüttel, insbesondere dem Fachbereich Recht und meinem Kollegen Prof. Dr. Huck danke ich ganz herzlich.

Herrn Wilhelm Schmidt (MdB) bin ich für seine Unterstützung zu Dank verpflichtet.

*Reza Asghari*
November 2004, Salzgitter

# 1 Digitale Evolution im Staat

von
Prof. Dr. Reza Asghari

Das Internet gehört zu den wenigen technischen Errungenschaften der Menschheit, die den Beginn einer neuen Epoche kennzeichnen. Die evolutionäre Entwicklung unserer Zivilisation hat hiermit einen Sprung getan. Die verblasste Euphorie über die New Economy kann uns nicht darüber hinwegtäuschen, welches Produktivitätspotential das moderne Informationssystem innehat. Die Wachstumspotentiale moderner Volkswirtschaften können erst mithilfe effektiver Informationssysteme sichtbar werden. Ökonomische Prozesse prägen nachhaltig das gesellschaftliche Gefüge. Das Internet wird unsere Lebensweise verändern.

Keine Technologie in der Geschichte hat sich so schnell verbreitet wie das Internet. Nur 8 Jahre nach der kommerziellen Einführung des Internet nutzen über 90% der deutschen Unternehmen unterschiedliche Dienste dieses Mediums. Bereits jeder zweite Bundesbürger zwischen 14-60 Jahre ist online. Die innovativen Geschäftsmodelle eröffnen neue Möglichkeiten, um Dienstleistungen rund um den Globus anzubieten. Ein Blick auf die Existenzgründungen macht deutlich, dass ein beachtlicher Teil von Unternehmensneugründungen der letzten Jahre in den Bereich der Informations- und Kommunikationstechnologie fiel. Diese Entwicklung ist in Anbetracht der Tatsache, dass die Internetwirtschaft totgesagt wurde, sehr bemerkenswert.

Der Staat darf sich dieser Entwicklung nicht verschließen. Wenn gesellschaftliche Akteure zunehmend das Internet als Kommunikationsplattform wählen und darüber nicht nur Informationen abrufen, sonder auch vielfältige Transaktionen durchführen, kann der Staat sich nicht erlauben, mit konventionellen, nichtelektronischen Methoden mit den Bürgern zu kommunizieren.

# 1 – Digitale Evolution im Staat

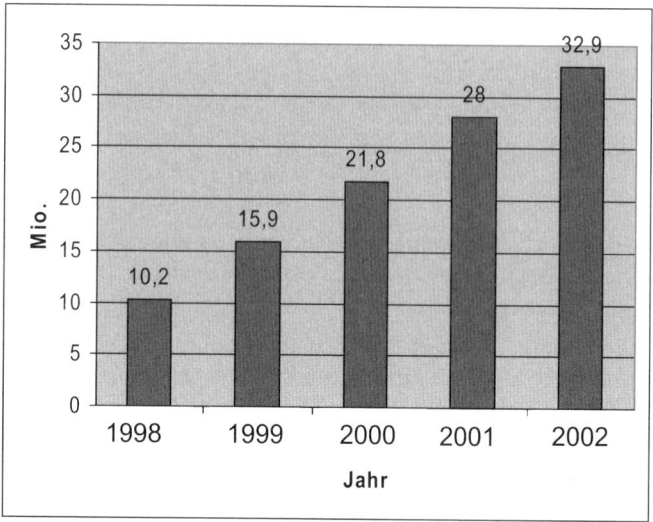

Abb. 1.1: Anzahl der Internet-Nutzer in Deutschland[1]

Obwohl die Bedeutung des E-Government zurzeit von Kommunen und Behörden noch nicht als besonders hoch eingestuft wird, sind die Akteure des öffentlichen Dienstes sich jedoch sicher, dass die Bedeutung in den nächsten fünf Jahren wesentlich steigen wird. Dies wurde durch eine neulich durchgeführte Studie des ICG-Consulting bewiesen. Auf die Frage „Wie bewerten Sie die Bedeutung von E-Government für Ihre Verwaltungsorganisation heute und in den nächsten 5 Jahren?", gaben die meisten Befragten an, dass das Thema in den nächsten Jahren stark an Bedeutung gewinnen wird (s. Abb. 1.2).

---

1. International Data Corporation

Digitale Evolution im Staat

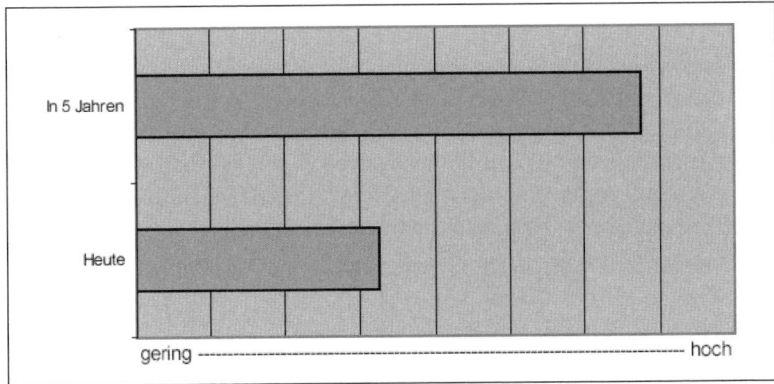

Abb. 1.2: Wie bewerten Sie die Bedeutung von E-Government[2]

Bei der Einführung des E-Government geht es nicht um eine punktuelle Abwicklung bestimmter Verwaltungsdienste über das Internet. Es geht um eine neue Betrachtung der Bürger-Staat-Beziehung. Demzufolge verstehen wir unter dem Begriff Electronic Government (E-Government) die Gestaltung staatlicher Verwaltungsprozesse entlang der gesamten Wertschöpfungskette mithilfe elektronischer Medien. Dabei ist nicht eine lineare Abbildung von Verwaltungsprozessen auf Internetbasis gemeint, sondern die ganzheitliche Betrachtung des Staatswesens unter Ausschöpfung elektronischer Möglichkeiten und Optionen. Damit wird die Ansicht des deutschen Instituts für Urbanistik Rechnung getragen: „Die Einführung des virtuellen Rathauses umschließt viel mehr als nur die gelungene Hardware- und Software-Ausstattung und entsprechende Schulungen. Sie betrifft das Ganze der kommunalen Verwaltung: die Organisation, die Arbeitsweise, die Schnittstellen zwischen den Geschäftsprozessen, das Verhältnis von innen und außen."[3]

---

2. ICG-Consulting in: http://www2.icg.eu.com/evoweb.dll/web/icg/1579_DE.0
3. Drücke, Helmut (Deutsches Institut für Urbanistik): E-Government in Deutschland, Profile des virtuellen Rathauses, Media@komm 2002, Berlin

## 1.1 E-Government-Phasen

Die Entwicklung des E-Government durchläuft mehrere Phasen. Seit Mitte der neunziger Jahre haben die Behörden das Internet für sich entdeckt. Während es in der Anfangsphase darum ging, Informationen wie Öffnungszeiten und Anschriften ins Netz zu stellen, handelt es sich bei der Internetnutzung heute um anspruchsvolle, internetbasierte Anwendungen, die unmittelbar die Bearbeitung von Verwaltungsanträgen betreffen.

So können vier Phasen des E-Government wie folgt identifiziert werden:

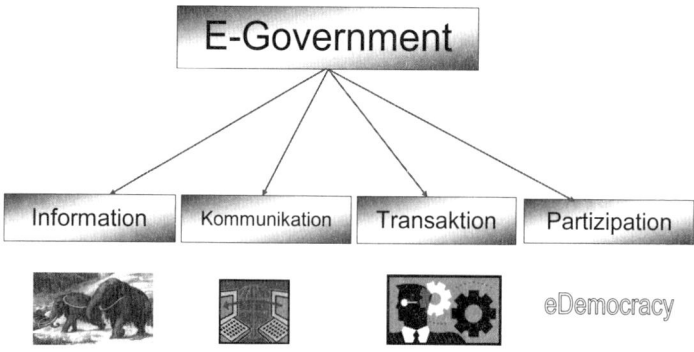

Abb. 1.3: Phasen des E-Government

Die *Informationsphase*, die in Fachkreisen als „Steinzeit des Internetzeitalters" bezeichnet wird, umfasst jene statischen Internetauftritte der Kommunen und Behörden, bei denen lediglich Informationen zur Einsicht zur Verfügung gestellt werden. Eine interaktive Beziehung zwischen Bürger und Behörde existiert nicht.

In der *Kommunikationsphase* ist zusätzlich zu statischen Informationen auch eine einfache Kommunikation via E-Mail möglich. Ferner werden Unterlagen meistens im PDF-Format von Behörden zum Download ins Netz gestellt. Die Kommunikationsphase steht im Vergleich zur Informationsphase in einer höheren Entwicklungsphase.

Der eigentliche Mehrwert für die Kommunen und Behörden beginnt jedoch mit der *Transaktionsphase*. Erst in dieser Phase wird der Verwaltungspro-

## Geschäftsmodelle

zess umfassend und nahezu vollständig digitalisiert. Die Transaktionsphase ist mehrdimensional und komplex. Es handelt es sich nicht nur um die Einführung einer modernen Kommunikationstechnologie; es handelt sich auch um eine neue Organisationskultur und um ein neues Verständnis der Kooperation zwischen Behörde und Bürger. Die fortgeschrittenen E-Government-Projekte mit Pilotcharakter befinden sich in dieser Phase. Die *Partizipationsphase* setzt bereits in der Transaktionsphase ein. Diese Phase ist geprägt durch eine neue Phase der Gestaltungsmöglichkeiten der Bürger, die unsere Demokratie wesentlich vertieft und bereichert.

### 1.2 Geschäftsmodelle

Je nach den in den Transaktionen beteiligten Akteuren unterteilt sich das E-Government in folgende Geschäftsmodelle:

- G2C (Government-to-Citizen); Behörde-Bürger-Modell
- G2B (Government-to-Business); Behörde-Unternehmen-Modell
- G2G (Government-to-Government), Behörde-Behörde-Modell

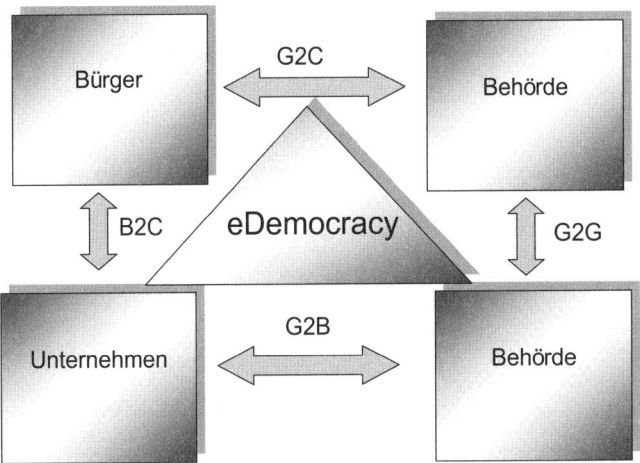

Abb. 1.4: Geschäftsmodelle des E-Government

## 1.2.1 G2C (Government-to-Citizen)

Beim Behörde-Bürger-Modell handelt es sich um eine Fülle von Webanwendungen, die den Bürgern Informationen zur Verfügung stellen und darüber hinaus die Transaktionen zwischen Bürgern und Behörden ermöglichen. Informationsportale, Online-Bürgercenter und elektronisches Antragswesen sind Beispiele für das G2C-Modell.

Der Formularserver ist das Herzstück des elektronischen Antragwesens, der die Anträge im Internet zur Verfügung stellt und in der Lage ist, mit dem dazugehörigen Work-Flow den Prozess der Antragstellung zu digitalisieren. Die einfachste Version eines Formularservers stellt die Anträge im PDF-Format den Bürgern im Web zur Verfügung. Der Mehrwert für die Behörde steigt wesentlich, wenn der Prozess durchgehend von der Antragstellung bis zur Bearbeitung des Antrages durch den Sachbearbeiter direkt in einer Datenbank durchgeführt wird.

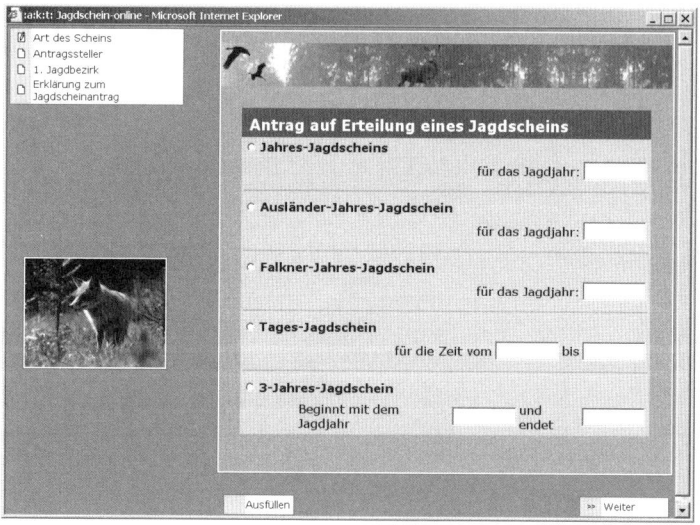

Abb. 1.5: Webbasierter Antrag für einen Jagdschein, bol-systemhaus[4]

---
4. www.bol-systemhaus.de

Der hier abgebildete Jagdscheinantrag wird direkt im Internet gestellt und an den Sachbearbeiter gesendet. Der Sachbearbeiter ist dann in der Lage, sofern dass der Antrag die Genehmigungsvoraussetzungen erfüllt, den Bescheid elektronisch auszustellen.

Bedeutend für die digitale Abwicklung von Geschäftsprozessen ist die gesetzliche Bestimmung zur elektronischen Signatur, wodurch vertragswirksame Transaktionen ermöglicht werden.

Der durch das E-Business in der Wirtschaft geprägte Begriff des Customer-Relationship-Management (CRM) kommt im G2C zum Tragen. Der Kunde (Bürger) wird hierdurch eine effektive Dienstleistung erhalten, welche möglichst nach individuellen Bedürfnissen zugeschnitten ist. E-Government verändert nachhaltig die Staat-Bürger Beziehung und fördert unternehmensnahe Strukturen. One-to-One Marketing kann beispielsweise durch eine webbasierte Customer-Care-Lösung (Online Bürgercenter) realisiert werden.

Viele Kommunen versuchen, durch die Ausschöpfung von Möglichkeiten des Internet, den Bürgern mehr Dienste anzubieten. Die Palette der innovativen Lösungen in diesem Bereich ist vielfältig. Zum Beispiel bietet die Stadt Braunschweig auf ihrer Internetseite den Bürgern die aktuelle Parksituation der Stadt an (s. Abb. 1.6). Die Signaldaten der Parkhäuser fließen permanent in das Portal der Stadt. Dieses Angebot ist zu den verkehrsintensiven Tageszeiten durchaus attraktiv.

E-Government stiftet den Bürgern mehr Transparenz bei der Verwaltung und sorgt dafür, dass der Bürger jede Zeit das „virtuelle" Rathaus besuchen kann, ohne auf Öffnungszeiten Rücksicht nehmen zu müssen. Darüber hinaus werden Liegezeiten der Akten verkürzt und dadurch die Belange der Bürger schneller bearbeitet. Der Bürger kann durch eine Digitalisierung von Entscheidungsprozessen intensiver als bislang an den politischen Prozessen teilnehmen. Dies wurde in jüngster Zeit als E-Partizipation in der Literatur diskutiert.

1 – Digitale Evolution im Staat

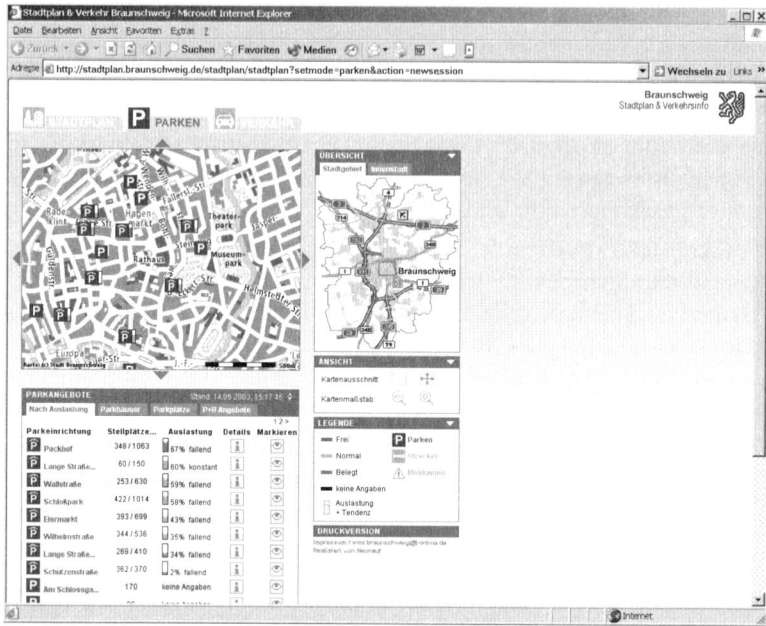

Abb. 1.6: Parkplatzsituation der Stadt Braunschweig

## 1.2.2 E-Partizipation

Bei der E-Partizipation geht es nicht nur um die Digitalisierung vorhandener Planungs- und Entscheidungsverfahren, sondern um neue Varianten der Bürgerbeteiligung, welche die Entscheidungsprozesse der öffentlichen Verwaltung nachhaltig beeinflussen können. Die durch E-Partizipation hervorgerufenen Entscheidungen genießen mehr Legitimität und Akzeptanz. Darüber hinaus können Verwaltung und Politik zusätzliches Wissen über die Folgen ihrer Entscheidungen beim Volk gewinnen und sind in der Lage, diese zu verbessern. Unter dem Begriff „E-Partizipation" verstehen wir internetbasierte Kommunikationsprozesse, welche gezielt die Bürger an der Entscheidungsvorbereitung der Politik beteiligen.[5]

---

5. Vgl. Märker/Trenel/Poppenborg: Ungenutztes Wissen, in: kommune 21, 9/2003, S. 18

## Geschäftsmodelle

Zum Beispiel konnten die Bürger der Stadt Berlin in jüngster Vergangenheit die Umbauplanung des Alexanderplatzes effektiv mitgestalten. Durch die im Web systematisch und moderiert geführte Diskussion wurde eine Fülle von Vorschlägen und Anregungen gesammelt, die unmittelbar in die Projektausschreibung Einlass fanden.[6] Auch im Projekt „Haushalt im Dialog" der Stadt Esslingen, das im Rahmen des vom Bundesministerium für Wirtschaft und Technologie unterstützten Programms Media@Komm durchgeführt wird, geht es darum, die Bürger am Prozess der Haushaltsplanung zu beteiligen.

### 1.2.3 G2B (Government-to-Business)

Unternehmen treten in vielfältigen Formen mit dem Staat in Beziehung. Sie sind einerseits Nachfrager und Kunden des öffentlichen Dienstes, gezwungen durch gesetzliche Bestimmungen wie Steuern und Abgaben, andererseits agieren sie auf der Anbieterseite.[7] Ein Beispiel hierfür ist die Deckung des Beschaffungsbedarfs des öffentlichen Dienstes. E-Vergabe und E-Procurement stellen die zwei wichtigsten Elemente des G2B-Modells dar. Das Beschaffungsvolumen der Bundesrepublik beträgt jährlich 250 Mrd. Euro. Dies sind 25% der Staatsausgaben und 13% des Bruttosozialprodukts. Die Abwicklung von Geschäftsprozessen zwischen Unternehmen und Behörden verursachen beachtliche Transaktionskosten. Die Teilnahme an öffentlichen Ausschreibungen ist sehr aufwendig und langwierig. Durch E-Vergabe können Unternehmen ihre Ressourcen schonen und Geschäftsprozesse mit dem Staat beschleunigen.

---

6. www.stadtentwicklung.berlin.de
7. vgl. Mehlich, S. 69 f.

1 – Digitale Evolution im Staat

Abb. 1.7: E-Vergabeplattform der Bundesregierung[8]

Die internen Effizienzeffekte sind für den öffentlichen Dienst beachtlich. Aufgrund des hohen Anteils der Transaktionskosten bei Beschaffungsvorgängen können bis zu 70% der Kosten eingespart werden. Das aufwendige Genehmigungsverfahren sowie Preis- und Angebotssuche beanspruchen die Ressourcen des öffentlichen Sektors erheblich. Durch die Digitalisierung des gesamten Beschaffungsprozesses beschleunigt die Behörde den Beschaffungsvorgang, schafft faire Wettbewerbsbedingungen für die beteiligten Unternehmen, senkt die Lagerkosten und erhöht ihre Produktivität.[9]

Weitere aus ökonomischer Sicht bedeutungsvolle G2B-Bereiche sind KFZ-Zulassungen und Bauanträge.

---

8. http://www.evergabe-online.de
9. vgl. Zarnekow/Brenner/Eyholzer, S. 48

## 1.2.4 G2G (Government-to-Government)

Die *innerbehördlichen Beziehungen* sind der Gegenstand des G2G-Modells. Hierdurch werden die Verwaltungsprozesse erstmalig medienbruchfrei und ganzheitlich auf einer Intranetplattform abgebildet. Die Beschleunigung von Transaktionen in diesem Bereich hat eine unmittelbare Auswirkung auf eine Produktivitätssteigerung in G2C- und G2B-Modellen.

Die Eliminierung bzw. Minimierung von Liege- und Transferzeiten zwischen den Teilprozessen senken die Transaktionskosten und erhöhen die Produktivität der Behörde. Daher ist es aus der Perspektive der Prozesskostenanalyse bedeutend, dass eine umfassende *ganzheitliche E-Government-Strategie* erarbeitet und umgesetzt wird. So kann der betriebswirtschaftliche Mehrwert des E-Government vollständig in Erscheinung treten.

Obwohl die G2G-Projekte kaum nach außen sichtbar und deshalb sehr oft von der Politik nicht präferiert werden, ist der Mehrwert für die Verwaltung am höchsten.

## 1.3 Kostensenkung im öffentlichen Sektor

Die knappen Kassen des Staates zwingen Maßnahmen, die eine Senkung der Verwaltungskosten zum Ziel haben. Zweifelsohne ist das E-Government ein effektives Instrument, um auf der Ausgabenseite die Ressourcen längerfristig zu schonen. Automatisierung von Routinetransaktionen, Vermeidung von Medienbrüchen, sowie Straffung und Beschleunigung von Verwaltungsprozessen reduzieren insbesondere die Personalkosten.

Wie stark das E-Government zur Senkung der Personalkosten beiträgt, zeigt folgendes Beispiel aus der Volkshochschule. Ein konventioneller Kursanmeldungsprozess sieht wie grafisch dargestellt so aus:

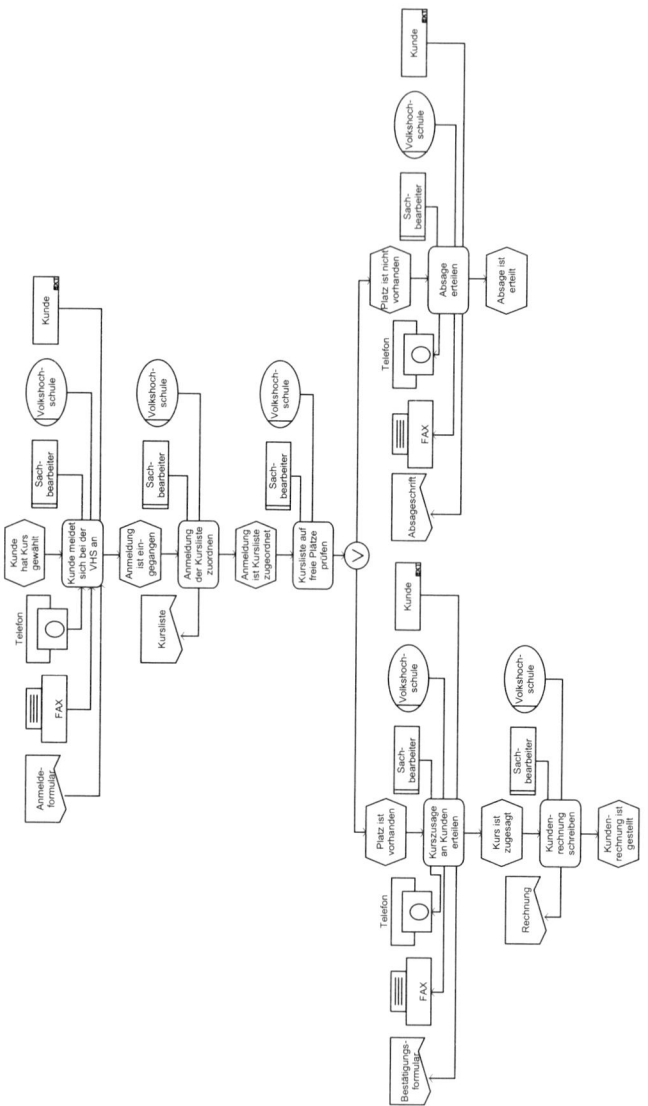

Abb. 1.8: Ein konventioneller Prozess der Kursanmeldung bei der VHS

Nach der schriftlichen Anmeldung des Bürgers wird die Anmeldung dem Kurs zugeordnet. Danach prüft der Sachbearbeiter der Volkshochschule, ob es noch freie Plätze im Kurs gibt. Ist der Kurs noch nicht voll belegt, erhält der Bürger eine Anmeldebestätigung, ansonsten eine Absage. Nach der Anmeldebestätigung erstellt der Sachbearbeiter eine Rechnung. Schätzungsweise dauert der gesamte Prozess der Kursanmeldung 35 Minuten mit etwa 3 Stunden Liegezeit.

Würde der Prozess vollständig über das Inter-/Intranet abgewickelt, kann der Bürger selbst den Kurs im Internet wählen und das System automatisch prüfen, ob es freie Plätze gibt. Die Kursanmeldungsbestätigung kann genauso automatisiert werden, wie die Erstellung der Rechnung im Intranet. Der Ablauf eines elektronisch optimierten Prozesses wird im Folgenden dargestellt:

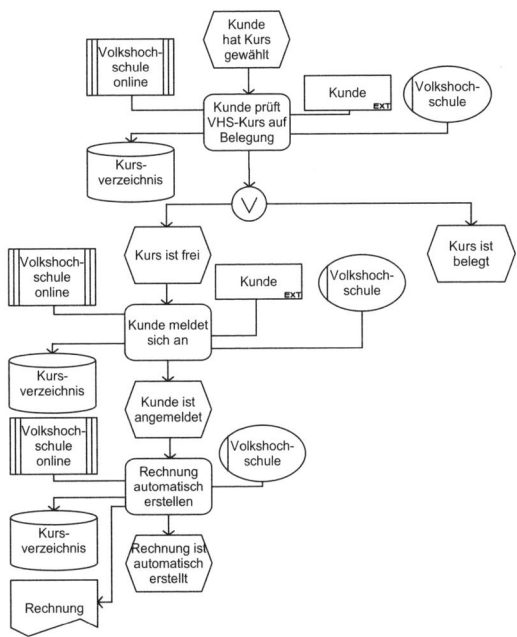

Abb. 1.9: Der optimierte Prozess der Kursanmeldung bei der VHS

Damit wird die Prozessdauer auf 10 Minuten reduziert. Die Liegezeiten betragen bei einem durchgehend digitalisierten Prozess der Kursanmeldung null Minuten. Die Prozesskosten sinken nun von 10,70 € auf 2,35 €. Ausgehend von 16.000 Kursanmeldungen im Jahr in einer mittelgroßen Kommune, ergibt sich folgende Berechnung:

**Beispiel Anmeldung Volkshochschulkurs**

Kennzahlen im Vergleich:

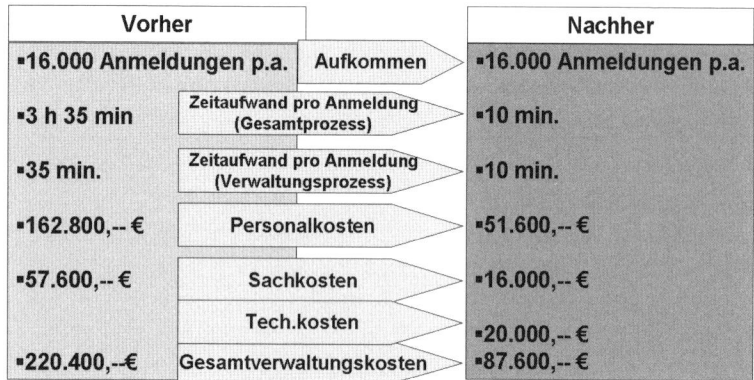

| Vorher | Aufkommen | Nachher |
|---|---|---|
| ▪16.000 Anmeldungen p.a. | Aufkommen | ▪16.000 Anmeldungen p.a. |
| ▪3 h 35 min | Zeitaufwand pro Anmeldung (Gesamtprozess) | ▪10 min. |
| ▪35 min. | Zeitaufwand pro Anmeldung (Verwaltungsprozess) | ▪10 min. |
| ▪162.800,-- € | Personalkosten | ▪51.600,-- € |
| ▪57.600,-- € | Sachkosten | ▪16.000,-- € |
| | Tech.kosten | ▪20.000,-- € |
| ▪220.400,--€ | Gesamtverwaltungskosten | ▪87.600,-- € |

So kann die Kommune etwa 132.800 € im Jahr an Personalkosten sparen. Auch die Sachkosten, insbesondere Materialkosten, können von 57.600 € auf 16.000 € gesenkt werden.

## 1.4 Prozessoptimierung als Grundlage des E-Government

Die Implementierung des Electronic Government ist ein komplexer Prozess, der die ökonomische Effizienz der bestehenden Verwaltungsabläufe auf den Prüfstand stellt. So ist E-Government als eine Change-Management Aufgabe zu verstehen.

E-Government bedeutet nicht, Verwaltungsprozesse eins zu eins auf die Internetplattform umzustellen. Vielmehr ist die Prozessoptimierung die primäre Zielsetzung einer digitalen Behörde.[10] Die Verwaltungsprozesse sind inkrementell über Jahrzehnte hinweg entwickelt und ausgedehnt worden. Die Analyse des Ist-Zustands durch Erfassung und Dokumentation der bestehenden Prozese, ist die Grundvoraussetzung für das Aufdecken von Digitalisierungspotentialen der öffentlichen Verwaltung.

Starre, hierarchische Strukturen verlangsamen den Informationsfluss. Das Ziel des E-Government ist, die Organisation der Verwaltung und den Ablauf von Fachverfahren so zu bestimmen, dass sie möglichst reibungslos durchgeführt werden. Oft werden die Prozesse nicht aus Sicht der Bürger, sondern aus Sicht der Verwaltung organisiert. Häufig werden hierarchische Schlaufen und Umwege gewählt, anstatt den aus Sicht des Bürgers den kürzesten Verwaltungsweg zu gehen.[11]

Durchlauf- und Liegezeiten werden verkürzt, Verantwortlichkeiten klar geregelt und es kann eine integrierte E-Government-Lösung anstelle von Insellösungen implementiert werden.[12]

Während die konventionellen Verwaltungsprozesse linear strukturiert und durch Medienbrüche geprägt sind, laufen die E-Government-Prozesse überwiegend automatisch und parallel. Darüber hinaus wird der Bürger zum Selbstbediener und kann selbst Prozesse anstoßen, die im Idealfall auch automatisiert verlaufen. Zum Beispiel kann der Termin für eine baldige Sperrmüllabfuhr vom Bürger selbst im Internet belegt werden. Das System prüft automatisch, wann der nächstmögliche Termin in dem gewünschten Stadtteil ist und belegt den Termin für den Bürger.

---

10. Vgl. Scheer/Kruppke, S. 9 f.
11. Vgl. von Rohr, Urs Rudolf: eGovernment und Auswirkungen auf die Verwaltung, in: Gisler/Spahni: eGovernment – eine Standortbestimmung, S. 120 f., Bern, 2001
12. Vgl. ebenda, S. 122

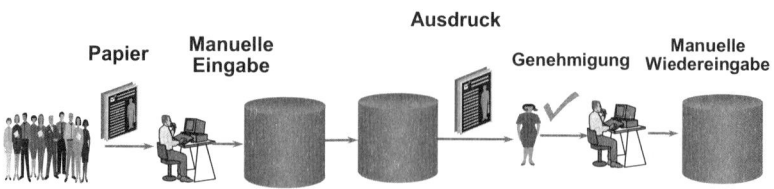

Abb. 1.10: Der Ablauf eines konventionellen Verwaltungsprozesses: linear und manuell gesteuert

Die heutigen Verwaltunsprozesse sind ineffizient gestaltet. Der Durchlauf von Verwaltungsakten kann Wochen und Monate dauern. Sie beanspruchen große Räume und sind nicht immer zu dem richtigen Zeitpunkt am richtigen Ort.

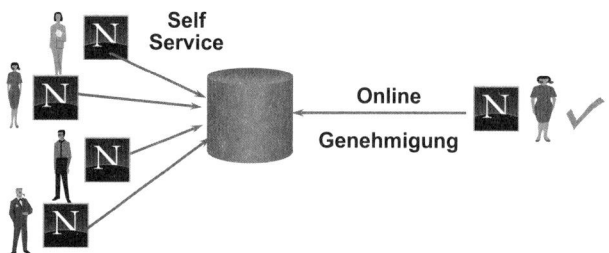

Abb. 1.11: E-Government-Prozess: paralleler und automatisierter Ablauf

Die E-Government-Prozesse sind gekennzeichnet durch gestraffte Selbstbedienungsabläufe, deren Zielsetzung die Erhöhung der Bürgerzufriedenheit und Arbeitserleichterung für die Verwaltungsmitarbeiter ist. Ein weiterer Vorteil einer ganzheitlichen E-Government-Lösung ist, dass die in unterschiedlichen Fachverfahren und in unterschiedlichen Stabstellen gesammelten Informationen nun global verfügbar sind. Dadurch ist ein echtes Wissensmanagment innerhalb der Verwaltung überhaupt erst möglich.

## 1.5 Application Service Providing (ASP)

Die Softwarelandschaft entwickelt sich mit einem rasanten Tempo. Nicht nur die Anzahl der Applikationen nimmt ständig zu, sondern die Komplexität und die Know-how-Intensität der Software selbst steigen permanent an. Unter diesen Bedingungen ist nicht vorstellbar, dass die Behörden aus eigener Kraft in der Lage sein werden, den zunehmenden Anforderungen von Applikationen gerecht zu werden und diese selbst zu implementieren und zu betreuen. Application Service Providing (ASP) bietet den Kommunen und staatlichen Institutionen die Möglichkeit an, ausschließlich auf der Client Seite die anspruchsvollen Softwarelösungen zu nutzen, ohne sie auf dem lokalen Server installieren zu müssen. Bei der Browserfähigkeit von Applikationen ist eine Serverimplementierung im lokalen Netz der Behörde nicht erforderlich. Darüber hinaus kann die Behörde durch das ASP-Modell eine beachtliche Kosteneinsparung erzielen. Hier entfallen die Hardware- und Implementierungskosten. Es entstehen lediglich die Mietkosten für die tatsächlich in Anspruch genommenen Leistungen.

Das Outsourcing von IT-Dienstleistungen wird in Zukunft der bestimmende Trend in den Institutionen sein, in denen hohe Anforderungen an IT gestellt werden. Genauso wie die Elektrizität, deren Herkunft und Art der Herstellung uns nicht interessiert, wollen wir in naher Zukunft den Mehrwert der Webapplikationen in Anspruch nehmen, ohne dass wir uns um die technischen Gegebenheiten der Technologie kümmern müssen.

# 2 Organisationsoptimierung und Prozessmanagement in öffentlichen Verwaltungen

von
Dr. Horst Baier

## 2.1 Informationstechnologie und Verwaltungsmodernisierung

Die öffentliche Verwaltung sieht sich mit Beginn des Informationszeitalters in ihren Grundstrukturen und Abläufen einem starken Veränderungsdruck ausgesetzt. Der erste technologische Entwicklungsschritt begann mit der Einführung von Großrechnerverfahren zur Unterstützung von Prozessen im Bereich der Massenverarbeitung (z.b. Finanz- und Einwohnerwesen) und setzte sich mit der Einführung des PCs und Standardsoftware fort. Die eingesetzte Software war bislang jedoch streng an den rechtlichen Erfordernissen und den traditionellen Verwaltungsstrukturen und -abläufen orientiert. Mit dem Internet wird sich jedoch in den nächsten Jahrzehnten ein Quantensprung vollziehen, der neben der Kommunikation und Interaktion von Verwaltungen, Bürgern und Unternehmen auch die Verwaltungsstrukturen massiv verändern wird. Die mit dem Begriff E-Government verbundenen technischen Möglichkeiten werden für Produktivitätssteigerungen, Innovationen und durchgreifende Verwaltungsmodernisierungen sorgen, die mit den konventionellen Reformansätzen bislang nicht erreichbar waren. Die Öffnung der informationstechnischen Verwaltungssysteme über das Internet für Dritte wird die Produktionsprozesse in öffentlichen Verwaltungen aufbrechen, standardisieren und zum Nutzen der Bürger reorganisieren. Die Leistungsprozesse werden schlanker, transparenter, preiswerter, berechenbarer und unabhängiger von dem Ort der Leistungserstellung. Die damit verbundene „Ent-Räumlichung" von Verwaltung und das Zusammenwachsen von Regionen werden völlig neue Formen der Kooperation und auch Fusion staatlicher Ebenen induzieren. Die Anpassungsprozesse werden wegen der begrenzten finanziellen Ressourcen und der Besonderheiten der Verwaltungskultur länger andauern als in der Privatwirtschaft. Letztlich muss sich die öffentliche Verwaltung aber den Ansprüchen ihrer Kunden und den technischen Entwicklungen öffnen.

Der folgende Beitrag hat sich zum Ziel gesetzt, die besonderen Bedingungen im Bereich Organisationsoptimierung und Prozessmanagement in öffentlichen Verwaltungen und den Einfluss von E-Government herauszuarbeiten. Dabei wird auf die Kommunen ein besonderer Schwerpunkt gesetzt, da sie die intensivsten und vielfältigsten Kommunikations- und Transaktionsprozesse aufweisen.

## 2.2 Organisations- und Prozessstrukturen in öffentlichen Verwaltungen

Zu den Grundlagen einer bürokratisch organisierten öffentlichen Verwaltung gehören das Prinzip der Regelgebundenheit, das Hierarchieprinzip und das Prinzip der spezialisierten Arbeitsteilung vor allem nach Rechtsgebieten (z.B. Jugendschutzgesetz, Bundessozialhilfegesetz, BaföG). Die Organisationsstrukturen von öffentlichen Verwaltungen orientierten sich daher bislang in erster Linie an den wahrzunehmenden Aufgaben in folgender Schrittfolge:

- Identifizierung der gesetzlichen Aufgaben, die wahrgenommen werden müssen
- Aufteilung der Gesamtaufgaben in einzelne Teilaufgaben zur Verringerung des Komplexitätsgrades
- Gestaltung der Prozesse unter Beachtung der rechtlichen Anforderungen und Festlegung der (Teil-)Verantwortlichkeiten
- Schaffung von Ämtern, Abteilungen oder Stellen

Für Kommunen wurden nach obigem Prinzip sogar Standardstrukturen für die Aufbauorganisation einschließlich der zu wählenden nummerischen Ziffern für die Organisationseinheiten von einer kommunalen Gemeinschaftsstelle „für Verwaltungsvereinfachung" (heutiger Name: KGSt) getrennt nach Größenklassen entwickelt. In Anlehnung an die Anzahl der Einwohner

## Organisations- und Prozessstrukturen in öffentlichen Verwaltungen

wurde für die zu erledigenden Aufgaben eine durchschnittliche Anzahl von Personalkapazitäten mit gleichzeitiger Festlegung der Besoldungsgruppen den Kommunen als Empfehlung an die Hand gegeben. Der traditionelle Verwaltungsaufbau ist nicht prozess-, sondern funktionsorientiert nach Aufgaben- und Rechtsgebieten gegliedert. Als kleinste Gliederungssystematik werden oftmals rein formale Kriterien wie z.b. der Anfangsbuchstabe der Antragsteller gewählt, da ohne elektronische Akte und ausreichende IT-Unterstützung eine klare Zuordnung von Antragssteller zu Sachbearbeiter (und damit dem Ort der Akte) notwendig erscheint. Die organisatorischen Abläufe weisen eine starke vertikale Orientierung an den bestehenden Hierarchien auf, die in Entscheidungsprozesse im Sinne einer Qualitätssicherung und Verantwortungsverlagerung intensiv eingebunden sind. Eine typische Aufbauorganisation kann am Beispiel einer größeren Kommune verdeutlicht werden, die in Dezernate und Ämter gegliedert ist:

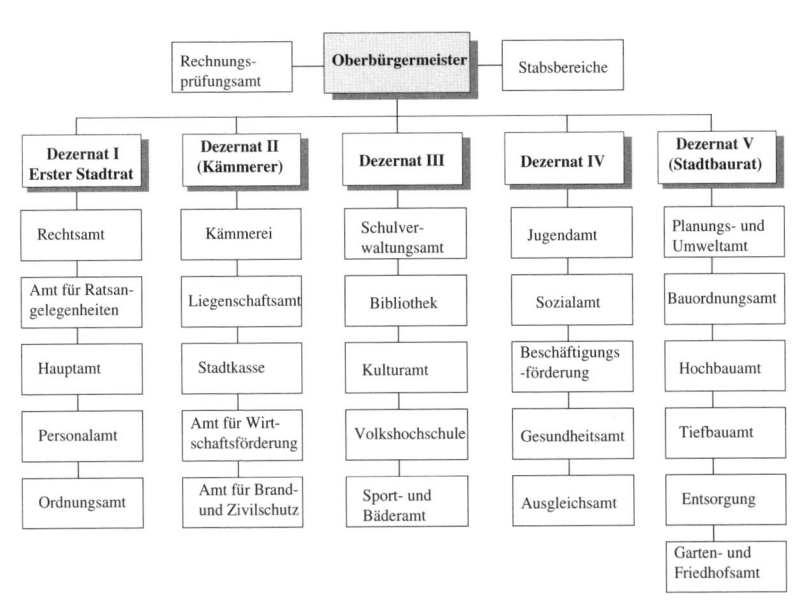

|  | Rechnungs-prüfungsamt | **Oberbürgermeister** | Stabsbereiche |  |
|---|---|---|---|---|
| **Dezernat I** Erster Stadtrat | **Dezernat II** (Kämmerer) | **Dezernat III** | **Dezernat IV** | **Dezernat V** (Stadtbaurat) |
| Rechtsamt | Kämmerei | Schulverwaltungsamt | Jugendamt | Planungs- und Umweltamt |
| Amt für Ratsangelegenheiten | Liegenschaftsamt | Bibliothek | Sozialamt | Bauordnungsamt |
| Hauptamt | Stadtkasse | Kulturamt | Beschäftigungs-förderung | Hochbauamt |
| Personalamt | Amt für Wirtschaftsförderung | Volkshochschule | Gesundheitsamt | Tiefbauamt |
| Ordnungsamt | Amt für Brand- und Zivilschutz | Sport- und Bäderamt | Ausgleichsamt | Entsorgung |
|  |  |  | Garten- und Friedhofsamt |  |

Abb. 2.1: Typische Aufbauorganisation einer Kommune

## 2 – Organisationsoptimierung und Prozessmanagement

Der wesentliche Nachteil eines aufgabenorientierten Organisationsmodells vor allem in den bürgernahen Bereichen ist die fehlende Kundenorientierung, der Mangel an situationsgerechten Problemlösungen durch eine rechtliche Überregulierung, die Verantwortungsdelegation in die oberste Führungsebene und die mangelnde Koordination und Abstimmung über den eigenen Verantwortungsbereich hinaus. Die nicht sehr ausgeprägte Delegation von Verantwortung führt zu langen Entscheidungswegen und einer aufwendigen Kommunikation. Ein konkreter Ausfluss sind die umfangreichen Mitzeichnungen auf Entscheidungsvorlagen.

Vor allem Bürger mit multiplen Problemlagen sehen sich einer Zuständigkeitsvielfalt gegenüber, die kaum noch überschaubar ist. An dem Beispiel einer arbeitslosen, alleinerziehenden Mutter mit einem verhaltensauffälligen Kind können die möglichen Zuständigkeiten in folgendem Schaubild verdeutlicht werden:

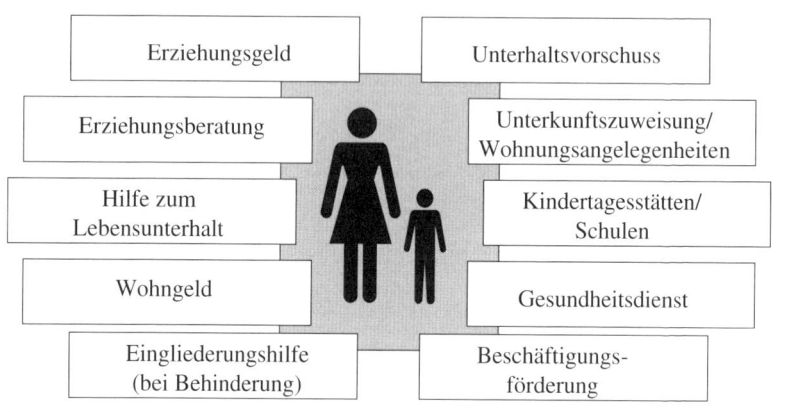

Abb. 2.2: Organisatorische Zuständigkeit für die Lebenslage „Alleinerziehende Mutter"

Die dargestellten Aufgaben werden in größeren Kommunen von mindestens fünf unterschiedlichen Organisationseinheiten (z.B. Sozialamt, Jugendamt, Gesundheitsamt, Schulamt, Wohnungsamt) und innerhalb der einzelnen Ämter wiederum von verschiedenen Stellen bzw. Sachbearbeitern wahrgenommen (z.B. hat ein Sozialamt in der Regel die Sachgebiete Hilfe zum

Lebensunterhalt, Wohngeld, Eingliederungshilfe, Beschäftigungsförderung). Der Vorteil im obigen Beispiel ist lediglich, dass sich der Bürger und „Kunde" an eine Behörde richten muss. Der Lösungsansatz für dieses Problem kann nicht alleine über E-Government erfolgen, da nach wie vor nicht alle Bürger über einen Internetzugang verfügen. Eine organisatorische Problemlösung wäre die Schaffung von zentralen Ansprechpartnern für derartige Fälle, die neben einer Beratungsfunktion bereits eine vorbereitende Sachbearbeitung und eine Weiterleitung der Vorgänge an spezialisierte Sachbearbeiter organisieren.

Die Desorganisation und der Restrukturierungsbedarf der öffentlichen Verwaltung werden auch in anderen Lebenslagen, wie z.b. bei einem Umzug, deutlich. Der Bürger sieht sich hier unterschiedlichen Behörden und Institutionen ausgesetzt, die bei einem Umzug zu benachrichtigen oder zu beteiligen sind:

| KFZ-Zulassung | Schulverwaltung |
|---|---|
| Finanzamt | Müllabfuhr |
| Einwohnermeldebehörde | Entwässerung |
| Hundesteuer | Krankenkasse |
| Rentenversicherung | Private Anbieter (z.B. Energie, Telefon) |

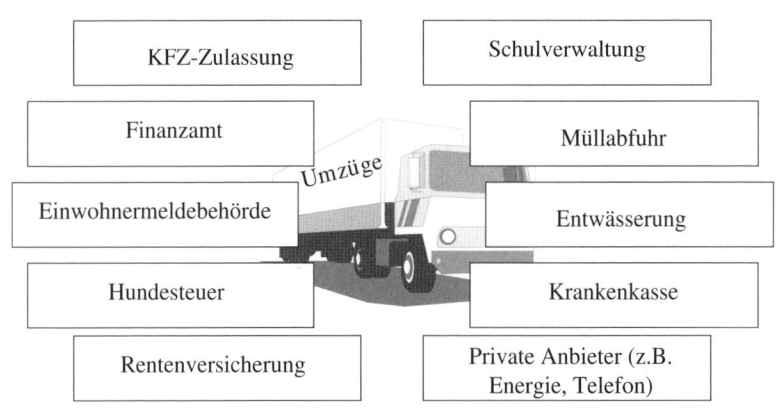

Abb. 2.3: Beteiligte Behörden und Institutionen bei einem Umzug

Der öffentlichen Verwaltung muss es auf lange Sicht gelingen, die Erwartungen der Bürger an eine ganzheitliche Dienstleistung durch neue Organisationsformen (z.b. einheitliche Zuständigkeiten für bestimmte Lebenslagen und Regelungsbereiche) und technikunterstützte Prozessoptimierung (z.b. Information aller Behörden durch die Einwohnermeldebehörden bei Umzug) zu erfüllen.

Die Beschreibung von Prozessstrukturen in öffentlichen Verwaltungen gestaltet sich wegen des sehr heterogenen Aufgabenbestandes als sehr schwierig. In eher hoheitlich geprägten Aufgabenbereichen kann ein Kernprozess als „Gewährung von Rechten" durch die Ausstellung von Dokumenten bezeichnet werden (z.b. Wahl- und Bürgerrechte durch Ausgabe eines Personalausweises). Ein ähnliches Prozessmodell findet sich in Bereichen, wo der anspruchsberechtigte Bürger staatliche Transferleistungen erhält. Der Prozessablauf eines Antragsverfahrens weist folgende grobe Struktur auf:

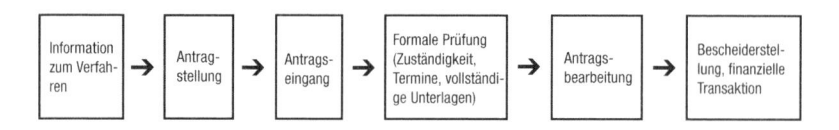

| Information zum Verfahren | → | Antragstellung | → | Antragseingang | → | Formale Prüfung (Zuständigkeit, Termine, vollständige Unterlagen) | → | Antragsbearbeitung | → | Bescheiderstellung, finanzielle Transaktion |

Die Prozesse in Bereichen wie beispielsweise Kulturmanagement, Sozialberatung, Ausbildung, Sicherheit, Straßenbau oder Müllabfuhr weisen eine völlig andere Struktur auf. Einheitliche Prozesse finden sich in allen Behörden eher bei Unterstützungstätigkeiten, wie z.b. Beschaffung, Personaleinstellungen, Rechnungswesen oder Kommunikation. Die vielfältigen Prozessformen führen nicht nur beim Aufbau von Controlling-Systemen zu erschwerten Rahmenbedingungen[1], sondern werden auch bei der Analyse und Optimierung von Abläufen und bei der Einführung von E-Government einen erheblichen Aufwand erzeugen.

## 2.3 Modernisierung von Organisations- und Prozessstrukturen

Die öffentliche Verwaltung sieht sich einem enormen externen und internen Veränderungsdruck ausgesetzt. Die Ansprüche der Bürger an eine Behörde orientieren sich an dem gewohnten Standard in der Privatwirtschaft, insbesondere bei den Komponenten Servicequalität, Schnelligkeit und jederzeitige Erreichbarkeit. Die schwierige Finanzlage der öffentlichen Hand führt in einem gegenläufigen Verfahren zum Stellenabbau, der Einschränkung von

---

1. Vgl. Baier, H.: Operative Planung in Kommunen, Lohmar 2002, S. 121 ff.

## Modernisierung von Organisations- und Prozessstrukturen

Öffnungszeiten, zu Qualitätseinschränkungen und damit zu einem Modernisierungsdruck auf die Organisation, die Prozesse und die Steuerungsinstrumente. Der zunehmende Einsatz von Informationstechnik verändert Kommunikationsbeziehungen und Abläufe nach außen und innen mit den unterschiedlichen Empfängern öffentlicher Dienstleistungen (z.B. Bürger, Unternehmen, andere Behörden, Organisationen). Vor allem die wachsende Zahl von Fachverfahren bzw. prozessunterstützende Softwareanwendungen hat bereits zu einer Produktivitätssteigerung und zur Veränderung von Abläufen geführt (vor allem durch den Wegfall einfacher Tätigkeiten). Die Durchdringung mit Fachverfahren zeigt eindrucksvoll das folgende Beispiel der kreisfreien Stadt Salzgitter (110.000 Einwohner):

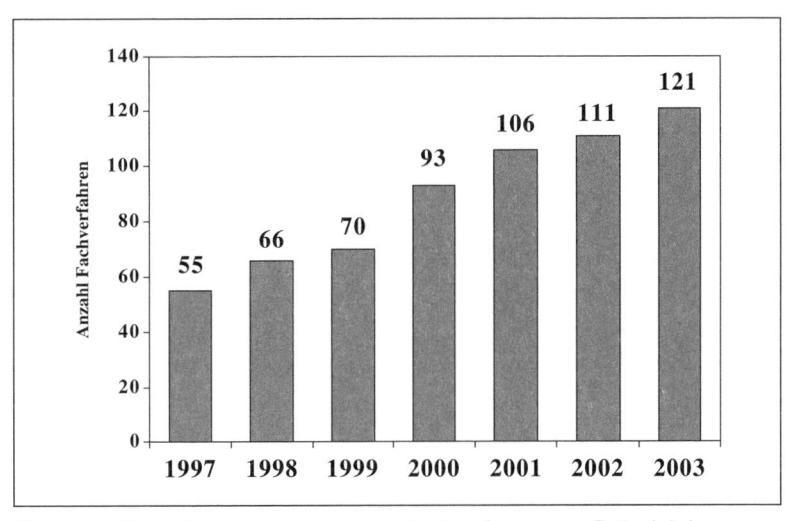

Abb. 2.4: Entwicklung der Anzahl von Fachverfahren am Beispiel der Stadt Salzgitter

Der Zwang zur Konsolidierung der öffentlichen Haushalte führte in den letzten 10 Jahren zu erheblichen Anstrengungen, betriebswirtschaftliche Instrumente zur Verbesserung der Wirtschaftlichkeit und der effektiven Verwendung öffentlicher Mittel einzuführen. Organisatorisch führte dies zur Stärkung einer dezentralen und ganzheitlichen Ressourcenverantwortung und in vielen Verwaltungen zu einer Zusammenfassung von Organisationseinheiten. Neben der Bildung von schlanken Strukturen sind die Umstellung des Rechnungswesens auf eine kaufmännische Buchführung und die Einführung einer zielorientierten Steuerung die zentralen Reformprojekte. Eine aktuelle Umfrage unter 26 Städten im Rahmen des Förderprogramms Multimedia MEDIA@Komm[2] des Bundesministeriums für Wirtschaft und Arbeit hat jedoch ergeben, dass ein Reengineering der Ablauforganisation und die Analyse von Geschäftsprozessen im Rahmen der Verwaltungsreform und auch bei den E-Government-Projekten eine untergeordnete Rolle spielt. Für eine erfolgreiche Umsetzung von E-Government sind die Einbettung der einschlägigen Initiativen in ein übergreifendes Projekt der Verwaltungsmodernisierung und die Modernisierung der internen Prozesse durch den Einsatz technischer Systeme aber ein entscheidender Erfolgsfaktor. Letzteres kann z.b. über die Einführung eines integrierten und webfähigen Finanzwesenverfahrens (Enterprise Resource Planning, ERP) und eines Customer Relationship Managements (CRM) unterstützt werden.

Ein wichtiger erster Schritt für eine Modernisierung von Organisations- und Prozessstrukturen erfolgte durch die Bildung von Produkten und Leistungen im Rahmen der outputorientierten Abbildung der Verwaltungsdienstleistungen. Die konsequente Produktorientierung führte in öffentlichen Verwaltungen zu einem modernen Verständnis von Organisationsmanagement mit einer Ausrichtung der Prozesse und Strukturen am Produktmanagement der Organisationsbereiche. Die Produktkataloge und die Leistungsmessung sind eine ideale Ausgangsbasis für die Erfassung, Analyse und das Re-Engineering von Prozessen. Die notwendige Umstellung des Rechnungswesens sollte als eine Chance für die öffentliche Verwaltung genutzt werden, mit der Einführung eines neuen ERP-Systems auch die technische Integration von E-Government- oder Workflow-Funktionalitäten sicherzustellen. Das ERP-System spielt hier eine entscheidende Rolle, da fast alle sonstigen Softwareverfahren über finanzielle Transaktionen mit dem ERP-System verbunden sind.

---

2. Vgl. Drüke, H.: E-Government in Deutschland – Profile des virtuellen Rathauses, Deutsches Institut für Urbanistik, Berlin 2003, S. 4

## 2.4 Ansätze zur Organisationsoptimierung

### 2.4.1 Zielorientiertes Organisationsmanagement

Die mit der „Ökonomisierung" der öffentlichen Verwaltung diskutierten neuen Elemente wie zielorientierte Steuerung oder die Betrachtung von Wirkungen strahlen auch auf die Gestaltung und Optimierung von Organisationsstrukturen aus. Im traditionellen Organisationsmanagement standen die Aufgaben oder das Rechtsgebiet am Beginn der Strukturbildung. Eine moderne Vorgehensweise orientiert sich hingegen an folgender Schrittfolge:

- Prüfung Selbstverständnis einer öffentlichen Verwaltung
- Entwicklung von Ergebnis- und Wirkungszielen
- Produktbildung
- Prozessbildung
- Strukturbildung
- Ressourcen- und Qualitätsmanagement

Die Beschäftigung mit dem eigenen Selbstverständnis und den Zielen wird eine stärkere Fokussierung auf die Bedürfnisse der Verwaltungskunden nach sich ziehen. Vor einer Strukturbildung sind erst die Prozesse unter Beachtung der definierten Ziele zu analysieren. Über die Beschreibung der Produkte nach Zielgruppen und die Schaffung klarer Verantwortlichkeiten wird eine ganzheitliche Aufgabenerledigung unterstützt und aus Kundensicht zusammengehörende Produktangebote in verschiedenen Organisationseinheiten beseitigt.

Die Prozesse und Strukturen werden zukünftig in Abhängigkeit von den Ergebnis- und Wirkungszielen gestaltet und stellen damit eine wichtige Dimension als Berichtselement in einem Controlling-System dar.

### 2.4.2 Geschäftsprozessoptimierung

Die Geschäftsprozessoptimierung zielt auf die Beseitigung von nichtwertschöpfenden Prozessen (z.B. Mitzeichnungen, unnötigen Beteiligungs- und Qualitätssicherungsschritten, Medienbrüche, mehrfache Datenerfassungen), auf die Reduzierung der Prozessschritte, auf eine bessere technische Unterstützung der Prozesse und letztlich auf ein Redesign der Aufbauorganisation bzw. der Zuständigkeiten. Die Ausgangsbasis für dieses Instrument ist die Aufnahme aller wichtigen Prozesse in einer Verwaltung. Derzeit liegt der Schwerpunkt in der öffentlichen Verwaltung auf der Definition ihrer Produkte und der Modernisierung des Rechnungswesens. Eine umfassende Prozesserfassung erfolgte bislang nur in Ausnahmefällen. Bei einer Organisation nach Aufgaben- oder Produkten kann es in bestimmten Fällen oder Lebenslagen zu sehr ineffizienten Prozessen kommen. Die folgende Grafik[3] mit einem Prozess über mehrere Organisationseinheiten und Hierarchiestufen soll dies schematisch veranschaulichen:

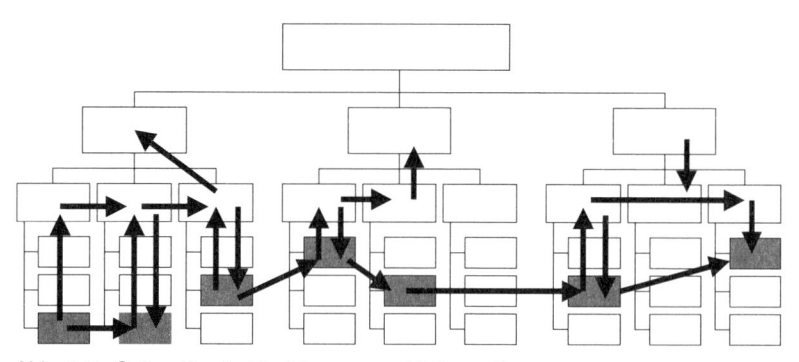

Abb. 2.5: Suboptimale Verfahrens- und Informationswege

Allein eine stärkere Delegation von Verantwortung und der Verzicht auf die umfangreiche Qualitätssicherung durch Vorgesetzte könnte den Prozess vereinfachen und beschleunigen, wie die Abbildung 2.6 zeigt:

---

3. Vgl. KGSt-Bericht: Geschäftsprozeßoptimierung: Eine Wegbeschreibung, KGSt-Bericht 8/1998, Köln 1998

# Ansätze zur Organisationsoptimierung

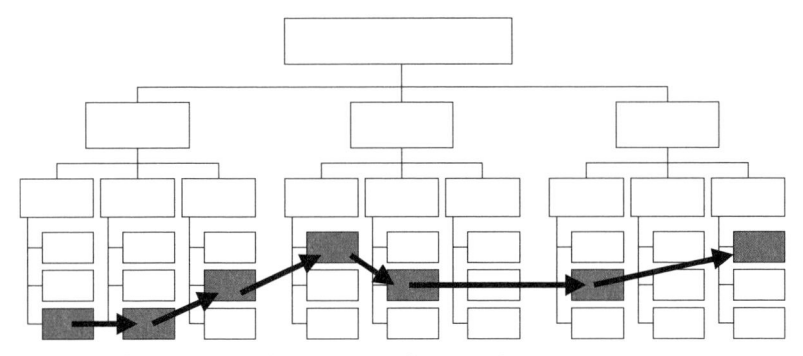

**Abb. 2.6:** Optimierte Verfahrens- und Organisationswege

Ein geeigneter Einstieg zur Abbildung von Prozessen ist die in den Kommunen weit verbreitete Produktbildung. Die produktorientierte Sicht dient der Systematisierung der Aufgaben zum Zwecke der Steuerung und der Kostenermittlung für die erbrachten Dienstleistungen. Am Beispiel des organisationsübergreifenden Prozesses der Umsetzung und Überwachung des Bauordnungsrechts ergibt sich folgende Produkthierarchie[4]:

| Produktbereich | Produktgruppen | Produkte |
|---|---|---|
| Bauordnung | → Beratung und Information → | - Beratung außerhalb von Verfahren<br>- Auskunft aus dem Baulastenverzeichnis |
| | → Prüfungen → | - Freistellung von der Genehmigungspflicht<br>- Vorbescheide<br>- **Baugenehmigungen**<br>- Stellungnahmen<br>- Überprüfungen außerhalb von Verfahren |
| | → Ortsrecht → | - Bauordnungsrechtliche Satzungen |

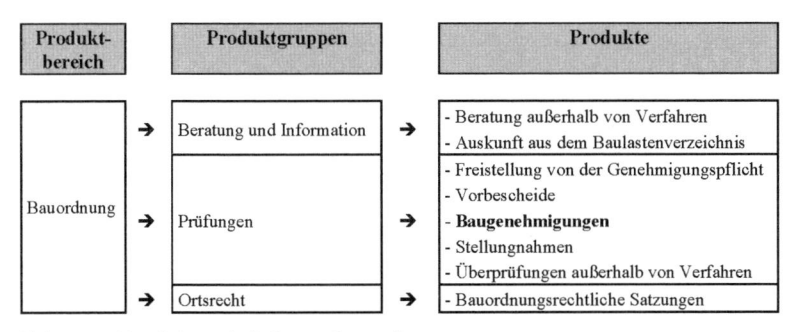

**Abb. 2.7:** Produkte als Informationsträger

---

4. Vgl. KGSt-Bericht: Management der Bauordnung, Bericht Nr. 9/2001, Köln 2001, S. 20 ff.

Eine weitere Differenzierung der Produkte nach Leistungen und die Anreicherung mit Grundzahlen (z.b. Anzahl Baugenehmigungen) oder Kennzahlen (z.b. durchschnittliche Bearbeitungszeit pro Baugenehmigung) ist auf dieser Basis möglich. Für eine Reorganisation und Optimierung der Prozesse durch Einsatz von Informationstechnik ist die produktbezogene Betrachtungsweise jedoch nicht ausreichend und muss um eine Betrachtung der einzelnen Prozessabläufe ergänzt werden.

Der Prozessablauf für das Produkt „Baugenehmigungen" am Bespiel eines einfachen Bauvorhabens (z.b. Wohngebäude) kann in verkürzter Form wie in Abb. 2.8 dargestellt werden.

Ein Baugenehmigungsverfahren kann in der Regel bei vollständig eingereichten Unterlagen in einer Zeit von 4–6 Wochen durchgeführt werden. Die Problematik in diesem typischen Prozess ist die intensive Beteiligung und Prüfung unterschiedlicher Rechtsgebiete. In größeren Städten laufen die Bauakten in dem obigen Beispiel durch mehrere Organisationseinheiten (z.b. Planungsamt, Umweltamt, Tiefbauamt, Bauordnungsamt, Entwässerungsamt, Ordnungsamt). Bei speziellen Bauvorhaben (z.b. Gaststätten, Kindertagesstätten) sind noch weitere Fachthemen wie z.b. das Arbeitsstättenrecht, das Eisenbahnrecht, das Heimrecht, der Strahlenschutz, das Veterinärrecht oder das Kindergartenrecht zu prüfen. Mit der Entwicklung von Softwareverfahren für die einzelnen Aufgabengebiete steht den jeweiligen Baubehörden eine technische Unterstützung für ihre Prozesse zur Verfügung. Ein komplettes Redesign der Prozesse hat mit der Einführung einer technischen Unterstützung aber nicht stattgefunden. Durch die Auslegungsnotwendigkeit von Rechtsvorschriften ist es leider nicht möglich, durch die Erfassung spezifischer Daten im Verfahren alle relevanten Rechtsfragen automatisiert über eine wissensbasierte Datenbank abzuprüfen. Der Einsatz von Workflow-Systemen bei Nutzung von digitalisierten Akten könnte eine Beschleunigung der Prozesse herbeiführen. Über eine E-Government-Funktionalität ist es denkbar, die Antragsteller zukünftig über den Bearbeitungsstand eines Antrages über das Internet zu informieren. Voraussetzung ist die Erfassung des Bearbeitungsstandes durch Eingaben in der Software oder über die Wegverfolgung durch die einzelnen mit der Prüfung befassten Sachbearbeiter (z.B. Einscannen des Aktencodes beim Posteingang und -ausgang).

## Ansätze zur Organisationsoptimierung

```
                    ┌─────────────────────────────────────┐
                    │ Eingang Bauantrag im Bauordnungsamt │
                    └─────────────────────────────────────┘
                                       ↓
```

**Eingangsverfahren**
- Klassifizierung des Antrages, Festlegung berührter Rechtsbereiche
- summarische Prüfung auf Vollständigkeit
- Durchsicht auf Prüfbarkeit der Bauvorlagen
- Erfassung in der EDV, Erstellung des Aktenvorganges

↓

**qualifizierte Eingangsbestätigung an den Bauherrn über:**
- Eingang des Antrags
- Prüfungsfähigkeit des Antrages
- ggf. Nachforderung weiterer Unterlagen
- ggf. Aufforderung zur Überarbeitung von Unterlagen

↓

**Prüfungsverfahren Teil 1: Beteiligung anderer Fachstellen nach Feststellung der Prüffähigkeit**
- Archäologie
- Altlasten, Altstandorte
- Bergrecht (Senkungsgebiet, Nähe zu Schachtanlagen)
- Denkmalrecht (Gebäude, auch Denkmalnähe, Ensembles)
- Entwässerung (Abwasser, Regenwasser, Versickerung)
- Immissionsschutz (Beeinträchtigung durch Gerüche, Lärm, Staub etc.)
- Naturschutz, Landschaftsschutz
- städtebauliches Planungsrecht
- Sanierungsrecht
- Straßenrecht (Anbauverbotszonen, Anbaubeschränkungszonen, Zufahrtsmöglichkeiten, Gestattungsvertrag)
- Wasserrecht (Überschwemmungsgebiete, Wasserschutzgebiete)

↓

**Prüfungsverfahren Teil 2**
- bauordnungsrechtliche Prüfung
- Auswertung der Prüfergebnisse anderer Fachstellen
- Bildung eines Gesamtergebnisses
- ggf. Information des Bauherren über festgestellte Probleme
- ggf. Baulastverfahren
- ggf. Ausräumung rechtlicher Probleme

↓

**Schlussverfahren**
- Entscheidung über die Genehmigungsfähigkeit
- Festlegung der Gebühren
- Bescheid (positiv/negativ) an den Bauherrn

↓

```
                         ┌──────────────────────┐
                         │ Ende des Verfahrens  │
                         └──────────────────────┘
```

Abb. 2.8: Ablauf eines Baugenehmigungsverfahrens

In der Praxis hat sich die Erarbeitung von Prozessabläufen in Workshops und die Visualisierung über Standardsoftware oder spezielle Software für Prozessmanagement bewährt. Allein die Aufnahme von Abläufen führt bereits in vielen Fällen zur Gewinnung von Optimierungsansätzen.

Wichtig ist in diesem Zusammenhang die Entwicklung von standardisierten Symbolen[5], die eine übergreifende Prozessbeschreibung ermöglichen. Folgende Beispiele sind hier denkbar:

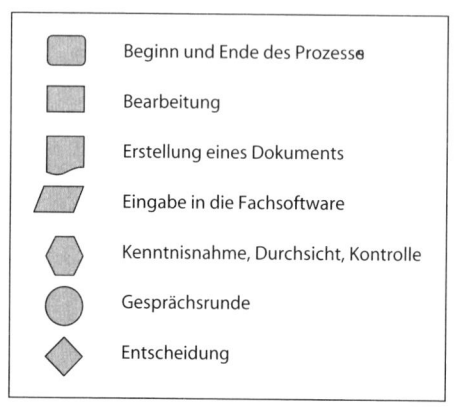

|  |  |
|---|---|
| ▭ | Beginn und Ende des Prozesse |
| ▭ | Bearbeitung |
| ⬠ | Erstellung eines Dokuments |
| ▱ | Eingabe in die Fachsoftware |
| ⬡ | Kenntnisnahme, Durchsicht, Kontrolle |
| ⬭ | Gesprächsrunde |
| ◇ | Entscheidung |

Abb. 2.9: Symbole für eine Visualisierung von Geschäftsprozessen

Durch unterschiedliche Farbgestaltung können die beteiligten Organisationsbereiche und durch weitere Symbole kann die Art der Kommunikationswege zwischen den Prozessschritten dargestellt werden (z.B. externe Post, Telefon, Fax, Mail).

Vor jeder Geschäftsprozessoptimierung sollte auf eine klare Zielfestlegung geachtet werden, da eine zu starke betriebswirtschaftliche Orientierung auch zu Qualitätsminderungen und ggf. sogar nicht sorgfältig geprüften Rechtsauslegungen führen kann.

---

5. Die Symbole wurden in einem Projekt zur Prozessoptimierung des Landes Niedersachsen in Zusammenarbeit mit der Technischen Universität Braunschweig und verschiedenen Behörden (u.a. die Stadt Braunschweig) erarbeitet, siehe auch: Niedersächsisches Innenministerium, Benchmarking von Leistungsprozessen am Beispiel des Personalwesens in der öffentlichen Verwaltung, Dokumentation eines Verbundprojektes, Hannover 2002, S. 24 ff.

## 2.4.3 Qualitätsmanagement

Die Bedeutung und die Inhalte des Qualitätsmanagements werden durch den steigenden Druck auf einen verbesserten Service bei gleichzeitigem Personalabbau stark zunehmen. Auch der vermehrte Einsatz von Informationstechnik muss insbesondere in öffentlichen Verwaltungen rechtssicher und transparent erfolgen. Im Mittelpunkt des Qualitätsmanagements[6] steht die Frage nach der Definition und der Messbarkeit von Qualität, die im Dienstleistungsbereich oft nur durch aufwendige Evaluationen (z.b. über Befragungen) möglich ist. Eine wichtige Informationsbasis zur Neugestaltung der Prozesse und Strukturen ist die kundenorientierte Ermittlung und Festlegung von qualitativen Anforderungen an die Dienstleistungen einer öffentlichen Verwaltung. Nach der Definition des gewünschten (und finanzierbaren) Qualitätsstandards sind Instrumente zur Sicherstellung der Qualität einzurichten. Die Zertifizierung nach der Normenreihe der DIN EN ISO 9000 ff. stellt ein mögliches Verfahren dar, um die Prozessqualität durch die Begutachtung durch eine neutrale Stelle zu überwachen. Eine flächendeckende Zertifizierung öffentlicher Verwaltungen ist jedoch aus organisatorischen und finanziellen Gründen derzeit nicht vorstellbar. Erste Beispiele aus der Praxis gibt es in kommunalen Abfallentsorgungsbetrieben, die als zertifizierter Betrieb gegenüber gewerblichen Kunden einen hohen Qualitätsstandard dokumentieren. Ein interessanter Ansatz für ein Qualitätsmanagement sind Leistungsversprechen an die Verwaltungskunden, die Dienstleistungen in bestimmter Qualität zu erbringen. Auch hier sind oftmals die Kommunen mit ihren Bürger-Centern Vorreiter, die ihren Kunden z.B. die Passausstellung in 4 Wochen, die sofortige Mitnahme einer Lohnsteuerkarte oder die KFZ-Anmeldung innerhalb einer bestimmten Frist garantieren. Die Sicherstellung von Qualität kann auch durch Informationstechnik unterstützt werden, indem bei der Antrags- oder Fallbearbeitung über ein Work-Flow-System und intelligente Fachverfahren eine fachlich korrekte Prozesssteuerung und Plausibilisierung der Daten erfolgt.

Die Optimierung von Organisation und Prozessen in Form einer kontinuierlichen Verbesserung kann sehr effektiv durch kleine Projekte und moderier-

---

6. Vgl. KGSt-Bericht: Qualitätsmanagement, Bericht Nr. 6/1995, Köln 1995

te Qualitätszirkel unter Einbeziehung der Beschäftigten durchgeführt werden. Die unter dem Begriff KVP (Kontinuierlicher Verbesserungsprozess) oder Kaizen in der Privatwirtschaft bekannten Instrumente finden mittlerweile auch in öffentlichen Verwaltungen erste erfolgreiche Anwender (z.b. unter dem Begriff „BraVo" in der Stadt Braunschweig oder „priMA"[7] in der Stadt Mannheim). Die Arbeit mit Qualitätszirkeln führen auch zu einer veränderten Kommunikations- und Kooperationskultur, die gerade in der traditionell hierarchisch geprägten Organisationskultur öffentlicher Verwaltung von enormer Bedeutung ist.

Ein zunehmend häufiger praktizierter Ansatz zur Einbeziehung der Verwaltungskunden bei der Prozessoptimierung ist das Ideen- und Beschwerdemanagement, das vor allem die umfangreichen Beschwerden systematisch erfasst, eine Vermittlung oder Problemlösung vornimmt und durch eine systematische Auswertung der Ursachen für Beschwerden auf eine Prozessoptimierung hinwirkt. Eine Automatisierung von Beschwerden hat beispielsweise die Stadt Salzgitter auf ihrer Homepage unter dem Stichwort Bürgerservice vorgenommen. Der Bürger kann hier direkt über das Internet seine Beschwerde in strukturierter Form eingeben, ohne sich über Telefonate die Information über die zuständige Stelle im Rathaus beschaffen zu müssen. Die über das Internet erfasste Beschwerde oder Schadenmeldung wird automatisch über das zentrale Beschwerdemanagement weitergeleitet, dort entweder abschließend bearbeitet oder an die zuständigen Stellen weitergeleitet.

### 2.4.4 Kommunikations- und Informationstechnik

Die Entwicklungen in der Kommunikations- und Informationstechnik sind ein wesentlicher Faktor bei den Veränderungen von Strukturen in der Aufbau- und Ablauforganisation öffentlicher Verwaltungen. Für einen erfolgreichen Technikeinsatz bedarf es einer hohen Integration von Organisations- und Informationsmanagement, damit die neuen technischen Möglichkeiten auch zur Freisetzung von Optimierungspotentialen beitragen. Die effiziente Gestaltung von Geschäftsprozessen hängt wiederum immer mehr von der

---

7. Vgl. Gebler, C./Bentz, A.: Auf dem Weg zum Total Quality Management, in: VOP 9/98

## Ansätze zur Organisationsoptimierung

informationstechnischen Unterstützung ab, die völlig neue Möglichkeiten bietet:

- Elektronische Post und Internet
  Die Einführung elektronischer Post hat zu kürzeren Reaktions- und Durchlaufzeiten geführt und die Informationsbereitstellung wesentlich verbessert. Die Informationsversorgung über das Internet und die damit verbundenen Zugriffsmöglichkeiten auf Wissensdatenbanken stellen eine enorme Arbeitserleichterung dar. Durch das Internet können die Bürger auch erheblich besser mit Informationen versorgt und in Verwaltungsprozesse aktiv eingebunden werden.

- Dokumentenmanagement- und Archivierungssysteme
  Zur Kanalisierung der Informationen und zur Verbesserung der Arbeitsabläufe sind Dokumentenmanagement- und Archivierungssysteme zukünftig unerlässlich. Insbesondere für eine an mehreren Stellen erfolgende Sachbearbeitung bieten diese Systeme eine sinnvolle Unterstützung an, da nicht mehr die Akten physisch wandern müssen. Der Zwang zum Redesign von Geschäftsprozessen bei der Einführung derartiger Systeme führt zur Vereinfachung von Abläufen, mehr Transparenz, kürzeren Durchlaufzeiten und besseren Kontrollmöglichkeiten des Dokumentenflusses. Durch die Integration von digitaler Signatur und dem Management von Dokumenten im Rahmen eines Workflow-Systems kann auch ein paralleles und sequentielles Mehraugenprinzip mit Mehrfachsignatur realisiert werden. Durch die Kombination mit einer Groupware und Workflow-Komponenten ist eine Unterstützung neuer Organisationsformen wie z.b. Teamarbeit, Telearbeit, Parallelarbeit oder die Trennung von Front- und Back-Office möglich. Derartige Systeme können auch ohne gravierenden Einschnitt in bestehende Organisationsstrukturen die organisationsübergreifenden Prozesse optimieren. Über ein virtuelles Netz auf einheitlicher Plattform lassen sich Leistungen ohne eine strukturelle Integration von Institutionen (organisationsübergreifend) oder Organisationseinheiten (innerhalb einer Behörde) bündeln.

## 2 – Organisationsoptimierung und Prozessmanagement

- Informationsmanagement mit Data-Warehouse und Business-Intelligence-Lösungen (automatisiertes Berichtswesen)

  Für die strategische und operative Steuerung ist die strukturierte Aufbereitung von Daten und Informationen unerlässlich. Die stärkere betriebswirtschaftliche Ausrichtung von öffentlichen Verwaltungen führt zu einem vermehrtem Einsatz von Berichtswesen-Systemen mit flexiblen Auswertungsmöglichkeiten und schnellem Datenzugriff. Weiterhin kann ein Wissensmanagement über die Bereitstellung aller verfügbarer Informationen in Bibliotheken, Gesetzessammlungen, Archiven, Akten und Datenbanken ausgebaut werden.

- Customer-Relationship-Management-Systeme (CRM) und IT-gestützte Vorgangsbearbeitung (Workflow)

  Ein CRM-System erfasst unabhängig von dem Kommunikationskanal alle Kontakte von außen und nach außen und stellt diese automatisch für die interne Bearbeitung und Auswertung bereit. Die dabei notwendige Integration der vorhandenen Fachverfahren führt zur effektiveren Gestaltung und teilweise auch Automatisierung von Arbeitsschritten. Durch die Integration von Webformularen und Webanträgen kann eine automatische Weiterleitung an die Sachbearbeiter unter Nutzung von elektronischer Archivierung und Aktenführung erfolgen.

- Internetportale und virtuelle Marktplätze[8]

  Ein Portal bündelt Informationen, Dienste und Funktionen in einer Oberfläche und kann entweder extern für Bürger, Unternehmen und sonstige Verwaltungskunden oder für interne Zwecke eingesetzt werden. Sie eignen sich vor allem für die funktionale und organisationsübergreifende von Dienstleistungen für bestimmte Lebenslagen, wie z.B. Umzug, KFZ-Zulassung oder Beerdigung. Für interne Zwecken können Portale die Softwarefunktionalitäten und Dienste maßgeschneidert für den Bedarf des einzelnen Mitarbeiters bündeln und damit zur leichteren Beherrschbarkeit der Fachaufgaben beitragen. Ein wesentlicher Vorteil ist hierbei die Reduzierung der Komplexität bei der Nutzung diverser

---

8. Vgl. SAP AG: SAP White Paper, mySAP$^{TM}$ Public Sector E-Government, www.sap.de, S. 14 ff.

## Ansätze zur Organisationsoptimierung

Softwarefunktionalitäten. Über die Einrichtung virtueller Marktplätze kann die unmittelbare Kommunikation zwischen Verkäufer und Einkäufer, Anbieter und Nutzer gefördert werden.

- Integriertes Rechnungswesen
  Die Rechnungswesenverfahren in öffentlichen Verwaltungen waren bislang spezialisierte Entwicklungen zur Abbildung der Kameralistik und lediglich über Schnittstellen mit den sonstigen Fachverfahren verbunden. Der Trend zu integrierten Rechnungswesenverfahren aus einer Hand (z.B. Integration Personalverwaltung, Immobilienmanagement, Berichtswesen, Kostenrechnung, Materialwirtschaft, Adressverwaltung) ermöglicht und forciert die Automatisierung von Abläufen, vermeidet fehlerbehaftete Doppelerfassungen und fördert den flexiblen Datenaustausch. Mit diesen Verfahren wird es beispielsweise möglich, alle Vorgänge rund um einen Bürger im Internet über ein Bürgerkonto abzubilden.

Die vielfältigen technischen Möglichkeiten sind nur über hohe Investitionen mit einer Amortisationszeit von bis zu 10 Jahren realisierbar. Angesichts der schlechten Finanzlage der öffentlichen Verwaltungen muss hier nach innovativen Lösungen gesucht werden, z.B. über eine Konsolidierung der IT-Infrastruktur, Outsourcing, überbehördliche Zusammenarbeit oder Kooperation in Form von PublicPrivatePartnership-Modellen. Im Bereich Government-to-Business (G2B) gibt es wahrscheinlich auch eine Reihe von Dienstleistungen, die wegen hoher Vorteile für Unternehmen als selbstfinanzierende Modelle gestaltet werden könnten. Die Refinanzierung der Investitionen dürfte zumindest bei großen Transaktionsdienstleistungen im Bereich G2G (z.B. Melderegisterauskünfte) und G2C (z.B. Steuererklärungen) auch kurzfristig gegeben sein.

### 2.4.5 Neuausrichtung der Aufbauorganisation

Die neuen technischen Möglichkeiten, die steigenden Anforderungen an Qualität, Flexibilität und Schnelligkeit, die Einführung betriebswirtschaftlicher Steuerungssysteme und der Einsatz moderner Personalmanagementansätze werden die Aufbauorganisationen öffentlicher Verwaltungen mittel-

fristig sehr stark verändern. Dabei zeichnen sich folgende Grundtendenzen ab:
- Bildung größerer Organisationseinheiten zur besseren Umsetzung der Budgetierung
- geringere Anzahl von Hierarchiestufen und von Organisationseinheiten
- höhere dezentrale Verantwortung der Leitungskräfte und der Mitarbeiter
- verstärkte Steuerung über betriebswirtschaftliche Instrumente wie Strategische Planung, Budgetierung, Kosten- und Leistungsrechnung, Produkte, Kennzahlen und Berichtswesen
- mehr Wettbewerb über die Schaffung von Auftragnehmer-/Auftraggeber-Beziehungen zwischen Servicebereichen und sonstigen Organisationseinheiten
- prozessorientierte Organisationsmodelle mit höheren Anteilen an Team- und Projektarbeit
- verstärkte Interaktion mit den Bürgern über E-Government-Funktionalitäten
- verstärkter Technikeinsatz zur effektiven Abwicklung von Geschäftsvorfällen
- verstärkte Service- und Bürgerorientierung der Dienstleistungen
- höhere Bedeutung von Qualitäts- und Wirkungsaspekten

Die Zusammenfassung von Organisationseinheiten unter Berücksichtigung einer möglichst großen Homogenität von Zielgruppen und Produktangeboten und die Reduzierung der Hierarchiestufen sind die augenfälligsten Veränderungen in öffentlichen Verwaltungen. Hinzu kommen neue Bezeichnungen wie Fachbereiche, Fachdienste, Serviceagenturen oder Teams, die eine deutliche Abkehr vom traditionellen Begriff des Amtes symbolisieren sollen. Dabei wird vor allem die flexible Gestaltung der Arbeitsorganisation durch Teams an Bedeutung gewinnen. Die Anzahl der Hierarchiestufen wird durch Delegation von Verantwortung und Erweiterung der Führungsspannen verringert. Das Beispiel in Abbildung 1 enthält in der Regel mit Oberbürgermeister, Dezernenten, Amtsleitern, Abteilungsleitern und Sachgebietsleitern insgesamt 5 Stufen, die vor allem durch den Wegfall von Amtsleitern und die Zusammenfassung der Ebenen Abteilung und Sachgebiet auf 4 Stufen verringert werden können. Weiterhin wird insbesondere

## Ansätze zur Organisationsoptimierung

in Kommunen eine Stärkung der strategischen Steuerung durch eine Entlastung der obersten Führungsebene von operativen Aufgaben angestrebt.

Neben der zahlenmäßigen Verringerung von Organisationseinheiten und Hierarchiestufen müssen künftig die klassischen Strukturen eines geschlossenen Systems (Linienorganisation) mit vernetzten Strukturen eines offenen Systems (vernetzte Organisation) verbunden werden. Eine neue Aufbauorganisation muss einen Perspektivwechsel ermöglichen, der sich auf die folgenden Bereiche bezieht:

- die Programmziele
- die Adressaten (Lebenslagen, adäquate Zielgruppenansprache)
- die internen Geschäftsprozesse sowie
- die Innovations- und Entwicklungsperspektive

Dabei stellt die „*Sekundärorganisation*" das geeignete Strukturierungskonzept dar, um den notwendigen Perspektivenwechsel organisatorisch umzusetzen. Die beiden sich in Aufbau- und Arbeitsorganisation ergänzenden Organisationsprinzipien der „*Primär- und Sekundärorganisation*" sind in nachfolgender Abbildung zusammengefasst dargestellt:

| | Primärorganisation | Sekundärorganisation |
|---|---|---|
| Aufbau-organisation | •Funktionale Strukturen<br>•Schnittstellenvermeidung<br>•durchgängige Prozessverantwortung<br>•Delegation von Verantwortung in die Linie<br>•objektbezogene Aufgabengliederung | •vernetzte Organisationseinheiten<br>•Themenbezogene Netzwerke<br>•Projektorganisation<br>•Delegation von Verantwortung in Projekte<br>•ziel- und prozessorientierte Aufgabengliederung |
| Ablauf-organisation | •geringe Unsicherheit bei den Abläufen<br>•routinierte Aufgabenerledigung<br>•wiederkehrende Bearbeitungsanforderungen<br>•auf einen Aspekt fokussierte Aufgabenstellung (Einzelbetrachtung) | •sich verändernde Problemlagen<br>•flexible Reaktionsfähigkeit auf sich ändernde Rahmenbedingungen<br>•schneller Zugriff auf benötigte Kompetenzen<br>•vernetzt operierende Arbeitseinheiten<br>•interdisziplinäre Aufgabenerledigung |

Abb. 2.10: Struktur von Primär- und Sekundärorganisation

## 2 – Organisationsoptimierung und Prozessmanagement

Neben der Primärorganisation in Form des traditionellen Linienaufbaus wird eine Sekundärorganisation eingeführt, mit deren Hilfe querschnittsorientierte, interdisziplinäre Fragestellungen kurz- und mittelfristig bearbeitbar werden. Die Primärorganisation zeichnet sich durch eine funktionale Gliederung in der Linie und eine objektbezogene Aufgabengliederung aus. Für Aufgaben mit geringer Unsicherheit und hohen Routineanteilen ist dies die geeignete Organisationsform.

Die Sekundärorganisation außerhalb der Linie wird zukünftig ein größeres Gewicht bei besonderen Aufgabenstellungen erhalten, z.B. bei der Einrichtung themenbezogener Netzwerke, zur Sicherstellung von flexiblen Reaktionen (z.b. Winterdienst, Katastrophenfall) oder komplexen Projekten (z.b. für die Umsetzung der Agenda 21 oder bei der Einführung einer kaufmännischen Buchführung).

Die größten Veränderungen bei den inneren Strukturen öffentlicher Verwaltungen erfolgen jedoch durch die Digitalisierung der Geschäftsprozesse in Verbindung mit einer konsequenten Kunden- und Serviceorientierung. Die technischen Möglichkeiten und der damit verbundene Nutzen bieten die Chance, eine Verbesserung der Servicequalität auch im Spannungsfeld von knappen Finanzen umzusetzen. Der Kontakt des Bürgers mit öffentlichen Verwaltungen wird künftig in den unterschiedlichsten Angebotsvarianten erfolgen, z.B. über Infotheken, Beratungscentern, Agenturen, Mittlern, Internet-Portalen, E-Mails oder traditionell über Telefon und Schriftverkehr. In den Verwaltungen treffen die Bürger künftig auf Sachbearbeiter, die durch eine ganzheitliche Aufgabenwahrnehmung, Bündelung der Kompetenzen und eine ausreichende technische Unterstützung einen Service aus einer Hand anbieten können (in der Privatwirtschaft schon lange unter dem Begriff „one face to the customer" praktiziert). Durch die Einrichtung von Bürger-Centern oder Call-Centern wird ein Großteil der Bürgerkontakte abgefangen und abschließend bearbeitet. In Detailfragen oder zur endgültigen Sachbearbeitung kann ein im Dokumenten- und Workflow-System digital erfasster Vorgang in ein Back-Office geleitet werden. Das folgende Schaubild zeigt das Grundschema einer zukünftigen Aufbauorganisation:

## Ansätze zur Organisationsoptimierung

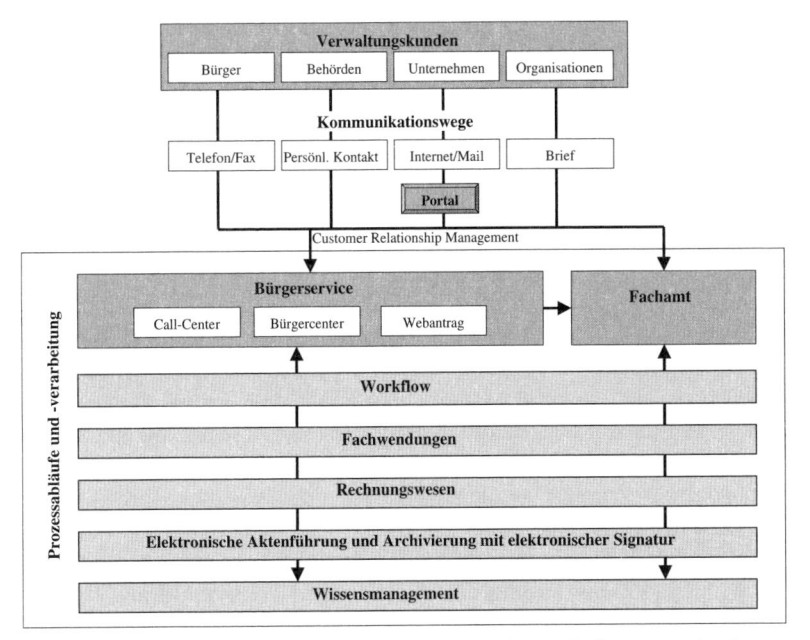

Abb. 2.11: Künftige Grundstruktur prozessoptimierter Aufbauorganisation

Zur Reduzierung von Kosten und zur optimalen Datenaufbereitung ist die Kontaktaufnahme über Internet/Portallösungen massiv zu fördern. Über ein umfassendes Customer Relationship Management sind alle Kontakte digital zu erfassen und einem Workflow-System zu übergeben. Direktkontakte mit den Fachämtern werden jedoch auch auf Dauer wegen der teilweise komplexen rechtlichen Fragestellungen notwendig sein. Von hoher Bedeutung ist die technische Integration von CRM-System, Fachanwendungen, Rechnungswesen und Dokumentenmanagement. Für die rechtssichere Sachbearbeitung vor allem im Bürgerservice ist der Ausbau eines Wissensmanagements unabdingbar.

Die Einbindung der Bürger in die Prozesse durch E-Government-Funktionalitäten wird in öffentlichen Verwaltungen nicht in dem Umfang gelingen wie beispielsweise im Bankensektor. Ein Teil des Klientels verfügt nicht in ausreichendem Maße über einen Internet-Zugang (z.B. Sozialhilfeempfänger, Ausländer, Senioren). Es ist daher zu prüfen, ob für bestimmte Leistungen und Nachfragergruppen andere geeignete Zugangs- und Vertriebswege entwickelt werden müssen. Bestimmte Mittler und Vertriebspartner suchen bereits jetzt für ihre Kunden den professionellen Zugang zur Verwaltung und könnten zukünftig auch E-Government-Funktionalitäten nutzen (z.b. Sozial- und Wohlfahrtsorganisationen, KFZ-Händler, Bestattungsunternehmer, Architekten, Bauträger).

## 2.4.6 Personalmanagement

Das Arbeitsumfeld in öffentlichen Verwaltungen ist durch die Entwicklungen in der Informationstechnologie, die wachsende betriebswirtschaftliche Ausrichtung und die erhöhten Service- und Qualitätsansprüche der „Kunden" einem starken Wandel ausgesetzt. Zusätzlich verlieren öffentliche Verwaltungen durch den fortgesetzten Stellenabbau, die Abflachung von Hierarchien, die starren Vergütungssysteme und die stark formalisierten Aufstiegsmöglichkeiten weiter an Attraktivität. Ein modernes Personalmanagement muss auf diese Entwicklungen durch gezielte Aus- und Fortbildung, Einführung leistungsorientierter Bezahlungs- und Entwicklungsstrukturen und die Schaffung eines attraktiven, von einem hohen Maß an Eigenverantwortung getragenen, Arbeitsumfeldes reagieren. Die wachsende Durchdringung der öffentlichen Verwaltungen mit Informationstechnologie und E-Government-Funktionalitäten führt zu neuen Prozessen und Strukturen und verändert damit die Arbeitswelt für die Beschäftigten[9]. Die direkte Kommunikation mit dem Bürger über elektronische Post sprengt die traditionellen Hierarchiewege und führt zu einer höheren Verantwortung beim einzelnen Sachbearbeiter. Dies begünstigt die im Rahmen des Organisationsmanagements angestrebte Verflachung von Hierarchien. Gleichzeitig steigen die Erwartungen an die Verwaltung zur schnellen Bearbeitung von Anfragen und Anträgen und an die ständige Erreichbarkeit. Die mit einer weitestgehend elektronischen Kommunikation verbundene „Ent-Räumlichung" der Verwaltung (Stichwort: virtuelles Rathaus) führt auch bei den Beschäftigten zu einer neuen Arbeitskultur und einer größeren Vielfalt von

---

9. Vgl. Krutoff, H., E-Government – Auswirkungen auf das Personal ..., in: Der Öffentliche Dienst, Personalmanagement und Recht, Nr. 1-2/2004, S. 1-4)

Arbeitsformen (z.B. Call-Center, Home-Office, Back-Office, Front-Office). Tendenziell werden einfache Tätigkeiten wie das Ausfüllen von Anträgen entfallen, da der Bürger in höherem Maße über das Internet die notwendigen Informationen bereits digital zur Verfügung stellt. Die Anforderungen an die Medienkompetenz wie beispielsweise der Umgang mit Mailsystemen, Internet, Fach- und Standardsoftware, elektronischer Aktenverwaltung oder Workflow-Systemen wird umfänglichen Fortbildungsbedarf und teilweise auch einen neuen Typus von Verwaltungsmitarbeiter generieren. Wenn es gelingen sollte, das rechtlich geprägte Fachwissen und die Auslegungskompetenz von Gesetzen und Verordnungen durch ein technisch unterlegtes Wissensmanagement (z.b. Online-Zugriff auf Gesetzeskommentierungen) oder intelligente Fachverfahren mit automatischer Prüfung von Sachverhalten zu unterstützen, hat dies enorme Auswirkungen auf die traditionelle Ausbildung und die Art der vorzuhaltenden Qualifikationen.

## 2.5 Beispiele für Prozessoptimierung durch E-Government

### 2.5.1 Projektmanagement bei der Einführung von E-Government

Für die erfolgreiche Einführung von E-Government und die damit verbundene Neustrukturierung von Prozessen ist die Einrichtung eines Projektes mit klar definierten Projektphasen notwendig. Am Beginn des Einführungsprozesses steht die Entwicklung einer E-Government-Strategie mit einer Priorisierung der Anwendungsoptionen. Die Kernaktivitäten lassen sich durch folgende Projektphasen beschreiben:

| Vision | → | Analyse der Rahmenbedingungen | → | Bestimmung der Hauptprozesse | → | Generierung von E-Government-Maßnahmen | → | Priorisierung der Maßnahmen | → | Formulierung der E-Government-Strategie |
|---|---|---|---|---|---|---|---|---|---|---|

Eine umfassende E-Government-Strategie haben beispielsweise die Landesregierung Nordrhein-Westfalen über die Beratungsgesellschaft BearingPoint oder die Stadt Salzgitter über das Institut für E-Business an der Fach-

## 2 – Organisationsoptimierung und Prozessmanagement

hochschule Braunschweig/Wolfenbüttel erarbeiten lassen. In Nordrhein-Westfalen wurden insgesamt 92 Fachverfahren identifiziert[10], bei denen neben einer reinen Informationsvermittlung auch eine Kommunikation, Transaktion oder Interaktion mit den Kunden im Rahmen des Internets gegeben ist. Die Stadt Salzgitter hat nach einer Identifikation der Hauptprozesse mögliche Optionen für eine sukzessive Unterstützung von Verwaltungsprozessen durch E-Government-Funktionalitäten erarbeitet und in einer Prioritätenmatrix gewichtet. Dabei wurden die möglichen Optionen im Hinblick auf die Einfachheit der Umsetzung und die Auswirkungen auf das Geschäft auf einer Skala von 1 bis 6 kategorisiert (nachstehende Matrix enthält ausgewählte Beispiele). Alternativ könnte auch eine Bewertung nach dem möglichen finanziellen Nutzen erfolgen.

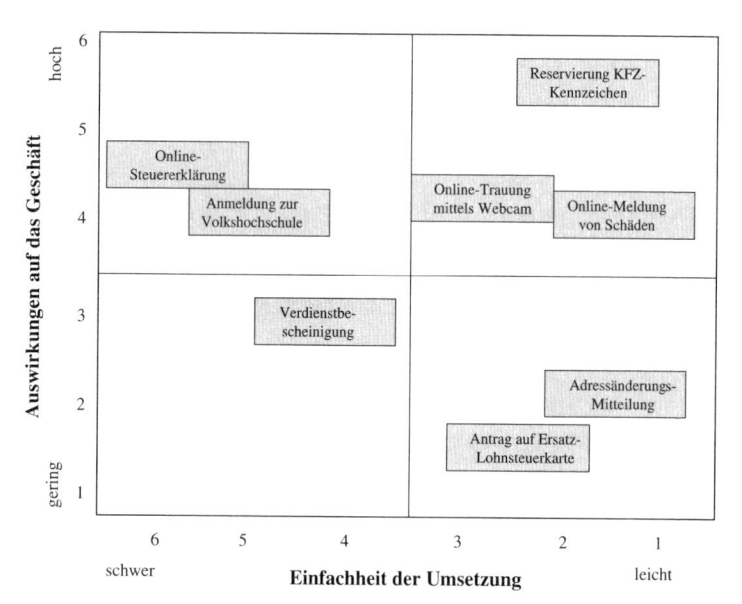

Abb. 2.12: Prioritätenmatrix für E-Government-Maßnahmen

---

10. Vgl. Landesregierung NRW: E-Government Studie NRW, Download unter www.im.nrw.de, Januar 2003, S. 12

In der Stadt Salzgitter werden die umzusetzenden Maßnahmen in verschiedene Phasen eingeteilt und in Abhängigkeit von den finanziellen Möglichkeiten umgesetzt (Methode des „inkrementellen Pragmatismus"[11]). Beim Projektstart sollte zur Akzeptanzbildung ein besonderer Augenmerk auf einfach umzusetzende Maßnahmen mit hoher Außenwirkung gelegt werden. Als denkbarer Einstieg in ein E-Government-Projekt bietet sich auch die Beschaffung einer Software für einen Formular-Service an. In den folgenden Abschnitten sind in Abhängigkeit vom Grad der Internetfähigkeit exemplarische Beispiele für E-Government-Anwendungen mit Auswirkungen auf die Prozesse und die Organisation aufgeführt.

### 2.5.2 Information

In einem frühen Entwicklungsstand des E-Government erfolgt zunächst die Bereitstellung von Informationen über das Internet, wie z.b. Öffnungszeiten, Zuständigkeiten, rechtliche Bestimmungen, Dienstleistungen oder Veranstaltungen. Die Auswirkungen auf die Organisation sind noch begrenzt, da hier lediglich in einem Content-Management-System oder über das Internet aktuelle Daten einzupflegen sind. Eine zentrale Qualitätssicherung und Administration bei einer dezentralen Datenpflege stellt hier ein geeignetes Organisationsmodell dar. Fortgeschrittene Informationssysteme erlauben dem Nutzer bereits eine interaktive Suche und Zusammenstellung von Daten. Sehr weite Verbreitung haben in Kommunen beispielsweise Ratsinformationssysteme gefunden, die intern ein Instrument zur Beschluss- und Entscheidungsunterstützung in Verbindung mit einem Dokumentenmanagement anbieten. Die Verwaltung von Vorlagen, Tagesordnungen, Protokollen bis hin zur Abrechnung von Sitzungsgeldern wird über derartige Systeme unterstützt. Als externe Information steht den Bürgern die Möglichkeit offen, sich über alle öffentlichen Angelegenheiten ihrer Kommune online zu informieren (Beispiel siehe unter www.salzgitter.de, „Rat und Verwaltung"). Nach der Einführung von Business-Intelligence-Systemen (automatisiertes Berichtswesen bzw. Management-Informationssysteme) können auch Haushalts- und Leistungsdaten flexibel für die Bürger zur Verfügung gestellt werden. Weitere Beispiele aus der Praxis sind eine elektronische

---

11. Vgl. Drüke, H. (2003), S. 98

Grundbuchführung mit einer Online-Beauskunftung. Die Informationsbereitstellung führt in der Regel zu einer spürbaren Entlastung der Sachbearbeiter von Anfragen.

## 2.5.3 Kommunikation

In der nächsten Stufe kann der Kunde nach der Information mit der Verwaltung elektronisch in Kontakt treten. Eines der bekanntesten Beispiele ist die elektronische Übermittlung und Erstellung von Steuererklärungen für verschiedene Steuerarten (Projekt ELSTER). In einfacher Form kann auch über Internetformulare ein Broschürenbestellungsservice realisiert werden, der eine automatische Ansteuerung des Versands beinhaltet. Die Eingabe von Fragen oder Anträgen im Internet kann als Mail direkt dem zuständigen Sachbearbeiter zugeleitet werden. Auf den Betrieb von Formular-Servern spezialisierte Softwareanbieter bieten hier leistungsfähige und einfach zu bedienende Lösungen an, die sogar zu einer überregionalen Vereinheitlichung von Formularen und Prozessen beitragen. Derartige Anwendungen entsprechen den zunehmenden Anforderungen der Bürger nach einem formlosen Kontakt mit den öffentlichen Verwaltungen über E-Mail oder Internet.

Im Rahmen der Kommunikation ist das Thema E-Democracy von besonderem Interesse, um die Bürger wieder aktiver an dem Gemeinwesen zu beteiligen. So könnte der Aufwand für Wahlen beim Einsatz einfacher und rechtlich abgesicherter Signaturanwendungen künftig erheblich reduziert werden. Die Stadt Esslingen hat beispielsweise eine Online-Wahl des Jugendgemeinderates durchgeführt[12]. Auch in den klassischen Beteiligungsverfahren, z.B. an Bauleitplanverfahren oder bei Projekten wie der Agenda 21, ist eine elektronische Kommunikation denkbar. Die Bürger könnten auch direkte Eingaben und Wünsche zum Haushaltsplan übermitteln, die im Haushaltsaufstellungsverfahren durch die Verwaltung einbezogen werden könnten. Die Durchführung von Bürgerbefragungen zu wichtigen politischen Themen hingegen ist etwas problematisch, da Elemente einer direkten Demokratie mit der repräsentativen Verfassung nicht vereinbar sind.

---

12. Vgl. Drüke, H. (2003), S. 57

## 2.5.4 Transaktion

Bei einer Transaktion erfolgt nach der Eingabe der geforderten Daten oder nach Erhalt der Informationen eine abschließende Bearbeitung des Anliegens bzw. eine Durchführung der gewünschten Aktion. Dies könnte beispielsweise die Buchung eines Kurses in der Volkshochschule mit gleichzeitiger Bezahlung über eine sichere Internetseite, die Reservierung eines Wunschkennzeichens oder die Anfrage nach einer Sperrmüllabfuhr mit automatischer Terminbestätigung über eine E-Mail sein. Auch komplexere und notwendigerweise rechtssichere Transaktionen wie z.b. Mahnverfahren, Meldewesen oder Baugenehmigungsverfahren können als Online-Dienstleistungen gestaltet werden. Die wirtschaftlichen Effekte bei derartigen Anwendungen sind nicht unerheblich, da sich Prozesszeiten verkürzen, die im Hintergrund ablaufenden Prozesse verschlankt werden und sogar eine Nachfrageerhöhung mit der Folge von Mehreinnahmen wegen der größeren Bequemlichkeit (keine Wartezeiten) entstehen kann.

Eine wichtige Voraussetzung für den Austausch vertraulicher Informationen ist allerdings die sichere Abwicklung von Online-Dienstleistungen. Die Fragen der rechtlichen Zulässigkeit elektronischer Verfahren, die in der Vergangenheit oft als wesentlicher Hinderungsgrund für eine schnelle Einführung von E-Government genannt wurden, sind mittlerweile weitestgehend gelöst. Die elektronische Abwicklung rechtsverbindlicher Verfahren verlangt in der Regel die qualifizierte elektronische Signatur, deren Verbreitungsgrad aber noch sehr begrenzt ist.

Die Umsetzung von transaktionsorientierten E-Government-Anwendungen wird erhebliche Auswirkungen auf die Arbeitsabläufe und Organisationsstrukturen haben. Einfache Tätigkeiten werden weitestgehend entfallen und für einen entsprechenden Personalabbau sorgen. Qualifizierte Sachbearbeiter werden nur noch für komplizierte, nicht über standardisierbare Prozesse abbildbare Verwaltungsvorgänge vorgehalten.

## 2.5.5 Integration

Eine Integration liegt bei einer vollständigen Online-Bereitstellung eines Fachverfahrens einer öffentlichen Verwaltung für die externen Anwender vor. In der E-Government-Studie NRW werden hier als Beispiele allgemeine

Antragsverfahren (z.b. Beantragung Erziehungsgeld, Wohngeld, BAföG) und Förderungen (z.b. Meistergründungsprämien, Existenzgründungszuschüsse, projektbezogene Zuschüsse) oder die Online-Datenerhebung für die Statistik mit gleichzeitigem Zugriff auf die amtlichen Daten genannt.

Ein Beispiel für die integrierte Abwicklung von Geschäftsprozessen zwischen öffentlichen Verwaltungen und der Wirtschaft ist auch das E-Procurement. Bei der Automatisierung des Beschaffungsprozesses von der Bedarfsermittlung bis zur Bezahlung werden alle Stufen des E- Governments berührt. Die Information und Kommunikation erfolgt durch Bekanntmachung von Vergaben im Internet und die elektronische Erstellung und Übermittlung der Vergabeunterlagen. Auch die Entgegennahme, das Zurückziehen und eine erneute Entgegennahme von elektronischen Angeboten kann durch ein E-Procurement-System[13] unterstützt werden. Wichtig ist in diesem Zusammenhang eine und automatisierte Anbindung an das ERP-System zur sachgerechten Buchung der Beschaffung und zur Abwicklung der Zahlungsströme.

## 2.6 Erfolgsfaktoren für eine Reorganisation öffentlicher Verwaltungen

Die Gestaltung von Veränderungsprozessen stellt jede Organisation vor besondere Herausforderungen, die nur mit einem professionellen Change Management bewältigt werden können. Die technikgetriebene Einführung neuer Strukturen und Prozesse ohne Berücksichtigung der Unternehmenskultur und ohne begleitende Organisations- und Personalentwicklung erhöht die Gefahr des Scheiterns von Reformen. Insbesondere die öffentliche Verwaltung mit ihrer traditionell rechtlichen Ausrichtung, einem leistungshemmenden Dienstrecht und den engen Rahmenbedingungen bei der Leistungserstellung weist relativ ungünstige Startvoraussetzungen auf, um sich zu einer lernenden Organisation mit sehr flexiblen Strukturen zu entwickeln. Die Reorganisation durch eine stärkere Serviceorientierung und die Einführung von E-Government-Funktionalitäten wird daher in Verbindung mit den knappen Finanz- und Humanressourcen zu einer geringen Umsetzungs-

---

13. Vgl. Frick, H.-J.: Einkauf nach Plan, in Kommune21, Heft Nr. 5/2003, S. 18-19

geschwindigkeit führen. Dennoch wird die technische Entwicklung dazu beitragen, dass sich die Prozesse und Strukturen in der Zukunft radikal verändern werden.

Einer der wichtigsten Erfolgsfaktoren für eine Reorganisation sind die Entwicklung einer klaren Strategie und eine breite Beteiligung der Beschäftigten an der Umgestaltung ihres Arbeitsumfeldes, z.b. durch die angeführten Qualitätsmanagementverfahren oder durch ein Projektmanagement. Ebenso muss die Führungsebene dem Thema Serviceentwicklung und E-Government eine hohe Priorität beimessen. Eine große Herausforderung stellt die stärkere Integration der IT-Landschaft und die konsequente Öffnung bisheriger Fachsoftware für E-Government-Funktionalitäten dar, da öffentliche Verwaltungen über eine Vielzahl unterschiedlicher und sehr spezieller Fachsoftware verfügen. Bei der Umsetzung von E-Government-Projekten und der damit verbundenen Neuordnung von Prozessen und Strukturen ist es zur Nutzung von Synergieeffekten sinnvoll, mit anderen Behörden oder mit öffentlichen oder privaten IT-Dienstleistern Netzwerke zu schaffen bzw. zu kooperieren. Ein gelungenes Beispiel ist das inzwischen prämierte Leitprojekt des Landes Niedersachsen im Bereich E-Government „MOIN-Meldewesen Online", das den Datenaustausch unter den Behörden (G2G) auf einer einheitlichen Plattform im Bereich Meldewesen sicherstellen soll. An diesem Projekt sind verschiedene kommunale Rechenzentren, die Städte Hannover und Salzgitter sowie die kommunalen Spitzenverbände in Niedersachsen beteiligt.

Die Einsparungen durch Prozessoptimierungen im Zusammenspiel mit dem Einsatz moderner IuK-Technik werden sich jedoch erst in längeren Zeiträumen amortisieren. Eine Alternative zu dem sich abzeichnenden Weg hat die öffentliche Verwaltung durch den Kosten- und Erwartungsdruck jedoch nicht mehr.

## Literaturhinweise

Baier, H.: Operative Planung in Kommunen: Neukonzeption auf der Basis einer Kosten- und Leistungsrechnung, Lohmar 2002

Drüke, H.: E-Government in Deutschland – Profile des virtuellen Rathauses, Deutsches Institut für Urbanistik, Berlin 2003

Frick, H.-J.: Einkauf nach Plan, in Kommune21, Heft Nr. 5/2003, S. 18-19

Gebler, C./Bentz, A.: Auf dem Weg zum Total Quality Management, in: VOP 9/98

KGSt-Bericht: Qualitätsmanagement, Bericht Nr. 6/1995, Köln 1995

KGSt-Bericht: Geschäftsprozeßoptimierung: Eine Wegbeschreibung, Bericht Nr. 8/1998, Köln 1998

KGSt-Bericht: Management der Bauordnung, Bericht Nr. 9/2001, Köln 2001

Krutoff, H., E-Government – Auswirkungen auf das Personal ..., in: Der Öffentliche Dienst, Personalmanagement und Recht, Nr. 1-2/2004, S. 1-4

Landesregierung NRW: E-Government Studie NRW, Download unter www.im.nrw.de, Januar 2003

Niedersächsisches Innenministerium: Benchmarking von Leistungsprozessen am Beispiel des Personalwesens in der öffentlichen Verwaltung, Dokumentation eines Verbundprojektes, Hannover 2002

SAP AG: SAP White Paper, mySAP™ Public Sector E-Government, www.sap.de

# 3 Das neue kommunale Finanzwesen im strategischen E-Government

von
Kirsten Hinkel-Käflein

Die Diskussionen, die heute zu verfolgen sind, richten sich im Wesentlichen auf die operativen Problemstellungen der Buchungssystematik und die neuen Anforderungen des neuen kommunalen Finanzwesens (NKF), z.b. die Bewertung des Vermögens, die Bewirtschaftung eines Produkthaushaltes und die Nutzung eines doppischen Kontenplanes. Diese Themen sind weitgehend ausdiskutiert worden und befinden sich auf dem Wege der Umsetzung. Zeit also, den Blick wieder auf das Wesentliche zu richten: den Gesamtzusammenhang und das Steuerungskonzept.

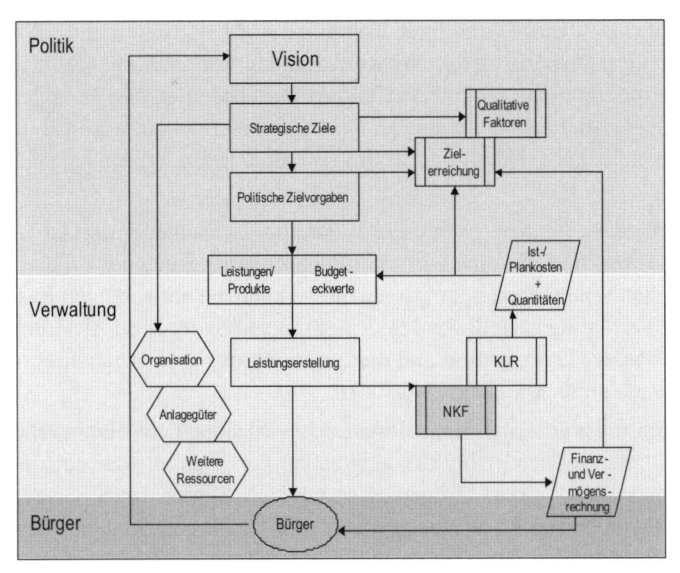

Abb. 3.1: NKF im strategischen Kontext

## 3.1 Vision und Ziel

Ausgangspunkt des Verwaltungshandelns ist die Vorgabe strategischer Ziele durch die Politik. Gekennzeichnet ist die zu erarbeitende Strategie durch folgende Merkmale:

- Ableitung der Ziele aus der Vision
- Gesamtkonzept zur Zielerreichung
- Längerfristige Auslegung
- Nutzung aggregierter Größen
- Knappe Ressourcen

Im politischen Prozess werden die Präferenzen und Schwerpunkte des Ressourceneinsatzes im Rahmen verdichteter Daten bereits vorgegeben. In Form von Zielvorgaben sind diese an die Verwaltungsführung zu geben. In der Regel erfolgt dies mittels kumulierter Vorgaben zu den Budgets für einzelne Produktgruppen. Die Herkunft und Qualität der Daten, welcher der Politik zur Verfügung gestellt werden, um diese Budgets zu verteilen, sind entscheidend für die Abstimmung politischen Willens und operativer Arbeit.

Natürlich ist dieser Prozess in einer Kommune nicht nur unter rein wirtschaftlichen Gesichtspunkten durchführbar. Bundes- und landesgesetzliche Vorgaben verpflichten zur Aufgabenerfüllung. Dies bedeutet, dass in vielen Bereichen der Gestaltungsspielraum der Politik eingeschränkt ist und z.B. in den Bereichen Soziales, Kultur und Bildung weniger getan werden kann als gewünscht.

Neben der Vorgabe finanzwirtschaftlicher Parameter (Budgetierung) ist jedoch zu beachten, dass für eine wirtschaftliche Zielerreichung auch die organisatorischen Rahmenbedingen passen müssen und die notwendigen Ressourcen zur Verfügung gestellt werden. Jede Strategie findet ihren Ausdruck in dem Aufbau der Organisation und diese wird durch die Arbeitsmittel in die Lage versetzt ihre Aufgaben zu erfüllen.

Die Zieldefinition politischen Handelns an sich wird jedoch von einem Zielkonflikt begleitet, da der Erfolg der agierenden Personen auf der persönlichen Ebene in der Wiederwahl gemessen wird. Ergebnisse im Sinne des Gemeinwohls spielen hier eine untergeordnete Rolle. Dies macht den Unterschied zu Unternehmen deutlich, da hier Unternehmens- und persönliche

Ziele – Aufstieg und Vergütung – eng mit dem wirtschaftlichen Erfolg verbunden sind.

## 3.2 Bedeutung des Planungsprozesses

Der Prozess der Planung teilt sich in zwei Aufgabenblöcke, die jeweils in der Verantwortung der Verwaltung liegen. Zum einen ist dies die Verfeinerung der Vorgaben (Ressourcen/Produkte) seitens der Politik und zum anderen ist es die Verantwortung valide Basisdaten für den politischen Prozess zur Verfügung zu stellen.

Sobald die politischen Vorgaben stehen (idealerweise durch Eckwertbeschlüsse auf Produktbereichsebene umgesetzt) hat die Verwaltung nun die Aufgabe die Budgets auf einzelne Produkte zu verteilen. Traditionell folgen nun die Schritte, die aus der Haushaltsplanung bekannt sind. Einzelne Fachbereiche oder Ämter gehen in die Diskussion bis ein verabschiedeter Produkthaushalt zur Verfügung steht.

Nach Verabschiedung des Planes durch die Verwaltung erfolgt eine erneute Abstimmung mit der Politik für den Fall, dass sich im Rahmen der operativen Planungen Änderungen aufgrund aktueller Notwendigkeiten ergeben haben. Den Abschluss der Planung markiert der formale Beschluss der Haushaltssatzung und des Planes.

Dies ist der erste Verzahnungspunkt zwischen strategischer und operativer Planung. Nach Abschluss des Planungsprozesses werden die operativen Einheiten ermächtigt die Leistungen zu erstellen.

## 3.3 Produktionsprozess in der Verwaltung

Die Verwaltung wurde nun von ihrer politischen Führung mit den notwendigen Ressourcen ausgestattet, um mit der Leistungs- bzw. Produkterstellung für den Bürger oder andere Kunden (z.b. andere Verwaltungen) zu beginnen. Der Bürger hat nun die Möglichkeit Verwaltungsprodukte zu beziehen.

Mit Vokabeln aus der Privatwirtschaft ausgedrückt bedeutet dies, dass das Produktportfolio definiert ist und die Aufbauorganisation steht. Die Gestaltung der Ablauforganisation jedoch liegt in den Händen der Verwaltung.

# 3 – Das neue kommunale Finanzwesen im strategischen E-Government

Anzumerken ist an dieser Stelle, dass dem Prozess der Produkterstellung oftmals noch zu wenig Aufmerksamkeit geschenkt wird. Die Ablauforganisation kann bereits mit einfachen Mitteln, wie z.b. einem gemeinsamen Dateisystem und intranetgestützten Workflows, verbessert werden.

Potenziale in Bezug auf:

- Wirtschaftlichkeit
- Effizienz
- Zeit
- Kundenwirkung (intern/extern)

sind in vielen der Prozesse verborgen.

Aus diesem Grunde sollte es ständiges Ziel sein, Arbeitsabläufe zu verbessern. Dies kann mit den verschiedensten Mitteln geschehen. Bei Aufgaben, die durch Gesetze und Verordnungen bestimmt werden, sollte das Augenmerk eher auf der Straffung des Prozesses liegen. Dies kann in vielen Fällen durch einen sinnvollen Einsatz der Informationstechnolgie erfolgen.

Andere Aufgaben wie z.b. klassische Querschnittsaufgaben wie Einkauf und Personal, geben der Verwaltung einen weitergehenden Spielraum. Hier können die Prozesse auch umgestaltet werden, um eine effizienteren Ablauf zu erreichen. Beispiele hierfür ist die Umgestaltung des Einkaufsprozesses oder die Einrichtung von Bürgerbüros.

Folgende einfache Fragestellungen helfen diese Potenziale zu ermitteln:

- Kann die Aufgabe in weniger Schritten erledigt werden?
- Welche technololgischen Möglichkeiten machen Schritte überflüssig?
- Auf welche Kontrollen, Instanzen oder Vorlagen kann verzichtet werden?
- Welche Schritte haben heute keinen Sinn mehr? (hatten ihn aber früher)

Ist der Prozess definiert, wie Aufgaben erledigt werden, ist auch bekannt wann welche Ressourcen benötigt werden. Nimmt nun ein Kunde, ein Bürger oder eine andere Verwaltung, eine Leistung bzw. ein Produkt in Anspruch, entstehen einerseits Kosten und ggf. werden Erlöse erwirtschaftet.

Im Rahmen der Produkterstellung erfolgt die Buchung der Kosten und der Erlöse, die entstanden sind, damit dieses Produkt seinen Adressaten erreicht.

Interessant ist auch der Aspekt, dass aus heutiger Sicht die Kommunen bezüglich der operativen Aufgabenerfüllung untereinander nicht in direkter Konkurrenz stehen, wie es bei Unternehmen der freien Wirtschaft der Fall ist. Dies hat den Vorteil, dass eine weitgreifende Standardisierung über Verwaltungsgrenzen hinaus möglich wäre. Die Städte würden hierdurch keinen strategischen Wettbewerbsvorteil verlieren und insgesamt würden durch standardisiertere Vorgehensweisen weitere Einsparungspotenziale entstehen, z.b. bei der Einführung von Softwarelösungen. Konzeptionen wären einfacher übertragbar und müssten nur an Gegebenheiten wie Anzahl der Fälle pro Jahr und Mitarbeiter in diesem Bereich angepasst werden.

## 3.4 Dokumentation der Leistungserstellung

Klassisch erfolgt die Dokumentation durch den Nachweis der verursachten Ausgaben und der angefallenen Einnahmen – durch die Kameralistik. Diese entstand in der Zeit der italienischen Fürsten, die durch diese Art der Buchführung das Handeln der Beauftragten überwachten. Die Unvollkommenheit dieses Rechnungswesenstils wird in Deutschland seit weit mehr als einer Dekade gesehen. Über die Zeit haben sich verschiedenste Reformkonzepte entwickelt.

Im ersten Schritt wurde das kamerale Haushaltswesen durch eine Kosten- und Leistungsrechnung ergänzt. Nach und nach setzte sich neben der klassischen Haushaltssystematik die Produkte (Kostenträger) als Nachweis- und Planungsinstrument durch – zumindest in der praktischen Arbeit der Verwaltung. Gesetzlich verpflichtet sind viele Kommunen heute noch nach kameraler Systematik Rechnung zu legen. Dies wird sich so schnell auch nicht ändern, da bundes- und teilweise europaweite Statistiken auf dieser Systematik aufbauen.

Es wurde jedoch bald deutlich, dass die Informationen aus Haushalt und Kosten- und Leistungsrechnung nicht ausreichend sind, um geschlossen den Ressourcenverbrauch darzustellen. Aus diesem Grunde wird immer mehr auf die kaufmännische Buchführung – auch Doppik genannt – gesetzt. Bereits seit der Entstehung steht im Mitttelpunkt, Vermögensveränderungen zu dokumentieren.

# 3 – Das neue kommunale Finanzwesen im strategischen E-Government

Die wesentlichen Vorteile liegen in folgenden Punkten:
- geschlossenes System, welches Vermögensveränderungen darstellt (Wertezuwachs und Werteverzehr)
- Ressourcennutzung wird deutlich
- Rückstellungen werden ausgewiesen (z.b. Pensionen oder Instandhaltungen)
- Internes und externes Rechnungswesen sind integriert
- Darstellung des „Konzern Stadt" durch gleichartige Rechnungslegung in Eigenbetrieben und Kernverwaltung
- Bürger mit Kenntnissen des kaufmännischen Rechnungswesens ist in der Lage, Rechnungslegung der Stadt zu verstehen (Transparenz)

Aufgrund der verwaltungsimmanenten Besonderheiten kann die kaufmännische Buchführung mit ihren Regeln gemäß HGB, IAS oder US-GAAP nicht unbesehen eingeführt werden. Deshalb gab es in den letzten Jahren in verschiedenen Bundesländern Projekte, welche die Umsetzbarkeit und die notwendigen Anpassungen des Regelwerkes theoretisch erarbeiteten und auch praktisch umsetzten. Diese Buchführungs- und Rechnungslegungssystematik auf Basis des kaufmännischen Rechnungswesen firmiert – je nach Bundesland – unter Begriffen wie „Neues kommunales Finanzwesen" (NKF) oder „Neues kommunales Rechnung- und Steuerungssystem" (NKRS).

Die Kontierung erfolgt nun mittels der doppischen Buchführung zum einen und zum anderen ist eine Kontierung für die Kosten-und Leistungsrechung obligatorisch. Neu im NKF ist, dass nicht nur in der der Kosten- und Leistungsrechnung sondern auch in der Verwaltungsbuchführung benutztes Vermögen anteilig einfließt.

Die Erfassung und vor allem die Bewertung des Vermögens stellt viele Kommunen vor große Herausforderungen. Offene Punkte für die Eröffnungsbilanz sind – neben der Bewertung von z.b. Parkanlagen – vor allem Positionen wie die Pensionsrückstellungen, die in vielen Organisationen ein erhebliches Volumen haben. Erstmalig wird nach der Erstellung der Bilanz sichtbar, welche Verpflichtungen die Kommune in den kommenden Jahren zu begleichen hat.

Durch die komplette Erfassung der Daten werden auch im Rahmen der Kosten- und Leistungsrechnung Vollkosten ausweisbar, und im externen Rechnungswesen ist ablesbar, ob die Kommune über die Zeit Vermögen schafft oder vernichtet. Das Ressourcenverbrauchskonzept mit dem Ziel der Gerechtigkeit innerhalb der Generationen und das in der Wirtschaft angewandte Konzept des Shareholder Value unterscheiden sich hier in der Zielstellung kaum: Vermögen bewahren bzw. schaffen ist das übergeordnete Ziel.

Die Daten, die nun in der Kosten- und Leistungsrechnung vorliegen, ermöglichen eine ex-post-Betrachtung der entstandenen Aufwendungen. Diese Erkenntnisse haben für das laufende Haushaltsjahr eine geringe Steuerungsrelevanz. Weitaus wichtiger ist die Verwendung der Informationen für eine Kalkulation des Preises der einzelnen Produkte. Kritiker mögen einwerfen, dass dies in einigen Bereichen obsolet sei, da man an bestimmte Preisvorgaben gebunden sei oder gänzlich nicht in der Lage ist, Kosten zu erheben – oder ein Produkt aus dem Programm zu nehmen. Dies ist korrekt, jedoch ist es einerseits wichtig der Politik auch die kostenmäßigen Konsequenzen der strategischen Entscheidungen aufzuzeigen. Andererseits ermöglicht eine auf validen Daten aufbauende Kalkulation zu erbringender Leistungen auch eine verbesserte Argumentation der Kommunen zu Ländern und Bund, wenn es z.b. um die Verlagerung von Aufgaben geht.

Mit einem geschlossenen Kreislauf von der strategischen Zielvorgabe über die konkrete Planung, die operative Umsetzung, die Rechnungsführung und die Kalkulation auf Vollkostenbasis wird die Politik nach und nach in die Lage versetzt die finanzielle Tragweite von Entscheidungen besser einzuschätzen und somit auch bewusster zu treffen.

## 3.5 Steuerungsinstrumente

Soweit so gut. Die Planungs- und Bewirtschaftungszeiträume sind traditionell ein Jahr. Der geschilderte Kreislauf nimmt demnach viel Zeit in Anspruch, bis die Ergebnisse flächendeckend vorliegen.

Aus diesem Grunde ist es von entscheidender Wichtigkeit ein kontinuierliches, unterjähriges Steuerungsinstrument zu implementieren, das den Ausgangspunkt – die strategischen Ziele – im Fokus hat.

Idealerweise werden qualitative Ziele und operative Daten (wie z.B. Informationen aus der Kostenrechnung) in einem geschlossenen Berichtssystem den politischen Entscheidern regelmäßig unterjährig vorgelegt. Bei Abweichungen kann baldmöglichst gegengesteuert werden, um die gesetzten Ziele zum Jahresende doch noch zu erreichen.

Die Überprüfung der Strategie und die Feststellung des Grades der Zielerreichung können mittels eines Kennzahlensystems, das auf Ursache-Wirkungs-Beziehungen beruht, erfolgen. Basis dieses Kennzahlensystems für die Politik ist das Balanced-Scorecard-Konzept. Dies stützt sich auf vier Perspektiven, die voneinander abhängig sind.

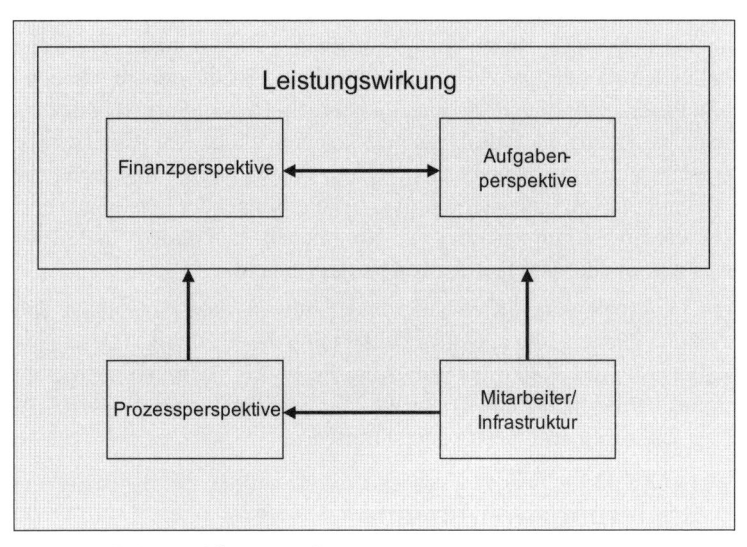

Abb. 3.2: Balanced Scorecard

Die einzelnen Perspektiven wurden bereits jeweils separat erwähnt. Hinter diesen Perspektiven stehen verwaltungsspezifisch ermittelte Kennzahlen, die kumuliert werden und eine Gesamtaussage über die jeweilige Perspektive erlauben.

Stellt man die finanzwirtschaftliche Situation den Aufgaben gegenüber, lässt sich eine leistungsorientierte Kennzahl unter wirtschaftlichen Gesichtspunkten ableiten. Dies ist die Leistungswirkung. Diese konsolidierte

## Steuerungsinstrumente

Kennzahl trifft eine Aussage in welchem Maße das strategische Ziel erreicht ist. Wie die Gewichtung der einzelnen Perspektiven zueinander erfolgen soll, kann pro strategischem Ziel unterschiedlich sein.

Um das Konzept und mögliche Zielkonflikte zu verdeutlichen nachstehend ein Beispiel:

Eines der strategischen Ziele der Kommune ist es, ein attraktiver Wirtschaftsstandort zu werden.

Die Leistungswirkung wird demnach als positives/negatives Klima für Unternehmen definiert. Folgende Kennzahlen beeinflussen die Leistungswirkung:

### Leistungswirkung

**Finanzperspektive**
- Ausgaben für Wirtschaftsförderung
- Ausgaben für Personalentwicklung
- Ausgaben für Infrastruktur
- Gewerbesteuereinnahmen

**Wirtschaftsförderung**
- Anzahl Gewerbe
- Anzahl neuer Gewerbe
- Anzahl Einwohner
- Wachstum in %

**Prozess**
- Bearbeitungszeiten
- Liegezeiten
- Entscheidungszeiten

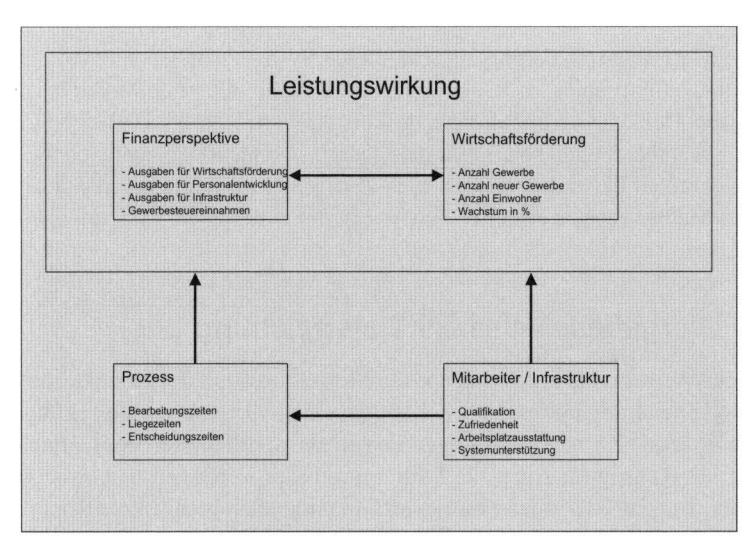

**Mitarbeiter / Infrastruktur**
- Qualifikation
- Zufriedenheit
- Arbeitsplatzausstattung
- Systemunterstützung

Abb. 3.3: Leistungswirkung

Die Leistungswirkung ergibt eine negative Kennzahl.

Die Anzahl der neuen Unternehmen in diesem Jahr ist im Vergleich zur Nachbarkommune 45% niedriger. Die geplanten Gewerbesteuereinnahmen konnten nicht vereinnahmt werden. Das Budget wurde eingehalten.

Bei einer Ursachenforschung wird erkennbar, dass die Motivation der Mitarbeiter aufgrund von gestrichenen Weiterbildungsmaßnahmen und der Ablehnung eines IT-Verfahrens sehr niedrig ist. Viele Arbeiten müssen manuell ausgeführt werden und dauern lange. Deswegen ist nur eine schleppende Bearbeitung der Wirtschaftsförderungsanträge möglich.

Die Nachbarkommune hingegen bearbeitet die Anträge in erheblich kürzerer Zeit.

Dieses auf Metaebene dargestellte Beispiel verdeutlicht, dass positive Zielerreichungen (hier: eingehaltenes Budget) sich nicht zwangsläufig positiv auf die Ziele der Kommune auswirken müssen. Eine Überschreitung des Budgets z.b. für das Verfahren, hätte ggf. eine bessere Leistungswirkung ergeben.

Eine unterjährige Steuerung ist über dieses System sehr gut möglich, da Frühindikatoren auch im laufenden Haushaltsjahr steuernde Maßnahmen zulassen. Denkbar wäre, dass nach dem ersten Vierteljahr der Frühindikator Gewerbeanmeldungen zeigt, dass die Steuern sich nicht wie geplant entwickeln werden. Es wäre demnach noch Zeit genug im Laufe des restlichen Jahres Maßnahmen zu ergreifen, um im Ergebnis eine bessere Zielerreichung zu haben.

## 3.6 Vorgehensweise zur Zielerreichung

Nur eine Verzahnung der Politik und der Verwaltung bzgl. der Produkterstellung und des Berichtswesens wird auf lange Sicht die gewünschten Erfolge bringen. Das NKF ist ein wichtiger Schritt, ein wichtiger Teil des Gesamtsteuerungskonzeptes. Auch die Einführung neuer Verfahren und Arbeitsweisen, wie das NKF, muss jeweils im Gesamtkontext gesehen werden.

Es ist aus diesem Grunde von entscheidender Bedeutung, den Gesamtprozess mit einer leistungsfähigen IT zu unterstützen. Wesentliche Merkmale in Anbetracht der Haushaltssituation in den Kommunen sind Durchgängigkeit, Integration und Wirtschaftlichkeit.

Folgende Checkliste bietet eine Hilfestellung für die Konzeption, Implementierung und Umsetzung eines ganzheitlich orientierten strategischen Steuerungssystems:

## Vorgehensweise zur Zielerreichung

| Vision | Entwicklung durch Politik und Bürger |
|---|---|
| **Strategische Ziele auf politischer Ebene definieren** | • Verwaltungsorganisation<br>• Spezielle Eckzahlen i.s.v. Kennzahlen entwickeln, die für politische Gremien Indikatoren sein können → Konkrete Steuerungshebel in die Hand geben.<br>  – Z.B., in jeder Ratssitzung Kennzahlen verteilen (Ausschöpfungsgrade, Überschreitungen, Verhältniszahlen)<br>• Gesamtprozess dokumentieren → Handbücher im Umgang mit dem „Neuen" verwaltungsintern schaffen.<br>• Mehrwerte müssen bei den Zweiflern (Mitarbeiter und Politik) durch Erklärung nachhaltig ausgeräumt werden.<br>• Strategisches Zielkontrollsystem |
| **Verwaltungsseitige Entwicklung einer Informatikstrategie aus den strategischen Zielen** | • Situationsanalyse<br>• Zielbestimmung (Sollkonzeption)<br>• Einsatzstrategie → welche Prozesse werden unterstützt? Priorisierung<br>• Wirtschatlichkeitsbetrachtungen (ROI, TCO)<br>• Implementierungsplan der Gesamtkonzeption<br>• Konzeption-Standards<br>  – industrielle Standards (z.b. EDI)<br>  – E-Government-Standards (z.b. SAGA)<br>• Systemgestaltung: Kernsystem ist das NKF-System wegen der Relevanz der Daten für die ganzheitliche Steuerung (siehe Implementierung des NKF)<br>• Testläufe und Parallelbetrieb der Systeme<br>• Schulung<br>• Anlaufunterstützung<br>• Klärung von weitergehenden Fragestellungen:<br>  – Backup-Strategien<br>  – Laufender Support<br>  – Wartung und Updates |

| Vision | Entwicklung durch Politik und Bürger |
|---|---|
| Projektplanung | • Gesamtprojektplan mit den Teilprojekten erstellen (siehe Abb. 1)<br>• Eindeutige Verantwortlichkeiten und Kompetenzen vergeben<br>• Gesamtkoordination zur Abstimmung der Teilprojekte ist notwendig<br>• Berücksichtigung von Zeit, Ressourcen und Budgets, um eine realistische Planung zu ermöglichen |
| Change-Management-Prozess aufsetzen | • Veränderungsbereitschaft etablieren<br>• Verständnis innerhalb der Verwaltung bei nicht direkt am Reformprozess Beteiligten etablieren<br>• Bei Bürgern für eventuelle Verzögerungen Verständnis wecken.<br>• Informationsveranstaltungen für den Rat<br>• Aktuelle Berichterstattung für politische Gremien, Verwaltung und Bürger über Fortschritt der ganzheitlichen Steuerung |
| Fachkonzeptionen erstellen | • Verwaltungsinterne Ressourcen nutzen<br>  – Kämmerei<br>  – Controlling<br>  – Fachämter<br>• Prozesse analysieren und Verbesserungspotenziale entdecken<br>• Austausch mit anderen Kommunen etablieren<br>• Standards nutzen; Sonderlösungen eliminieren |

## Vorgehensweise zur Zielerreichung

| Vision | Entwicklung durch Politik und Bürger |
|---|---|
| Implementierung des NKF | • Flexibilität der Systematik<br>• Flexibles Berichtswesen → Wirksame Steuerung erfordert eine vielfältige Sicht auf Informationen. Oft ist die konsolidierte Sicht auf Daten erforderlich, Detailanalysen für die Ursachenforschung unersetzlich. Business- bzw. Government-Intelligence und DataWarehousing-Technologie sind das Berichtsmedium der Zukunft.<br>– Sichten aus verschiedenen Dimensionen<br>– flexible Vergleiche<br>– Drill-Down<br>• Konsolidierung, Privatisierung, Outsourcing und das Arbeiten mit Cost- und Profit-Centern werden an Bedeutung gewinnen, das NKF ermöglicht eine Konsolidierung mit der eingesetzten Standardsoftware. Eine separate Applikation ist nicht notwendig.<br>• Offene Schnittstellen: → Informationstechnologie wird zunehmend modularer und vernetzter, um vorhandene Ressourcen bestmöglichst zu nutzen.<br>– offene Architektur<br>– marktgängige, standardisierte Technologie<br>• Dokumentenmanagement → Aus Prozesssicht ergeben sich erhebliche Synergien. DMS-Systeme können im Rahmen von NKF-Lösungen mit erworben werden. Ein Rechnugsprüfungsbeamter wird zukünftig nicht mehr mit einem Korb voll Akten durch die Rathausflure schieben müssen, sondern alle prüfungsrelevanten Dokumente eines Vorgangs an seinem Bildschirm einsehen können. |

# 3 – Das neue kommunale Finanzwesen im strategischen E-Government

| Vision | Entwicklung durch Politik und Bürger |
|---|---|
| Implementierung des NKF | • Workflow ➔ Für Prozesse des Steuerungskreislaufes, z.b. automatische Zustellung von Berichten<br>• Datenvolumen ➔ Es werden zusätzliche Datenmengen entstehen. Mit diesen Daten muss die Software souverän umgehen können.<br>   – Skalierbarkeit<br>   – Performance<br>   – Speicherkapazität |
| Prognosesystem | Auf die skizzierte Gesamtsteuerung kann ein kommunales Risikomanagement aufgesetzt werden. |
| Integrierte Lösungen | Hier wurde als zentrales System der Zukunft das NKF gesehen, vor allem wegen der Bedeutung im Rahmen der strategischen Steuerung. Es werden aber in den nächsten Jahren zusätzliche Anforderungen und Themen jenseits des NKF Bedeutung gewinnen.<br>• Beschaffung<br>• Personalmanagement<br>• Bürgerservices<br>• Wahlen |
| Schulungen | Frühzeitige Schulungen der betroffenen Mitarbeiter über fachliche Inhalte und neue systemtechnische Unterstützung auch unter Nutzung moderner Methoden, wie iLearning. |

Das NKF-System wird weiterhin die Schlüsselrolle innehaben und die zentrale Infrastruktur der Verwaltung darstellen. Somit ist auf vielfältige Kompatibilität des Systems zu achten.

Die idealere Lösung ist es bereits im Vorfeld ein hochintegriertes System auszuwählen, das möglichst viele Optionen bereits beinhaltet. Zukünftige Kompatibilität ist so gewährleistet und Integrationsaufwände entfallen. Sollte dies nicht möglich sein, ist darauf zu achten, dass die technische Basis kompatibel ist und Erweiterbarkeit durch Partnerunternehmen oder besondere APIs gewährleistet wird.

## 3.7 Auf dem Weg

Die Schwierigkeit in der Umsetzung des so geschilderten Gesamtkonzeptes zur strategischen Steuerung einer Kommune liegt darin, Politik und Verwaltung in eine Linie zu bringen sowie die verschiedenen Steuerungsfelder darauf auszurichten.

Dies erfordert ein hohes Maß an Kollaboration und Kooperation innerhalb der Verwaltung. Darüber hinaus ist einerseits ein Umdenken bei den Mitarbeitern erforderlich, denen bewusst gemacht werden muss, dass ihre Arbeit strategische Ziele beeinflusst – und nicht nur kostenmäßige Ziele auf Ämterebene.

Andererseits müssen auch die Politiker lernen, dass Entscheidungen Auswirkungen auf Kosten haben und diese entsprechend einbezogen werden müssen. Dies betrifft Investitionen genauso wie daraus resultierende Verpflichtungen für kommende Jahre.

Steuerungsmodelle dieser Art werden durch die Informationstechnologie befähigt und können erst seit kurzer Zeit mit vertretbaren Aufwendungen realisiert werden. Diese Chancen mit den Herausforderungen des NKF zu nutzen, werden mit über Erfolg der Reformen entscheiden.

# 4 Integrierte E-Procurement-Lösungen für öffentliche Auftraggeber

von
Uwe Fährmann

## 4.1 Ziele und Strategien bei der Einführung von E-Procurement-Lösungen

Knapper werdende Haushaltsmittel, komplexere Verwaltungsprozesse sowie die Tatsache, dass Effizienz und Dienstleistungsqualität der öffentlichen Verwaltung zu einem wesentlichen Standortfaktor für Wirtschaftsansiedlungen und Beschäftigungspolitik geworden sind, erfordern neue Wege zur effizienten, leistungsfähigen und kostengünstigen Verwaltungsarbeit.

Die Inhalte von E-Government-Initiativen sind davon geprägt, Dienstleistungsangebote der Behörden im Internet verfügbar zu machen (z.b. Online-Formulare) bzw. neue bürgerfreundliche Dienste (z.b. online Bürger-Service-Center) zu etablieren und mit IT-Systemen zu unterstützen. Dabei werden zusätzliche Kommunikationskanäle eröffnet und die Interaktionsmöglichkeiten der Behörden mit Bürgern, anderen Behörden bzw. der freien Wirtschaft um Internet, E-Mail u.a. Medien wesentlich erweitert. Die herkömmlichen Wege der Verwaltungsarbeit (z.b. direkte Kommunikation der Bürger während der Öffnungs- und Sprechzeiten in den Fachämtern) werden dadurch jedoch nicht kurzfristig ersetzt. Erst nach längerfristigen Übergangsphasen wird es gelingen, die möglichen Effizienzgewinne durch die Einführung neuer Technologien und die Neustrukturierung der Abläufe in vollem Umfang zu erzielen.

Zunächst gilt es, die neuen Dienste parallel verfügbar, einfach nutzbar und attraktiv zu gestalten und sie nahtlos in die bestehenden Abläufe zu integrieren. Aufgrund der angespannten Lage der öffentlichen Haushalte und der Tatsache, dass zwar die Bürgerfreundlichkeit politische Akzeptanz erhöht, die Wirtschaftlichkeit jedoch nur sehr langfristig nachgewiesen werden kann, fällt es den Verwaltungen oft schwer, notwendige Mittel und personelle Ressourcen für die Einführung und den Betrieb derartiger neuer Dienstleistungsangebote bereitzustellen.

Umso mehr ist es deshalb notwendig, dass im Rahmen einer E-Government-Gesamtstrategie Wege aufgezeigt werden, wie höhere Investitionen in bestimmten Bereichen des E-Government durch relativ schnell realisierbare Einsparpotentiale in anderen Teilbereichen kompensiert werden können. Dabei spielen insbesondere die verwaltungsinternen administrativen Prozesse eine besondere Rolle. Der direkte Einfluss und die Gestaltungsmöglichkeiten der Führungsebene einer Verwaltung unter Einbeziehung der Betriebsräte und Mitarbeiter sind hier deutlich größer und Veränderungen sind schneller durchsetzbar. Es wird trotz vieler Widerstände vermutlich leichter sein, den Angestellten einer Verwaltung die ausschließliche Nutzung elektronischer Bedarfsanträge anzuweisen, als alle Einwohner einer Kommune dazu zu motivieren, Meldeangelegenheiten nur noch online im Internet per digitaler Signatur durchzuführen.

Insbesondere der Bereich der Beschaffung beinhaltet neben der Neugestaltung von externen Kommunikationsprozessen mit Auftragnehmern und Lieferanten enorme Innovationsmöglichkeiten bei den behördeninternen Abläufen.

Die Ergebnisse empirischer Studien der letzten Jahre zum Thema elektronische Beschaffung in öffentlichen Verwaltungen decken übereinstimmend erhebliche Rationalisierungs- und Einsparpotentiale im gesamten Beschaffungszyklus von der Bedarfserfassung bis zum Wareneingang bzw. zur Verbuchung der Vorgänge in den Haushaltssystemen auf. In nahezu allen E-Government-Aktivitäten bei Bund, Ländern und Gemeinden ist der Bereich der elektronischen Beschaffung deshalb ein fester Bestandteil der strategischen Planung geworden.

Teilweise wird E-Procurement darauf reduziert, es Beschaffungsstellen und Auftragnehmern im Vergabeverfahren zu ermöglichen, elektronische Dokumente auszutauschen. Die Einführung einer verwaltungsweiten elektronischen Beschaffung bedeutet jedoch wesentlich mehr.

# Ziele und Strategien bei der Einführung von E-Procurement-Lösungen

Die internen Kompetenzenkataloge bzw. Geschäftsverteilungspläne einer Behörde erfordern es, dass eine Vielzahl von Mitarbeitern und Vorgesetzten in Beschaffungsvorgänge involviert werden muss. Auf Basis der neuen technischen Möglichkeiten (z.b. verwaltungsweites Intranet mit weitgehender Vernetzung aller Arbeitsplätze einer Verwaltung) ist – neben anderen Bereichen der Vorgangsbearbeitung – insbesondere die grundlegende Neustrukturierung der Beschaffungsprozesse möglich.

Das Anliegen sollte darin bestehen, alle Beteiligten am Beschaffungsprozess (Bedarfsträger, Mittelbewirtschafter, Vergabestellen, Leitungsebenen sowie Lieferanten, Dienstleister, Veröffentlichungs- und Vergabeplattformen) durch eine papierlose, medienbruchfreie Kommunikation miteinander zu verbinden und effiziente Abläufe mit hoher Transparenz zu erzeugen. Die Einführung von E-Procurement-Systemen muss darüber hinaus untrennbar mit einer Umgestaltung der organisatorischen Abläufe verbunden sein. Nur das Zusammenspiel von effizienten Organisationsformen (z.b. dezentrale Bedarfserfassung; zentrale Bedarfsbündelung und Ausschreibungsdurchführung in Beschaffungsstellen) und unterstützenden IT-Systemen wird die Realisierung der Einsparpotentiale möglich machen.

Die gegenwärtigen Prozesse sind davon gekennzeichnet, dass wichtige Informationen, die im gesamten Zyklus der Beschaffung entstehen, nicht erfasst werden bzw. nur lokal begrenzt, z.b. innerhalb eines Ministeriums einer Landesverwaltung, nicht aber in der gesamten Landesverwaltung zur Verfügung stehen.

Oft werden gleichartige Beschaffungen mit geringen Beschaffungsvolumina in verschiedenen Abteilungen einer Behörde unabhängig voneinander durchgeführt.

Informationen zu durchgeführten Beschaffungsprozessen lassen sich nur durch langwierige manuelle Recherchen in Aktenordnern nachvollziehen. Mängel in den organisatorischen Abläufen (z.b. die Dauer von bestimmten Genehmigungsprozessen) können kaum aufgedeckt und nachgewiesen werden.

Die Vorschriften des Vergaberechts der Verdingungsordnungen sowie der zusätzlichen behördeninternen Vergaberichtlinien sind komplex. Nicht selten kommt es zu formalen Fehlern bei der Durchführung von Vergabeverfahren, die mit hohen Kosten verbundene Rechtsstreitigkeiten bzw. Aufhebungen von Ausschreibungen nach sich ziehen können.

Informationen über die Leistungsfähigkeit von Auftragnehmern anhand bereits erbrachter Leistungen werden nicht erfasst und können nur eingeschränkt ausgewertet werden.

Mit der Einführung von E-Procurement-Systemen sind dahingehend wesentliche Verbesserungen erreichbar und es lassen sich u.a. folgende Ziele realisieren:

- Signifikante Kostensenkung durch Standardisierung und Strukturierung von Prozessen
  - Verkürzung von Bearbeitungszeiten
  - Eliminierung von papierbasierenden Tätigkeiten
  - Automatisierung des gesamtem Beschaffungszyklus
  - Finden der leistungsfähigsten Lieferanten (breiteres Anbieterspektrum, bessere Lieferantenbewertung)
- Durchführung von Beschaffungsmaßnahmen entsprechend der geltenden Rechtsvorschriften und Vermeidung formal-juristischer Fehler im Vergabeprozess
- Gewährleistung der Wiederverwendbarkeit von Daten und Dokumenten in zukünftigen Beschaffungszyklen
- Erhöhung der Transparenz durch schnell durchführbare Auswertungen und Analysen
- Bessere Unterstützung der Haushaltsplanungsprozesse

Ausgehend von der Zieldefinition ist es bei der Planung und Durchführung von E-Procurement-Projekten notwendig, ein Gesamtkonzept zu entwickeln, das alle wesentlichen Aspekte der Beschaffung und den gesamten Lebenszyklus von Produkten und Dienstleistungen, die die Verwaltung benötigt, berücksichtigt.

Dabei müssen sowohl die Kernprozesse (z.B. Bedarfserfassung, Genehmigungen, Vergabe, Bestellabwicklung) als auch notwendigen Integrationen in Backend-Systeme (Mittelbewirtschaftung, Anlagenverwaltung, Bestandsverwaltung, Inventarisierung) betrachtet werden.

Die Aufgabe des Lösungsdesigns ist es dann, Funktionsmodule mit entsprechenden Schnittstellen so zu definieren, dass einerseits die rasche Ein-

## Ziele und Strategien bei der Einführung von E-Procurement-Lösungen

führung von Pilotlösungen für bestimmte Teilprozesse (z.b. Durchführung von Rahmenvertragsabrufen oder Führung einer elektronischen Vergabeakte) möglich ist, aber auch die schrittweise Erweiterung bzw. Zusammenführung dieser Piloten zum angestrebten Gesamtsystem erfolgen kann.

Um dies zu gewährleisten, ist es unerlässlich, dass für die Auswahl von Software-Komponenten verbindliche Anforderungen, wie sie in zentralen E-Government-Architekturkonzepten (z.b. SAGA1) definiert sind, formuliert werden. Dazu gehören u.a.:

- Grundanforderungen an die Software-Architektur (Sicherheit, Wiederverwendbarkeit, Flexibilität, Offenheit, Skalierbarkeit, Performance, Verfügbarkeit, Fehlertoleranz, Wartbarkeit)
- Datensicherheitsstandards (z.b. SSL, ISIS-MTT, OSCI)
- Applikations-Architektur (Client-Schicht, Präsentationsschicht, Mittelschicht, Persistenzschicht)
- Client-Schicht (Web-Browser, Browser-Plug-Ins, PDAs, Mobiltelefone)
- Kommunikationsprotokolle (z.b. RMI, SOAP, XML, TCP/IP, FTP, HTTP, SMTP)
- Verzeichnisdienste (z.b. LDAP v3)

Werden die technischen Anforderungen an die Software konsequent beachtet, kann neben der funktionalen Erweiterbarkeit auch der kostengünstige Rollout von lokal begrenzten Pilotlösungen in andere Verwaltungsbereiche sichergestellt werden. Die Beachtung von technischen Standards ist Voraussetzung dafür, dass sich eine E-Procurement-Lösung in eine verwaltungsweite E-Government-Infrastruktur integrieren lässt und Behördenportale sowie die zentrale Benutzerverwaltung unterstützt werden. Resultat ist, dass Administrationsaufwendungen in den IT-Abteilungen damit die Kosten für die Betreuung der Systeme signifikant minimiert werden.

Darüber hinaus wird eine hohe Flexibilität in Bezug auf den Betrieb der Anwendungen erzielt. Lösungen die zunächst behördenintern betrieben werden, können später problemlos zu einem professionellen externen Dienstleister (Application Service Provider) überführt werden oder auch umgekehrt. Im Rahmen von Wirtschaftlichkeitsbetrachtungen sollte dabei immer geprüft werden, welche der Alternativen die kostengünstigere ist.

Wichtig in Bezug auf die Zukunftsfähigkeit einer Lösung ist weiterhin, dass Wartung und Support der verwendeten Software-Komponenten langfristig gewährleistet werden. Moderne Standard-Software-Lösungen im Bereich E-Procurement sind in der Regel so flexibel, dass nahezu beliebige Organisationsstrukturen und Prozessabläufe abgebildet werden können, so dass die Entwicklung von oft nur unzureichend wartbarer Individual-Software nicht notwendig ist bzw. auf Integrationskomponenten zu vorhandenen Backend-Systemen beschränkt bleibt.

## 4.2 Architektur des Beschaffungworkflows – vom Bedarfsträger zum Auftragnehmer und zurück

Grundanliegen bei der Einführung elektronischer Beschaffungssysteme ist es, alle Beteiligten am Prozess in die elektronische Kommunikation einzubeziehen, einen raschen Informationsfluss zu gewährleisten sowie die Transparenz und Auswertbarkeit der Beschaffungsvorgänge deutlich zu erhöhen. Dies wird möglich, wenn es gelingt, ein zentralisiertes System zu implementieren, das einer Vielzahl von Benutzern Zugriff auf einen einheitlichen Datenbestand mit allen notwendigen Dokumenten gewährleistet. Analog zu Internet-Systemen (z.B eBay), bei denen Millionen von Nutzern auf einem einzigen gemeinsamen Datenbestand arbeiten, sind Architekturen, die aus einer zentralen Datenbank, zentralen Applikationskomponenten (E-Government-Plattform) und einer webbrowserbasierten Benutzeroberfläche bestehen, bewährt und geeignet effiziente Prozesse und einen kostengünstigen Betrieb auch im innerbehördlichen Bereich zu gewährleisten.

Konzipiert man eine Referenzarchitektur für E-Procurement-Lösungen in der öffentlichen Verwaltung, lassen sich auf Basis dieser Architektur modulare Funktionsmodule unterscheiden (Abb. 4.1).

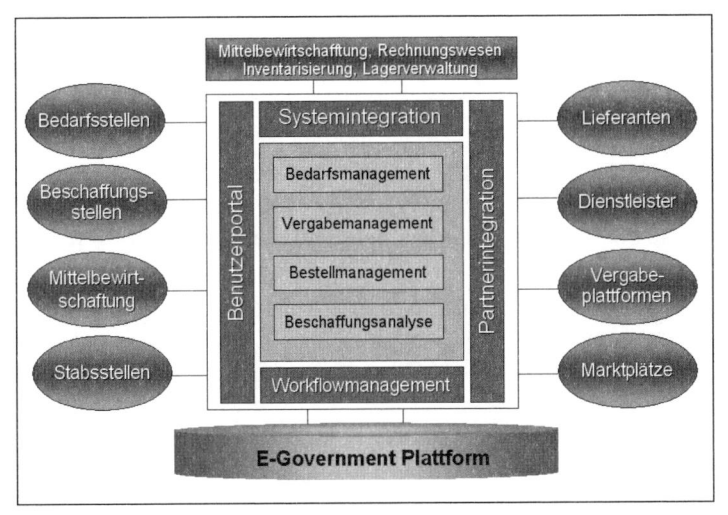

Abb. 4.1: Integrierte E-Procurement-Lösung – Referenzarchitektur

In den nachfolgenden Abschnitten werden wesentliche Teilkomponenten mit ihren notwendigen Kernfunktionen und Prozessabläufen beschrieben.

## 4.3 Benutzerportal

Mit Hilfe eines zentralen Benutzerportals werden alle wesentlichen Funktionen und Informationen (z.b. Benachrichtigungen, Bedarfserfassung, Wareneingang, Genehmigungsaktivitäten, Statusabfragen, Bearbeitung von Verdingungsunterlagen, Auswertungen und Analysen) der E-Procurement-Lösung personalisiert und entsprechend der Rolle des Benutzers im System zur Verfügung gestellt. Durch die intuitive Bedienbarkeit des Systems im Webbrowser kann ein Höchstmaß an Akzeptanz auch bei Gelegenheitsbenutzern erreicht werden. Aufwendige Schulungen für Benutzer ohne Administrationsaufgaben sollten nicht notwendig sein.

## 4.4 Bedarfsmanagement

Für den Bedarfsträger ist es in der Regel unerheblich, auf welche Art und Weise sein konkreter Bedarf nach Produkten bzw. Dienstleistungen befriedigt wird. Unabhängig davon, ob ein bestimmter Artikel per Ausschreibungsverfahren beschafft, auf Basis eines Rahmenvertrags bestellt oder aus einem zentralen Lager zur Verfügung gestellt wird, sollte der Bedarfsträger eine zentrale Funktion zur elektronischen Bedarfserfassung zur Verfügung gestellt bekommen.

Die Vorteile eines elektronischen Bedarfsantrages liegen nicht nur darin, Papier und Formulare einzusparen, sondern es kann bereits bei der Bedarfserfassung die Standardisierung von Beschaffungsabläufen unterstützt werden.

Die zentralen Beschaffungsabteilungen können Standardartikel und Dienstleistungen mit entsprechenden Leistungsparametern vordefinieren, sowie elektronische Formulare entwerfen, die die Voraussetzungen dafür schaffen, dass eine verwaltungsweite Bedarfsbündelung und damit die strukturierte Vorbereitung von Verdingungsunterlagen möglich wird. Fehlerhafte Angaben werden anders als bei Papierformularen bereits bei der Erfassung durch Plausibilitätsprüfungen verhindert.

Die Erfassung von bisher nicht vorgegebenen Leistungen und Nicht-Standard-Artikeln (Freitextbestellung) wird in der Regel durch E-Procurement-Systeme ebenfalls unterstützt. Auch da ist es jedoch sinnvoll und möglich, dem Benutzer ein Mindestmaß an Strukturierung (z.B. nach Kategorie oder Priorität) vorzuschreiben, um diese Bedarfe in den Beschaffungsstellen entsprechend zu selektieren und gebündelt weiterverarbeiten zu können.

## 4.5 Workflowmanagement

Das Workflowmanagement ist eine wesentliche Grundkomponente einer E-Procurement-Lösung und wird in nahezu allen Funktionsbereichen benötigt.

Mit Hilfe von Administrations- und Modellierungsfunktionen, die Bestandteil eines Workflowsystems sind, erfolgt die Implementierung der Organisationsstrukturen, Rollen, Zuständigkeiten und Vertreterregelungen. Die workflowbasierte Abbildung ermöglicht eine äußerst flexible Definition von Dokumentenfluss-, Genehmigungs- und Freigabeprozessen. Damit werden die Voraussetzungen dafür geschaffen, dass elektronische Dokumente (z.b. Bedarfsanträge, Leistungsbeschreibungen, Rahmenvertragsabrufe, Bestellungen) und Benachrichtigungen automatisiert und regelbasiert weitergeleitet werden können. Neben einem integrierten Benachrichtigungssystem verfügen Workflowmanagement-Komponenten zum Teil auch über Kommunikationsschnittstellen zu E-Mail-Systemen, so dass Benachrichtigungen zusätzlich als E-Mail versendet und auch Response-E-Mails durch das Workflowmanagement entgegengenommen werden können.

## 4.6 Vergabemanagement

Die Aufgaben des Vergabemanagements bestehen darin, genehmigte und freigegebene Bedarfsanträge bzw. Beschaffungsaufträge, für die Haushaltsmittel vorhanden und reserviert worden sind, vergaberechtskonform zur Ausschreibung zu bringen, Angebote zu selektieren, die leistungsfähigsten Auftragnehmer zu finden, Zuschläge zu erteilen und alle damit im Zusammenhang stehenden Prozesse umfassend zu dokumentieren. E-Procurement-Systeme können sowohl die behördeninternen Vorgänge als auch die externen Kommunikationen mit Bietern und Auftragnehmern umfassend unterstützen und juristische Hilfestellungen liefern (vgl. Abschnitt „Straffung der Vergabeprozesse und Vermeidung formal-juristischer Fehler durch elektronische Unterstützung").

## 4.7 Bestellmanagement

Gegenstand und Ziel von Ausschreibungsverfahren sollte insbesondere im Bereich von Büroartikeln und Verbrauchsmaterialien der Abschluss von Rahmen- bzw. Lieferverträgen sein, auf deren Grundlage in einem festgelegten Zeitraum Abrufbestellungen sowie entsprechende Lieferungen und Rechnungslegungen erfolgen.

Die herkömmliche Abwicklung von Rahmen- und Lieferverträgen erzeugt jedoch eine Vielzahl an manuellen Transaktionen für Bedarfsträger und Mitarbeiter in den zentralen Beschaffungsstellen. Darüber hinaus erfolgen Lieferungen oft in großen Mengen an zentrale Lager, und die Verwaltungen müssen hohe Aufwendungen für die Lagerverwaltung und die Verteilung von Waren an den Bestimmungsort aufbringen.

## 4.8 Reorganisation und Automatisierung

Der Einsatz von E-Procurement-Lösungen erlaubt eine vollständige Reorganisation und durchgängige Automatisierung dieser Prozesse. Die Basisdaten der Verträge (z.b. Lieferant, Zahlungsbedingungen, Lieferantenadresse, Gültigkeit, Gesamtvolumen) sowie die Form der Übertragung der Bestelldokumente (E-Mail, Post, EDI, XML) werden einmal definiert und alle Artikelinformationen mit Bezug zu den Vertragsdaten in Form eines elektronischen Kataloges im System hinterlegt. Die Benutzer sind in der Lage, direkt aus dem Beschaffungsportal mit Hilfe einer leistungsfähigen Suchmaschine im Katalog zu recherchieren und Artikel in den Bedarfsantrag zu übernehmen. Alle notwendigen Daten (z.b. Lieferanschrift, Haushaltstitel, Kostenstelle) werden automatisiert anhand des Nutzerprofils ergänzt.

## 4.9 Mittelprüfung/Mittelbindung

Die Prüfung und Reservierung von Haushaltsmitteln erfolgt zu einem frühen Zeitpunkt bereits bei der Vervollständigung des Bedarfsantrages automatisiert wahlweise per interner Budget-Verwaltung oder durch Integration in ein vorhandenes Mittelbewirtschaftungssystem. Ist ein automatisierter Prozess beispielsweise im Rahmen von Pilotprojekten nicht möglich, so können an Stelle dessen Mittelbewirtschafter in den Genehmigungsprozess einbezogen werden, die Prüfung und Reservierung manuell im Mittelbewirtschaftssystem vornehmen und den Bedarfsantrag anschließend im E-Procurement-System elektronisch weiterleiten.

## 4.10 Gestraffte und transparente Prozesse durch Workflow-Steuerung

Der so vervollständigte Bedarfsantrag wird nach den Regeln der Organisationshierarchie bzw. Anordnungsbefugnis weitergeleitet. Vorgesetzte werden elektronisch per E-Mail oder direkt im Beschaffungsportal aufgefordert, den Bedarfsantrag zu genehmigen.

Sind alle notwendigen Genehmigungen erfolgt, wandelt das System die Bedarfsanträge automatisiert in Bestellungen um und übermittelt sie an den jeweiligen Lieferanten bzw. Dienstleister. Die notwendigen Sicherheitsanforderungen können dabei durch die Implementierung von Signaturkomponenten und auf der Basis sicherer Datenübertragungsprotokolle gewährleistet werden. Die Bestellungen werden direkt in das Auftragsverwaltungssystem des Lieferanten übernommen und können dort weiterbearbeitet werden. Bei besonders zeitkritischen Bestellungen werden in der Regel Bestellbestätigungen durch den Lieferanten ebenfalls elektronisch an das E-Procurement-System des Auftraggebers zurückübertragen.

Der Bedarfsträger und Beschaffer ist jederzeit in der Lage, den Status von Bedarfsanträgen und Bestellungen selbst online zu verfolgen. Besonders die Bearbeiter in den zentralen Beschaffungsstellen werden dadurch von Rückfragen und manuellen Routinetransaktionen weitestgehend entlastet.

## 4.11 Minimierung von Lagerkosten durch direkten Wareneingang

Die Lieferung erfolgt kurzfristig je nach Bedarf in kleineren Mengen direkt beim Bedarfsträger. Dadurch werden Lagerkapazitäten überflüssig und logistischer Aufwand entfällt. E-Procurement-Systeme stellen zumeist eine einfach bedienbare Wareneingangsfunktion zur Verfügung, so dass der Bedarfsträger selbst die Wareneingangmitteilungen erfassen kann, die die Grundlage für alle weiteren Prozesse der Rechnungsprüfung und Zahlung bilden.

## 4.12 Rechnungsprüfung und Zahlungsauslösung

Rechnungs- und Zahlungsaktivitäten werden sinnvollerweise im integrierten Kreditorenmodul des E-Procurement-Systems oder auch durch Anbindung an ein externes System durchgeführt. Es stehen alle Daten aus Anforderungs-, Bestell,- und Wareneingangstransaktionen zur Verfügung, so dass verschiedene Arten der Rechnungsprüfung und des Rechnungsabgleichs durchgeführt werden können. Neben der manuellen Rechnungserfassung, -prüfung, -buchung und Zahlungsauslösung können automatisierte und halbautomatisierte Verfahren wie die Nutzung von Procurement-Card (P-Card)-Transaktionen oder Eigenfakturierung auf Basis des Wareneingangs implementiert werden. Mit der Realisierung derartiger so genannter „Procure-to-Pay-Prozesse" sind erhebliche Prozesskosteneinsparungen sowohl beim Auftraggeber als auch beim Lieferanten möglich.

## 4.13 Beschaffungsanalyse

Durch eine einheitliche zentrale Datenbasis und das Vorliegen aller wesentlichen Informationen in elektronischer strukturierter Form werden schnelle, direkte und umfangreiche Auswertungen und Analysen der Beschaffungsprozesse möglich. Professionelle E-Procurement-Systeme liefern sowohl vordefinierte Reports und Analyse-Schemata als auch Informationen zum Datenmodell und Werkzeuge, um benutzerspezifische Auswertungen ohne Programmierkenntnisse selbst entwickeln zu können. (vgl. Abschnitt „Auswertungen, Analysen, Bewertungen – Permanente Optimierung des Beschaffungszyklus").

## 4.14 Integration als Schlüssel zu effizienten Prozessen

Im vorangegangenen Abschnitt wurden die Kernkomponenten einer modularen, aber integrierten Komplettlösung für die Beschaffungsprozesse öffentlicher Verwaltungen erläutert. Nur wenn es gelingt, schnittstellen- und medienbruchfreie durchgängige Prozesse in einem Gesamtsystem abzubilden, können Rationalisierungspotenziale umfassend erzielt werden. Teilweise geht bei der Durchführung von E-Procurement-Vorhaben diese ganz-

## Systemintegration

heitliche Sichtweise dadurch verloren, dass man den Gesamtprozess sehr früh in Teilprojekte zergliedert, die dann mehr oder weniger unabhängig voneinander umgesetzt werden. Resultat ist, dass eigenständige Teillösungen auf Basis unterschiedlichster technologischer Plattformen, Vorgangsbearbeitungssysteme bzw. Software-Architekturen entstehen.

Es bedarf dann eines neuerlichen Integrationsprojektes um sicherzustellen, dass beispielsweise ein genehmigter Beschaffungsauftrag aus Teilsystem A (Bedarfserfassung) in Teilsystem B (Vergabeakte) als Bestandteil der Verdingungsunterlagen automatisiert übernommen werden kann. Dies führt letztendlich zu unkalkulierbaren Kosten und langwierigen Projekten.

### 4.15 Systemintegration

Anders als bei diesen vermeidbaren Aufwendungen ist die Notwendigkeit der Durchführung von Integrationsprojekten an anderer Stelle unumgänglich. Die Einführung von elektronischen Beschaffungssystemen erfolgt in der Regel im Umfeld langjährig gewachsener heterogener IT-Landschaften. Insbesondere die Verfahren des Finanzwesens (z.b. Mittelbewirtschaftung, Haushaltsplanung, Kosten- und Leistungsrechnung) stehen im Mittelpunkt und bestimmen Buchungsstrukturen und Schnittstellen zu allen anderen Systemen, die in der Verwaltung eingesetzt werden.

Der Erfolg von Beschaffungsprojekten hängt nicht unwesentlich davon ab, wie es gelingt, neue E-Procurement-Lösungen und andere E-Government-Anwendungen mit den vorhandenen Kernverfahren des Finanzwesens zu verbinden.

Allerdings werden gerade in diesem Bereich in den nächsten Jahren durch die Umsetzung der Konzepte des Neuen Steuerungsmodells bzw. des Neuen Kommunalen Finanzwesens neue betriebswirtschaftlich orientierte Lösungen zum Einsatz kommen. Gerade weil zukünftige Anforderungen an Schnittstellen und Integrationspunkte zu Beginn eines E-Procurement-Projektes oft nicht hinreichend spezifiziert werden können, ist es umso wichtiger, dass E-Procurement-Systeme unterschiedliche Integrationsszenarien unterstützen sowie Programmm-APIs, Integrations-Adapter und Modellierungswerkzeuge beinhalten.

In diesem Zusammenhang loht es sich, darüber nachzudenken, wie ein zukünftiges Gesamtszenario von integrierten Applikationen konzipiert werden kann. Nicht selten sind im kommunalen Bereich mehr als 50 mittlere und größere Anwendungssysteme vom Sozialhilfeverfahren bis zur Einwohnerverwaltung im Einsatz, die zum großen Teil auch Informationen untereinander austauschen müssen.

Der Ansatz einer zentralen Integrationsplattform hilft, die Anzahl an bestehenden Schnittstellen zu minimieren sowie Offenheit für die Einbindung neuer Verfahren zu gewährleisten. Die Idee ist es, für jedes Verfahren genau eine Schnittstelle zu einem verwaltungsweit definierten Metadatenformat zu schaffen und eine datenbankgestützte Integrationszentrale zu implementieren, die für die Umwandlung, Zwischenspeicherung und Weiterleitung von Informationen sorgt. Die dazu notwendigen Software-Komponenten (Enterprise Application Integration – Werkzeuge) können als Bestandteil einer E-Government-Plattform zur Verfügung gestellt werden.

## 4.16 Partnerintegration

Durch die elektronische Kommunikation mit externen Geschäftspartnern (Lieferanten, Dienstleistern, Veröffentlichungs- und Vergabeplattformen) werden Prozesse des Vergabe- und Bestellmanagements vereinfacht und gestrafft. Manuelle Routine-Tätigkeiten (z.b. Druck und Versand von Dokumenten, Datenerfassung, Beantwortung telefonischer Rückfragen) können sowohl auf Seiten des Auftraggebers als auch beim Auftragnehmer eliminiert werden. Die Kommunikation gestaltet sich als bidirektionaler Dokumenten- und Informationsaustausch, wobei die Dokumente selbst dabei sehr unterschiedlich strukturiert sind:

- Ausgehende Dokumente:
  - Bekanntmachungen
  - Angebotsanfragen
  - Verdingungsunterlagen
  - Zuschlagsinformationen
  - Bestellungen

## Partnerintegration

- Eingehende Dokumente:
  - Angebote
  - Bestellbestätigungen
  - Katalogdaten
  - Rechnungen

Wichtig ist dabei nicht nur, ob ein Dokument elektronisch zur Verfügung gestellt werden kann, sondern vor allem auch wie es beim jeweiligen Geschäftspartner weiterverarbeitet werden kann. Eine Bestellung per E-Mail hilft zwar Papier zu sparen, kann aber zumeist nicht direkt in das Auftragsbearbeitungssystem eingelesen werden und erfordert deshalb nach wie vor manuelle Erfassungsaufwände. Die Standardisierung der Dokumentenstrukturen hat für die Prozesse der elektronischen Kommunikation höchste Bedeutung. Im industriellen Umfeld haben sich EDI-Format-Standards (Electronic Data Interchange) etabliert, mit denen versucht wird, diese Probleme zu lösen. Zunehmend werden XML-basierte Datenformate eingesetzt, da hier flexiblere Dokumentenbeschreibungen möglich sind. Diese Austauschformate beschreiben jedoch zumeist nur Dokumente, die den klassischen Bestellprozess unterstützen (z.b. Bestellungen, Bestellbestätigungen, Rechnungen) bzw. Katalogdaten (BMECat).

Im Bereich der Vergabedokumente ist die Standardisierung bisher weniger ausgeprägt. Lediglich im Baubereich haben sich die so genannten GAEB-Standards (Gemeinsamer Ausschuss Elektronik im Bauwesen) etabliert, die es insbesondere ermöglichen, standardisierte Leistungsverzeichnisse auszutauschen.

Generell ist die Fähigkeit von externen Partnern, elektronische Dokumente zu verarbeiten, jedoch noch sehr unterschiedlich ausgeprägt. E-Procurement-Lösungen sollten deshalb in der Lage sein, dem jeweiligen Partner individuelle Kommunikationswege zu ermöglichen. Die Generierung von verschiedenen Austauschformaten sollte als separate „Gateway"-Komponente implementiert werden, so dass zukünftige Standards integriert werden können.

Eine andere interessante Möglichkeit der Geschäftsprozessintegration ist die Bereitstellung von Lieferantenportalen durch das E-Procurement-System. Dabei wird der Auftragnehmer als Benutzer im E-Procurement-System registriert und erhält einen beschränkten Online-Zugang. Er kann sich nun über alle Vorgänge (z.b. zu erwartende Bestellungen, Wareneingänge, Status von der Rechnungsbearbeitung), die ihn selbst betreffen informieren, ohne dass er sich dabei mit Rückfragen an das Personal der Beschaffungsstelle wenden muss. Darüber hinaus ist er selbst in der Lage, bestimmte Transaktionen (z.B. Bestellbestätigungen) direkt im System durchzuführen.

## 4.17 Vielfältige Nutzungsmöglichkeiten elektronischer Katalogsysteme

Elektronische Katalogsysteme sind wesentlicher Bestandteil moderner E-Procurement-Lösungen. Die anschauliche Präsentation von Artikeln und Dienstleistungen unter Einbeziehung von Multimedia-Objekten (Bilder, Zeichnungen, Audio, Video) hat zu einer hohen Nutzerakzeptanz für katalogbasierte Beschaffungssysteme geführt.

Die Suchfunktionen der Katalogsysteme kombinieren die Vorteile von Freitext- und Parametersuche sowie Kategorisierungsfunktionen und erlauben es sowohl gelegentlichen als auch erfahrenen Benutzern, individuelle, ihren Anforderungen und Fähigkeiten entsprechende Suchmethoden anzuwenden.

Der gelegentliche Benutzer gibt die ihm bekannten Informationen (z.B. Teile der Bezeichnung, Farbe, Größe, Herstellername, Produkt, Warengruppe, besondere Eigenschaften usw.) beliebig detailliert (als Freitext) an zentraler Stelle ein. Die Kombination von Begriffen und die Benutzung von Platzhalter-Zeichen für unbekannte Zeichenketten wird in der Regel unterstützt. Die Artikelsuche erfolgt mit Hilfe von leistungsfähigen Suchmaschinen, die über sämtliche Artikelattribute und Kategorien des elektronischen Kataloges führen und keinerlei Kenntnisse von der internen Struktur der Kataloge erfordert.

Einige Suchmaschinen sind darüber hinaus durch intelligente Algorithmen zusätzlich in der Lage, orthografische Fehler in Suchbegriffen zu tolerieren und eine Näherungssuche durchzuführen.

Bei der Integration von Katalogdaten unterscheidet man zunächst, ob Kataloge lokal (direkt im E-Procurement-System) oder durch den Zugriff auf ein externes Katalogsystem zur Verfügung gestellt werden. Lokale Ka-

## Vielfältige Nutzungsmöglichkeiten elektronischer Katalogsysteme

talogsysteme verfügen über eine Katalog-Loader-Schnittstelle, mit der sich elektronische Kataloge unterschiedlicher Formate (z.b. BMECat, XML, cXML, csv, txt, CIF) direkt in einen Multilieferantenkatalog laden lassen.

Die Einbindung externer Kataloge (Punchout-Mechanismus), die beispielsweise auf Systemen des Lieferanten, externen Katalogdienstleistern bzw. Internet-Marktplätzen bereitgestellt werden, erfolgt auf der Basis standardisierter Formate und Protokolle (z.B. cXML, OBI, OCI, xCBL). Der Anwender wird nach erfolgreicher automatischer Authentifizierung über einen Link im E-Procurement-System auf eine externe Web-Seite geleitet. Dabei erfolgt nicht sichtbar für den Anwender eine automatische Authentifizierung am Katalogsystem sowie die Personalisierung der Darstellung (z.b. individuelle, vertraglich festgelegte Preise) und der Zugriffsrechte (z.b. bestimmte Benutzergruppen – bestimmte Artikelkategorien). Der Anwender füllt im externen Katalogsystem seinen Warenkorb und kehrt anschließend über eine definierte Schaltfläche in das E-Procurement-System zurück. Alle für eine Bestellung relevante Daten (Artikelnummer, Beschreibung, Preis etc.) werden automatisch in den Warenkorb des E-Procurement-Systems übernommen und die weiteren notwendigen Aktivitäten (Eingabe der Kostenstellen, Lieferadresse, Genehmigungsprozesse etc.) erfolgen genau so, als wenn der Artikel aus dem internen lokalen Katalog selektiert wurde.

Die Vorteile dieser Art der Katalog-Integration liegen vor allem darin, dass die Aufgaben der Katalogadministration auf Seiten des Auftraggebers entfallen und der Lieferant selbst für die Pflege der Katalogdaten verantwortlich gemacht wird. Sinnvoll ist der Einsatz der Punchout-Technologie auch dann, wenn Produktkonfiguratoren (z.b. Fahrzeuge, Hardware) eingesetzt werden müssen, um eine Bestellung hinreichend genau zu spezifizieren. Diese Produktkonfiguratoren können in der Regel kein integrierter Bestandteil des E-Procurement-Systems sein, da sie sehr individuell verschieden lieferanten- bzw. artikelkategoriespezifisch vorliegen.

Eine Erweiterung des Punchout-Konzepts bieten so genannte transparente Punchouts. Im Gegensatz zum klassischen Punchout wird hier das E-Procurement-System nicht verlassen. Der Anwender bleibt also in seiner gewohnten Benutzeroberfläche. Sucht der Anwender über diesen Mechanismus nach Artikeln, so wird die Anfrage im Hintergrund nicht sichtbar für den Benutzer an das externe Katalogsystem weitergeleitet und das Suchergebnis anschließend direkt in der Trefferliste des E-Procurement-Systems dargestellt. Dadurch kann eine Suchanfrage parallel sowohl in internen als auch in externen Katalogen durchgeführt werden. Der direkte Vergleich der Eigenschaften von Artikeln unabhängig von ihrer Herkunft wird so realisierbar.

In der Praxis ist es notwendig, dass E-Procurement-Lösungen sowohl die Integration von internen und externen Katalogsystemen unterstützen. In der Regel wird immer eine Kombination aus beiden Varianten zum Einsatz kommen.

Die Einsatzmöglichkeiten elektronischer Katalogsysteme sind sehr vielfältig. Im häufigsten Fall werden Kataloge in öffentlichen Verwaltungen dafür benutzt, die Abrufgenerierung mit direkter Anlieferung beim Bedarfsträger aus Rahmen- und Lieferverträgen durch eine benutzerfreundliche Darstellung des verfügbaren Produktspektrums zu unterstützen. Ebenso lassen sich Verbrauchsmaterialien und andere Artikel, die in zentralen Lagern verwaltet werden, für interne Bedarfsmeldungen als Katalogartikel darstellen.

Aber auch die Bedarfserfassung zur Vorbereitung von Ausschreibungsverfahren kann durch Katalogsysteme wirkungsvoll unterstützt werden. In diesem Fall werden in Zusammenarbeit von Bedarfsträgern und Beschaffungsstellen standardisierte Leistungsverzeichnisse entwickelt und auf Basis des elektronischen Kataloges zur elektronischen Bedarfserfassung zur Verfügung gestellt. Vorteil ist, dass eine verwaltungsweite Bedarfsbündelung vollautomatisiert möglich wird und aufwendige manuelle Zusammenfassung von frei formulierten Bedarfsanträgen entfällt.

Elektronische Kataloge eigenen sich darüber hinaus aufgrund ihrer flexiblen XML-basierten Datenstrukturen dafür, Dienstleistungsbeschaffungen zu unterstützen. Die verschiedenen Arten von Dienstleistungen (z.B. Reinigungsservice, Bürohilfe, juristische Beratung) lassen sich jeweils über spezifische Attribute hinreichend beschreiben und im Katalog bereitstellen.

## 4.18 Straffung der Vergabeprozesse und Vermeidung formal-juristischer Fehler durch elektronische Unterstützung

Die Durchführung von Vergabeverfahren nach den Verdingungsordnungen (VOL, VOB, VOF) ist ein aufwändiger, komplexer und juristisch anspruchsvoller Prozess, der in verschiedenen Stufen durchgeführt wird. Nach erfolgter Bedarfsermittlung und Haushaltsmittelreservierung stehen die Beschaffungsstellen zunächst vor der Aufgabe, die Verdingungsunterlagen zu vervollständigen, die Vergabeart zu bestimmen sowie Fristen und Bewertungskriterien festzulegen. Bekanntmachungstexte müssen formuliert und veröffentlicht werden. Nach der Veröffentlichung erfolgt die Kommunikation mit Bietern (Versendung von Unterlagen, Beantwortung von Rückfragen, Eingang von Angeboten). Die Angebotsöffnung, die formale Prüfung und inhaltliche Bewertung der Angebote sowie die Zuschlagserteilung und Benachrichtigung der Bieter beenden das Verfahren. Alle durchgeführten Aktivitäten müssen nachvollziehbar protokolliert werden. In verschiedenen Stufen der Durchführung des Verfahrens (z.b. vor der Veröffentlichung, bei der Angebotseröffnung) sind Genehmigungsprozesse bzw. die Sicherstellung des Vier-Augen-Prinzips notwendig.

Ein elektronisches Vergabemanagement kann hier wertvolle Hilfe leisten. Vergabemanagement-Systeme berücksichtigen das Regelwerk der Verdingungsordnungen und Vergaberichtlinien und können durch integrierte Plausibilitätsprüfungen wesentliche juristische Anforderungen an die Durchführung der Vergabe formal weitestgehend sicherstellen, wie z.b.:

- Vollständigkeit der Unterlagen
- Bezug zu den Ausnahmetatbeständen bei Abweichungen vom Regelverfahren
- Berücksichtigung von allgemeinen und behördenspezifischen Schwellenwerten
- Zulässige Fristensetzung und Terminketten
- Formale Zulässigkeit von Angeboten
- Dokumentation aller Verfahrensschritte (Vergabeakte)
- Vier-Augen-Prinzip, Genehmigungsprozesse

Keinesfalls wird durch den Einsatz von Vergabemanagementsystemen jedoch die anspruchsvolle Tätigkeit der Sachbearbeiter in den Beschaffungsstellen ersetzt, denn die Gestaltungsspielräume und „weichen" Faktoren in den Verdingungsordnungen können nur durch erfahrenes, verantwortungsbewusstes Personal genutzt und ausgefüllt werden. Vielmehr werden die Mitarbeiter durch systemunterstützte Vergaben von bestimmten Routine-Tätigkeiten entlastet und erhalten Freiräume für Marktbeobachtung und Auftragnehmeranalysen.

Grundsätzlich kann man zwei komplementäre Typen vergabeunterstützenden Systemen unterscheiden:

- Vergabe-Workflow-Systeme
- Vergabe-Plattformen

Während Vergabe-Workflow-Systeme die bereits beschriebenen internen Prozessabläufe der Behörde (Verfahrensauswahl, Vergabeakte) wirkungsvoll unterstützen können, ermöglichen Vergabeplattformen bzw. Transaktionsplattformen insbesondere die elektronische Kommunikation zwischen ausschreibender Stelle und Bietern während des Vergabeverfahrens im Internet. Die juristischen Voraussetzungen zur elektronischen Abwicklung von öffentlichen Vergaben sind durch Inkrafttreten der neuen Vergabeordnung (BGBL I S. 110 vom 01.02.2001), durch Inkrafttreten des Formvorschriftenanpassungsgesetzes (BGBL I Nr. 35 vom 18.07.2001), der Novellierung des Signaturgesetzes vom 16.05.2001 sowie der Anpassung weiterer Rechtsvorschriften geschaffen worden.

Damit wird insbesondere die Gleichstellung der elektronischen Form mit der gesetzlich vorgeschriebenen Schriftform unter Anwendung der qualifizierten elektronischen Signatur bei der digitalen Angebotsabgabe gewährleistet.

Obgleich die technischen Herausforderungen bei der Umsetzung von Vergabeplattformen im Internet in verschiedenen Pilotprojekten (cosinex-Marktplatz, eVergabe des BMI, bremer-online-service) weitgehend gelöst sind, erfordert die Implementierung und der Betrieb derartiger Lösungen aufgrund der Anforderungen an Sicherheit, Vertraulichkeit und Verfügbarkeit relativ hohe Aufwendungen, die durch einzelne Behörden oft nicht zu leisten sind. Deshalb ist es sinnvoll, die Nutzung etablierter Plattformen zu prüfen bzw. die Zusammenarbeit mit anderen Behörden zu prüfen.

Allerdings haben sich Verbreitungsgrad, Verfügbarkeit und Kompatibilität digitaler Signaturen noch nicht, wie erhofft, entwickelt und durchgesetzt.

Doch auch ohne die digitale Angebotsabgabe zu berücksichtigen, können Einsparpotenziale allein dadurch erschlossen werden, dass verstärkt Internet-Plattformen für die Veröffentlichung von Bekanntmachungen sowie zur Bereitstellung der Verdingungsunterlagen genutzt werden. Es wird ein breiteres Anbieterspektrum erreicht und die Verteilung der Verdingungsunterlagen sowie die Kommunikation im laufenden Verfahren kann sowohl für Auftraggeber als auch für Auftragnehmer kostengünstiger und schneller abgewickelt werden.

Im Rahmen der schrittweisen Einführung von E-Procurement-Systemen ist es jedoch sinnvoll, wenn zunächst die Prozesse der internen Vergabe-Workflows betrachtet und im Zusammenspiel mit dem Bedarfsmanagement umgesetzt werden. Durchdachte, gut strukturierte und IT-unterstützte Prozesse im internen administrativen Bereich sind die Voraussetzung dafür, dass auch die Abwicklung von Online-Ausschreibungen zukünftig sinnvoll in ein integriertes Gesamtsystem einbezogen werden kann.

## 4.19 Inventarisierung, Anlagen- und Lagerverwaltung als wichtige Bausteine einer Gesamtlösung

Im Allgemeinen enden die Prozesse der Beschaffung mit der Wareneingangsbuchung bzw. mit der Bestätigung der Erbringung einer Dienstleistung sowie mit der Durchführung abschließender Zahlungsvorgänge. Andererseits ergeben sich neue Bedarfsanforderungen gerade dadurch, dass die Nutzungsdauer von Produkten abgelaufen ist und Ersatzbeschaffungen notwendig sind bzw. Lagerbestände ein bestimmtes Minimalniveau unterschritten haben.

Im Rahmen des Neuen Finanzwesens wird darüber hinaus die finanzielle Bewertung und Nachweisführung von beweglichem Sachvermögen eine wesentlich größere Bedeutung gewinnen. Die Restwertermittlung im Anlagenbereich liefert wichtige Informationen darüber, ob es beispielsweise sinnvoller ist, ein defektes Anlagegut zu reparieren oder neu zu beschaffen. Inventuren und Aussonderungen haben einen direkten Einfluss auf die Planung von Beschaffungsmaßnahmen.

Auch Lagerartikel werden mittels elektronischer Kataloge für interne Bedarfsanträge im Bedarfsmanagement verfügbar gemacht. Für den Anwender kann es sehr sinnvoll sein, online Verfügbarkeitsprüfungen durchzuführen.

In den Bereichen der Feuerwehr, Polizei oder Verteidigung spielt Einsatzfähigkeit der Ausrüstung und exakte Lagerbestände eine besondere Rolle. Hier muss sehr schnell auf veränderte Anforderungen reagiert werden.

Die Beziehungen der Materialwirtschafts- und Anlagenverwaltungsprozesse zum Beschaffungswesen sind vielfältig und müssen in einem Gesamtkonzept Berücksichtigung finden.

## 4.20 Auswertungen, Analysen, Bewertungen – Permanente Optimierung des Beschaffungszyklus

Die wesentlichen Vorteile einer zentralen E-Procurement-Lösung liegen nicht zuletzt darin, dass aktuelle Informationen über den gesamten Beschaffungsprozess von der Bedarfserfassung bis zum Wareneingang in völlig neuer Qualität zur Verfügung gestellt werden können.

Moderne Beschaffungslösungen liefern integrierte Einkaufsinformationssysteme, mit deren Hilfe die Behörden detaillierte Ausgabenanalysen, aussagekräftige Lieferantenbewertungen und Prozessanalysen durchführen können (siehe Abb. 4.2).

Mit den Auswertungsmöglichkeiten der vorhandenen Haushalts- und Mittelbewirtschaftungssysteme sind die Behörden oft nicht in der Lage, das Ausgabeverhalten von verschiedenen Verwaltungsbereichen miteinander zu vergleichen, Möglichkeiten der Konsolidierung von Beschaffungsmaßnahmen (gleichartige Beschaffungen bündeln) und bestimmte Trends (z.B. Preisentwicklungen) zu erkennen bzw. Prognosen (z.B. steigende Ausgaben für bestimmte Produkte), die Beschaffungsprozesse beeinflussen, vorherzusagen.

Auswertungen, Analysen, Bewertungen

```
┌─────────────────┐  ┌─────────────────┐  ┌─────────────────┐
│ Lieferantenauswahl│  │Prozessoptimierung│  │ Bedarfsplanung  │
└─────────────────┘  └─────────────────┘  └─────────────────┘
         ⇧                    ⇧                    ⇧
┌─────────────────┐  ┌─────────────────┐  ┌─────────────────┐
│Lieferantenbewertung│ │ Prozessanalyse  │  │  Einkaufsanalyse │
│   (z.B. Termintreue│ │  (z.B. Bearbeitung│ │ (Transparenz über│
│     Qualität)    │  │   Bedarfsantrag) │  │   Artikel, Ämter,│
│                  │  │                  │  │    Abteilungen)  │
└─────────────────┘  └─────────────────┘  └─────────────────┘
         ⇧                    ⇧                    ⇧
╔══════════════════════════════════════════════════════════╗
║           Daten- und Dokumentenverwaltung                 ║
║          Prozessdaten, Lieferantendaten                   ║
║            Bedarfs- und Einkaufsdaten                     ║
╚══════════════════════════════════════════════════════════╝
```

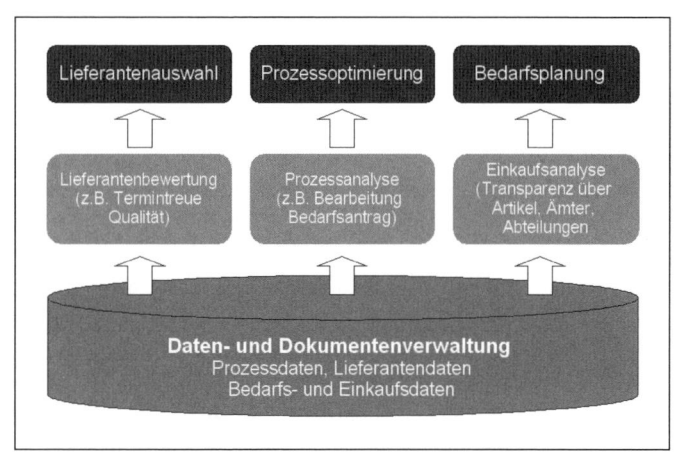

Abb. 4.2: Einkaufsinformationssystem auf Basis zentraler Beschaffungsdaten

Diese Informationen, die sich aus Einkaufs-Informationssystemen gewinnen lassen, unterstützen die Verwaltungen in Haushaltsplanungsprozessen bzw. bei der Begründung von Nachtragshaushalten.

Die langfristige Bewertung von Auftragnehmern (z.b. nach Termintreue und Produktqualität) ist eine Voraussetzung dafür, dass leistungsfähige Lieferanten und wirtschaftliche Angebote in zukünftigen Verhandlungen und Vergabeverfahren besser selektiert werden können.

Auf Basis der Daten der integrierten elektronischen Vorgangssteuerung per Workflowsystem lassen sich darüber hinaus unter Beachtung datenschutzrechtlicher Bestimmungen durch ein Prozess-Monitoring wichtige Aussagen über den Ablauf der einzelnen Teilprozesse treffen. Die durchschnittlichen Bearbeitungszeiten von Dokumenten in Genehmigungsprozessen können beispielsweise ermittelt und Überlastungen von bestimmten Abteilungen aufgedeckt und beseitigt werden.

## 4.21 „Best Practise"-Beispiel – Logistik-Management-System der Thüringer Polizei 3

Die Ziele des IT-Vorhabens „Logistik-Management-System Thüringer Polizei" bestehen darin, alle Prozesse der Beschaffung, Vergabe und Bestandsverwaltung in einem integrierten elektronischen System auf der Basis von Standardsoftware durchzuführen.

Im Auftrag des Thüringer Polizei-Verwaltungsamtes hat das Thüringer Landesrechenzentrum (TLRZ) T-Systems mit der Umsetzung des Projektes Logistik-Management-System (LMS), eine Lösung zur sicheren elektronischen Abbildung der Beschaffungs- und Inventarisierungsvorgänge für die Thüringer Polizei, betraut. T-Systems agiert als Generalauftragnehmer und steuert als Projekt- und Qualitätsmanager die Unterauftragnehmer ORACLE Deutschland GmbH, Apconex GmbH, PDV Systeme GmbH und cosinex GmbH.

Mit der Einführung eines zentralen Bestandsverwaltungs- und Beschaffungssystems für die Thüringer Polizei wird die erste E-Government-Anwendung des Landes Thüringen implementiert und die Funktionsfähigkeit der E-Government-Konzeption des Landes nachgewiesen.

Die Logistik-Prozesse der Thüringer Polizei sollten unter Nutzung moderner Informationstechnologie standardisiert werden. Die Hauptaufgabe bestand in der Umsetzung folgender Anforderungen:

- Einheitliche und durchgängige Erfassung und Bearbeitung von Vorgängen und Objekten durch den Zugriff auf eine gemeinsame Datenbasis
- Vereinfachung und Reduzierung der Datenerfassung
- Effizientere Prozesse durch elektronische Genehmigungen und elektronische Prozesssteuerung
- Durchgängige Transparenz der Beschaffung mit permanenter Kontrolle offener Bestellungen
- Vereinfachung der Bestands- und Gerätenachweise und Abbildung der Forderungen der Thüringer Landeshaushaltsordnung
- Überblick über Bestände aller Polizeibehörden u. -einrichtungen auf Knopfdruck und Bereitstellung von Daten zur Planung größerer Einsätze sowie zur Reservierung von Beständen.

## „Best Practise"-Beispiel

Kürzere Bearbeitungszeiten und eine verbesserte Qualität der Bearbeitung sollten einerseits Prozesskosten sparen und helfen, formale Fehler zu vermeiden. Andererseits bestand das Ziel darin, es dem hochqualifizierten Beschaffungspersonal zu ermöglichen, sich in größerem Umfang mit der Marktbeobachtung und -analyse zu beschäftigen. Voraussetzung des Projektes LMS war die Berücksichtigung der Definitionen des Thüringer E-Government-Konzeptes. Wichtige Kriterien dabei sind insbesondere die portalfähige Architektur, Sicherheit und Skalierbarkeit bei durchgängiger Unterstützung von Standards auch beim Datenaustausch sowie die Kompatibilität zu einem DOMEA-konformen Dokumenten-Management-System. Die einzuführende Standardlösung sollte modular aufgebaut sein, um den funktionalen Ausbau entsprechend eines Phasen-Konzeptes zu ermöglichen. Sie sollte weiterhin den bereits etablierten bzw. lizenzierten Infrastrukturkomponenten im Bereich der Thüringer Landesverwaltung Rechnung tragen.

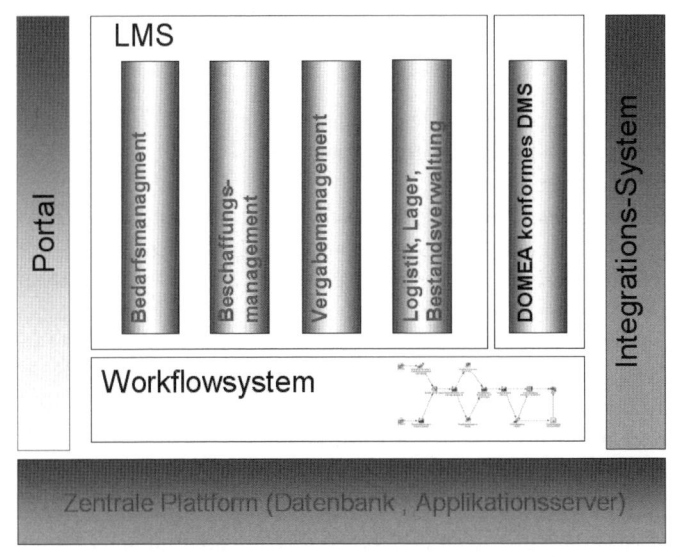

Abb. 4.3: LMS-Gesamtsystem, eingebettet in die E-Government-Plattform Thüringen

Zum Einsatz kamen die Module iProcurement, Einkauf, Anlagen und Lager der Oracle E-Business Suite. Auf Basis der Integrationsinfrastruktur des Oracle Application Server 9i wurde die Vergabesoftware cosinex Workflow professional integriert. Mit dieser datenbankgestützten Lösung zur Anwendungsintegration und mit Hilfe vorbereiteter Technologieadapter und grafischer Modellierungswerkzeuge wurde auch eine Modelllösung für die Anbindung weiterer Fachverfahren umgesetzt. In dem integrierten System werden folgende von der Thüringer Polizei benötigten Vorgänge im Logistikbereich abgebildet:

- Bedarfsmanagement
  - Bedarfserfassung
  - Bereitstellung elektronisch hinterlegter Standardartikel und Preislisten
  - Benachrichtigungs- und Genehmigungsprozess
  - Mittelprüfung und -reservierung
- Beschaffungsmanagement
  - Bedarfsbündelung
  - Rahmenvertragsabruf, Lagerabruf, Bestellung, Initiierung von Vergabeverfahren
  - Zentrale Verwaltung von Lieferanten und Lieferverträgen
  - Auswertungen über Beschaffungsprozesse
- Vergabemanagement
  - Rechtskonforme Durchführung des förmlichen Vergabeverfahrens
  - Möglichkeit der Anbindung elektronischer Marktplätze
  - Angebotsbewertung und Zuschlagserteilung
  - Prozessdokumentation
- Bestandsführung und Inventarisierung
  - Buchung von direkten und indirekten Wareneingängen
  - Zuordnung zu Lagern oder Dienststellen, Gebäuden, Personen
  - Bestandsnachweis gemäß §73 ThürLHO
  - Transaktionen und Dokumentation der Transaktionshistorie

Der Umfang des Projekts umfasst die sieben Thüringer Polizeidirektionen, das Polizeiverwaltungsamt, das Landeskriminalamt, das Bildungszentrum, die Bereitschaftspolizei sowie die Fachhochschule für öffentliche Verwaltung, Fachbereich Polizei.

„Best Practise"-Beispiel

Die den spezifischen Anforderungen angepasste Standard-Lösung Logistik-Management-System realisiert die gesamte Prozesskette von der Bedarfserfassung über die Beschaffung mit rechtlicher Absicherung der Wahl der Vergabeart bis hin zur Bestandsverwaltung. Schnellere und bessere Aufgabenabwicklung, standardisiertes und vereinfachtes Verwaltungshandeln sowie aktuellere und vollständige Information für Entscheidungsträger verhelfen dem Beschaffungsprozessen der Thüringer Polizei zu höherer Effizienz:

- Leistungssteigerung bei der Aufgabenabwicklung: erhebliche Verbesserung der materiellen und formalen Fachaufgabenbearbeitung
- Beschleunigung von Arbeitsabläufen und -prozessen: Verkürzung um mehr als 20% der bisherigen Bearbeitungszeit möglich
- Informationsbereitstellung für Entscheidungsträger und Controlling: Erhebliche Verbesserung durch aktuelle, vollständige und problemorientiert aufbereitete Informationen
- Unterstützung des Entscheidungsprozesses/Führungsvorganges: Erhebliche Verbesserung durch neue umfassende Informationsaufbereitung
- Einheitliches Verwaltungshandeln: erhebliche Verbesserung durch sektorweite Vereinheitlichung von Datenstrukturen und Verfahrensroutinen

Mit dem Projekt LMS wird als erste Anwendung des Thüringer E-Government-Konzepts auch eine Referenzlösung für alle anderen Landesbehörden betrieben.

**Literatur**

„SAGA Standards und Architekturen für E-Government-Anwendungen", Version 2.0, Schriftenreihe der KBSt, Band 59, Dezember 2003

Gehrmann/Schinzer/Tacke, „Public E-Procurement", Vahlen Verlag München, 2002

Wegweiser GmbH Berlin, Studie und Themenheft „Monitoring eGovernment", 2003

# 5 E-Learning im öffentlichen Dienst

von
Volker Wehmeier

## 5.1 Einleitung

Bei Behörden und Verwaltungen gibt es zahlreiche Gründe für positive Erfolgsaussichten von E-Learning-Projekten. Wer allerdings dabei nur an textbasierte Wissensvermittlung via Web-Technologie denkt, wird dieser revolutionären Form des Lernens nicht gerecht.

Der öffentliche Dienst beschäftigt eine Vielzahl von Mitarbeitern in hochqualifizierten Tätigkeiten. An zigtausend verschiedenen Arbeitsplätzen innerhalb der Bundesrepublik sind dabei vergleichbare Wissensprofile gefordert. Da sich die Halbwertzeit des Wissens permanent verringert, der Kostendruck dagegen weiter steigt, sind alternative Wege der Wissensvermittlung gefragt. Hier bietet sich E-Learning als effiziente und kostengünstige Lösung an. Aktuelle Lerninhalte zu den unterschiedlichsten Themen wie Neues Rechnungswesen, Riester-Rente oder Kampfhundeverordnung müssen in E-Learning-Plattformen nur einmal erzeugt werden und stehen dann unbegrenzt und aktuell zur Verfügung. Die Konsolidierung der E-Government-Aktivitäten im deutschsprachigen Raum wird früher oder später in eine flächendeckende E-Learning-Plattform münden. Wie kaum ein anderer Bereich wird der öffentliche Sektor darum in den kommenden Jahren von digitalen Lernplattformen profitieren.

In folgenden Situationen lohnt es sich, über eine Lernplattform nachzudenken:
- Es besteht akuter Schulungsbedarf (z.b. Einführung neuer Software)
- Viele Inhalte und Informationen müssen strukturiert transportiert werden
- Es sollen große Teilnehmerzahlen ausgebildet werden (z.b. im Rahmen des Neuen Steuerungsmodells)
- Es sollen geographisch verteilte Zielgruppen geschult werden

## 5 – E-Learning im öffentlichen Dienst

- Es sind Vor- und Nachbereitungen von Präsenzschulungen erforderlich
- Viele kleine Lern-/Wissenseinheiten müssen transportiert werden
- Informationen müssen wirtschaftlich und aktuell geliefert werden
- Ein benutzergerechtes bzw. individualisiertes Lernen wird gewünscht
- Mittelfristig werden kostenreduzierende Lernmethoden angestrebt
- Mitarbeiter sollen zum freiwilligen Lernen motiviert werden
- Eine schnelle, gezielte Wissensverbreitung ist erforderlich

Sich heute für eine E-Learning-Plattform zu entscheiden, fällt nicht leicht. Zu bewegt ist der Markt, zu reichhaltig das Angebot. Angesichts des vielversprechenden Themas schossen in den vergangenen Jahren Anbieter wie Pilze aus dem Boden. Aber die Entscheidung für einen dauerhaft verlässlichen Partner ist in diesem Umfeld zu bedeutend, um sie schnell und unüberlegt zu treffen. Dieser Beitrag gibt entscheidende Tipps zur Auswahl und zum Einsatz von geeigneten Lernplattformen.

### 5.2 Anforderungen – Von Wünschen und Notwendigkeiten

Wieso ist der Einsatz einer Lernplattform überhaupt interessant, fragen sich die Verantwortlichen vor allem in den ersten Stunden eines E-Learning-Projektes. Tatsächlich ist computerbasiertes Lernen auch ohne eine Plattform möglich, denn sie allein vermittelt kein Wissen. Schon in den 80er Jahren waren Lerndisketten ein probates Medium der Weiterbildung. Aber ebenso wie sich Rechnersysteme, Entwicklungswerkzeuge und Kommunikationsmittel fortentwickelt haben, sind auch die Ansprüche an eine zeitgemäße computerbasierte Wissensvermittlung gestiegen.

Wo nun liegen die Mehrwerte? Eine Lernplattform ist in erster Linie ein digitaler Servicedienstleister im E-Learning. Demgegenüber besteht aber auch die Möglichkeit, einen Lerninhalt via Computer-based-Training (CBT) auf CD anzubieten.

Eine CD mit Lerninhalten kann individuell verschickt werden. Im Regelfall erhält jeder Lernende eine lizensierte CD. Hierbei entstehen Distributionskosten (Versandtaschen, Porto, Aufwand), die sich bei einer Vielzahl von Mitarbeitern erheblich summieren können. Allerdings kann nur mit großem Aufwand kontrolliert werden, ob die CD den Adressaten tatsächlich erreicht, respektive ob und wann er den Lerninhalt aufnimmt. Material das seine Adressaten nicht erreicht oder an den falschen Empfänger geht, beziehungsweise schlichtweg ignoriert wird, bleibt wirkungslos.

Eine Lernplattform hingegen transportiert den Lehrstoff über bestehende Netzwerke wie das Intranet oder das Internet. Sie sorgt dafür, dass Mitarbeiter exakt mit den Inhalten versorgt werden, die ihnen zugedacht sind. Lernen in einer solchen Umgebung macht Weiterbildung unabhängig von Zeit und Raum.

Häufig muss sichergestellt sein, dass ein Mitarbeiter einen Kurs tatsächlich erhalten und auch belegt hat. Die Lernplattform liefert diese Gewissheit. Der Lernende kann darüber hinaus die Plattform zur Kontrolle eigener Fortschritte nutzen. Lernfortschrittskontrolle und Lern-Controlling erfordern zwangsläufig den Einsatz einer Lernplattform.

In einer gelebten Lernkultur gibt es meist auch die Notwendigkeit, lernrelevante Nachrichten zu übermitteln. Dies kann die Ankündigung eines neuen Kurses, der Termin einer Präsenzveranstaltung oder auch die Mitteilung einer Terminverschiebung sein. Durch den zunehmenden Portalcharakter vieler Lernplattformen können all diese Services in einem „Lerncockpit" (Abbildung 5.1) erbracht werden. Nicht zuletzt bieten Lernplattformen die Möglichkeit, jederzeit *aktuellste* Informationen bereit zu halten. Ändert sich beispielsweise im behördlichen Umfeld eine Gesetzeslage, so kann diese Information zeitnah und ohne weitere Umstände in der Lernplattform eingepflegt werden

Es gibt zudem eine Reihe von Funktionalitäten, die ein monolithischer Lerninhalt auf CD nicht leisten kann. Foren, Chats und andere collaborative Lernformen erfordern eine Gemeinschaft von Lernenden. Häufig sind dafür terminierte Kurse gewünscht. Eine zeitliche Beschränkung von Lerninhalten ist in einer elektronischen Lernumgebung leicht möglich. Ebenso können Lernpfade als Kombination bestimmter Ausbildungsinhalte (ggf. mit Präsenzphasen) in einer Lernplattform verbindlich festgelegt werden. Einen weiteren Vorteil bildet die Möglichkeit, Inhalte dynamisch mit dem Lerninhalt interagieren zu lassen. So kann beispielsweise ein Kursinhalt die auf der Plattform vorhandenen Daten des Lernenden nutzen, um den Kursinhalt für ihn zu individualisieren.

## 5 – E-Learning im öffentlichen Dienst

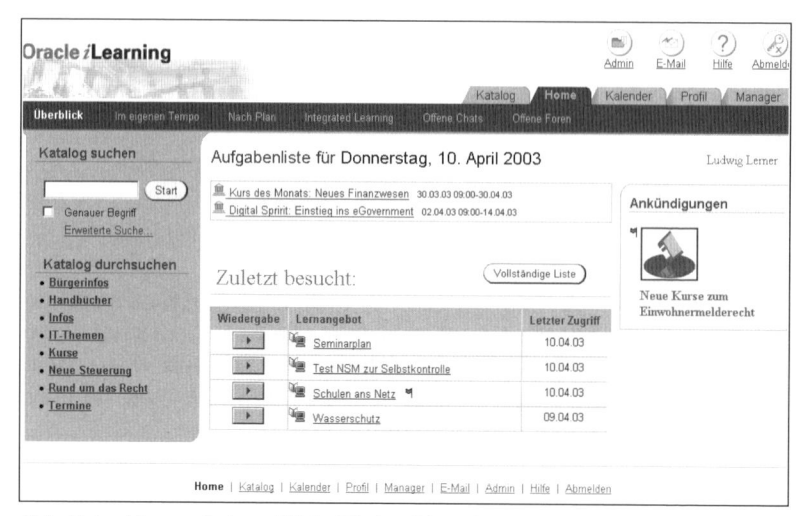

Abb. 5.1: Alles auf einen Blick. Ein intuitives Lerncockpit mit Katalogen, Suchfunktion, Infotafel, Lernhistorie und Aufgabenliste

Diese kurzen Ausführungen stellen lediglich einen Abriss der Mehrwerte dar, die eine Lernplattform bietet. Deren Aufgabe könnte auch als „System für Schulungs-Logistik" beschrieben werden.

Welche Kriterien sollten bei der Entscheidung für eine Lernplattform berücksichtigt werden? Eine Behörde oder öffentliche Einrichtung, die sich intensiv mit dem Thema E-Learning beschäftigt, wird früher oder später auf die Leistungen einer Lernplattform zurückgreifen wollen. Die Frage, wann und wie das passiert, sollte ausschließlich aus den Anforderungen der eigenen Organisation heraus bestimmt werden. Obwohl E-Learning derzeit im Trend liegt, sollte man es nicht nur deshalb aufgreifen, weil es alle tun. Vielmehr sollte E-Learning erst dann starten, wenn ein konkreter Bedarf besteht.

Es gibt einige Aspekte, die im Anforderungskatalog an ein Lernsystem berücksichtigt werden sollten. Die Hauptaufgabe bei der Definition der Anforderungen besteht darin, aus einer Vielzahl von Funktionalitäten diejenigen heraus zu suchen, die den eigenen Anforderungen entsprechen. Die Überlegungen sollten den kurzfristigen Bedarf ebenso umfassend berücksichtigen,

## Anforderungen – Von Wünschen und Notwendigkeiten

wie den langfristigen. Dabei könnten weitere Anforderungen an Bedeutung gewinnen.

Beispiele:
- Kurzfristig sucht eine Volkshochschule ein Verfahren, um dozentengeführte Veranstaltungen mit Online-Inhalten zu flankieren. Langfristig möchte sie aber auch Lerninhalte gebührenpflichtig über das Web vermarkten. In diesem Fall sollte in der Auswahl die Anbindung an ein Abrechnungs- und Bezahlsystem berücksichtigt werden.
- Ein Rechenzentrum sucht kurzfristig eine interne Wissens- und Lernplattform. Langfristig ist es denkbar, dass die gleiche Plattform auch allen angebundenen Verwaltungen zur Verfügung gestellt wird. In diesem Fall muss zu einem frühen Zeitpunkt über die Mandantenfähigkeit des Systems nachgedacht werden.
- In einer Verwaltung besteht Bedarf an einem System für Wissensmanagement. An anderer Stelle wird über den Einsatz einer Lernplattform nachgedacht. In diesem Fall sollte aufgrund der Abhängigkeit beider Themen die Suche nach einem System stattfinden, das beiden Anforderungen gerecht wird.

Lernplattformen, die sich in der Industrie bewährt haben, sind nicht automatisch auch die geeignetste Lernplattform im Behördenumfeld. In Behörden können Wissensinhalte und Lehrstoff ohne die Gefahr von Wettbewerbsnachteilen weitergegeben und ausgetauscht werden. Darüber hinaus stehen in Verwaltungen eine Vielzahl unterschiedlicher Informationen zur Verfügung. So ist nicht nur „Lernen" angesagt, sondern auch die Möglichkeit gefordert, alle möglichen Inhalte zu Wissenspools integrieren und strukturieren zu können (Abbildung 5.2). Dies lässt z.b. die Anforderung nach Kompatibilität mit bestimmten Lernstandards (AICC, Scorm, vgl. *http:// www.adlnet.org* etc.) nachrangig erscheinen. Vielmehr sind die Möglichkeiten des flexiblen Austausches und der Kompatibilität aller denkbaren Inhalte höher zu bewerten. So ist in Unternehmen häufig auch die Möglichkeit eines intensiven Lerncontrolling gefordert. Im Behördenumfeld liegt der Fokus eher auf den Möglichkeiten der Eigenkontrolle oder der Einschränkung von allzu rigiden Kontrollmöglichkeiten.

## 5 – E-Learning im öffentlichen Dienst

**Lernplattformen in der Verwaltungspraxis**

zum Beispiel...
- als Nachschlagewerk
- zur Information verteilter Zielgruppen
- zur Strukturierung von Informationen

zum Beispiel...
- als zentraler Info-Pool in Projekten
- zur Flankierung von Seminaren
- als Plattform im Change-Management bei Reformvorhaben

zum Beispiel...
- zur Schulung grosser Teilnehmerzahlen
- als Austauschplattform für bestimmte Wissensthemen

**Distributions Medium** — **Wissens Management** — **eLearning Motor**

Kataloge, Modularität, Info-Tafeln, Selbsttests, Lernflows, Foren, Suchfunktion, Beschreibungen, Personalisierung, Lernkontrolle, Metadaten, Zugriffs Steuerung, Out-of-the-Box, Chats, Rollen, Wieder Verwendung, Tutoren

...........und die benötigten Funktionalitäten →

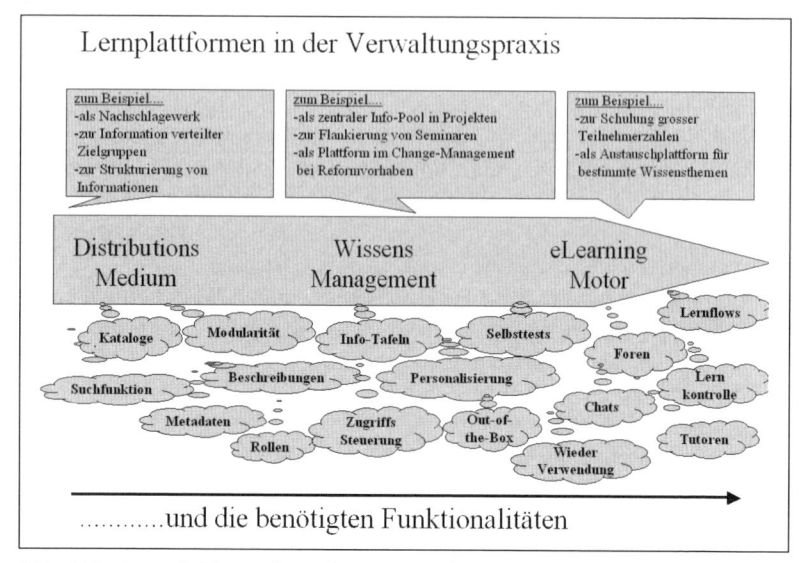

Abb. 5.2: Lernplattform: Ausprägungen in Einsatz und Anforderung

Die Organisationskultur im Behördenumfeld ist eine wichtige Determinante. Anforderungen sollten in realistischer Übereinstimmung mit der Organisationskultur definiert werden. So wird eine Organisation, deren Mitarbeiter nur über eine geringe Medienkompetenz verfügen, durch eine funktional und medial überfrachtete E-Learning-Lösung kaum zum Ziel gelangen. Hier wäre weniger mehr.

Die Konzentration auf echten Nutzen ist weder eine technische noch eine fachliche Herausforderung. Es ist schlichtweg eine Frage von Disziplin. Detailverliebtheit der Projektgruppe lässt häufig viele detaillierte Anforderungen in den engeren Fokus rutschen. Diese Form von „fachlicher Betriebsblindheit" kann durch regelmäßige Beteiligung Dritter (Vorgesetzte, andere Fachabteilungen) vermieden werden.

Häufig liegt die Definition der Anforderungen nur bei einer einzigen Person. In solchen Fällen sind Konflikte oder später nachgereichte Anforderungen und Einwände vorprogrammiert. Die Definition der Anforderungen sollte daher grundsätzlich durch eine repräsentative Gruppe von Mitarbeitern erfolgen. Nutzenorientierung heißt Notwendigkeiten von „interessanten Features" zu trennen. Die Definition der Anforderungen ist dann komplett, wenn der eigene Bedarf in breiter Form abgebildet ist. Zu umfangreiche Lösungen werden nicht akzeptiert, weil sie die meisten Mitarbeiter überfordern. Zu schmale Lösungen werden sehr schnell das Gefühl von Defiziten und den Wunsch nach Nachbesserung erzeugen.

## 5.3 Projekt – Der Fahrplan zum Erfolg

Jedes Projekt ist einzigartig und resultiert aus Komponenten wie Projektziel, Projektbudget, Projektzeit, Projektrisiko und vielem mehr. Es macht deshalb wenig Sinn, eine lineare Methodik oder ein bestimmtes Vorgehensmodell als sicheren Tipp zu empfehlen. Zudem ist E-Learning eine junge Disziplin. Langjährige und gesicherte Erfahrungen darüber, wie man es richtig macht, sind somit rar. So genannte Best-Practise-Modelle (erprobte Erfahrungen aus bereits bestehenden Projekten) wird jeder erfahrene Projektleiter suchen, finden und nutzen. Mehr als eine flankierende Hilfestellung werden diese Informationen aber nicht bieten können. Ein vermeintlich gutes Rezept ist noch keine Garantie für eine schmackhafte Mahlzeit. Hierfür gibt es einen wesentlichen Grund: Jeder befragte Projektverantwortliche eines erfolgreich abgeschlossenen Projektes neigt zur Verklärung. Er wird im Zweifelsfall sein Projektergebnis unkritischer betrachten und sein Vorgehen im Nachhinein auf alle Fälle richtig heißen. Nach rechts und links schauen ist zweifelsohne wichtig, aber nur eine Hilfestellung. Die eigentliche Aufgabe bleibt das eigene Projekt.

Ein weiterer Grund ist der individuelle und facettenreiche Aufbau jedes einzelnen Projektes. Ein Vergleich: Suche ich eine neue Buchhaltungssoftware, so bewege ich mich in einer sehr alten Disziplin, die in ihrer Ausgestaltung in weiten Teilen rechtlichen und damit statischen Bestimmungen unterliegt. Buchhaltung hat sehr wenig kreative Komponenten, die Materie ist objektiv und kann einfach strukturiert werden. Die Prozesse hier sind linear. Im E-Learning ist der individuellen Ausgestaltung nahezu keine Grenze gesetzt. Einschränkungen entstehen hier lediglich durch den politischen Willen, individuelle Wünsche und das Einverständnis von Personal, respektive Betriebsrat. Eine Lernkultur zu gestalten, ist ein kreativer Akt. Es gibt wenig lineare Prozesse, dafür umso mehr Möglichkeiten der Gestaltung. Das Ergebnis und der Erfolg kann anfangs nur gewünscht und vermutet werden.

Kurzum: Ein E-Learning-Projekt kann sehr anspruchsvoll sein. Es gibt viel Gestaltungsspielraum, hohen Abstimmungsbedarf und auch ausreichend Möglichkeiten, sich zu „verzetteln".

Respektiert man den besonderen Anspruch eines E-Learning- bzw. Lernplattformprojektes, dann kann man zu folgenden Leitlinien gelangen:

- Klein anfangen – schrittweise aufbauen
- Erfahrungen machen – nicht Erfahrungen planen
- Hohe Transparenz für Entscheider
- Praxiserfahrungen als Grundlage für weitere Entscheidungen nutzen
- Gesunder Menschenverstand vor Methodik
- Repräsentatives Projektteam nutzen
- Grundlegende Entscheidungen bei möglichst hohem Konsens treffen

Zwangsläufig werden Probleme auftreten. Die Kunst ist es, mit ihnen souverän umzugehen. Die Gefahr, sich in komplexen E-Learning-Konzepten zu verzetteln, ist hoch. Ein Gegenmittel dafür ist die *Nutzenorientierung*. Hinterfragen Sie in jeder Situation den konkreten Nutzen für das Projekt und seine Anwender.

Eine praxiserprobte und sehr dynamisch zu handhabende *Projekt-Checkliste* (Tabelle 5.1) ist in folgender Tabelle zusammengestellt. Es handelt sich hier nicht um einen sequenziell abzuarbeitenden Plan, sondern um die perspektivische Sicht auf das Projekt. Die Checkliste gilt darum auch nicht für einen bestimmten Zeitpunkt, sondern ist eine Form von immergültigem *Leitbild im Projekt*. Man sollte nicht versäumen, die individuellen Aspekte der eigenen Verwaltung, Behörde, Organisation anzupassen.

## Projekt – Der Fahrplan zum Erfolg

| | |
|---|---|
| **Technische Perspektive** | Die Technologie der Lernplattform sollte den eigenen Standards entsprechen, zumindest nicht widersprechen. Die Technologie sollte nicht veraltet, zukunftsweisend, aber auch nicht exotisch sein. Vorhandene Ressourcen, Hardware und Bandbreiten sollten genutzt, aber auch geschont werden können. |
| **Zeitliche Perspektive** | Erfahrungsgemäß dauert die Einführung eines E-Learning-Projektes sehr lange. Länger als vergleichbare Projekte im Bereich Rechnungs- oder Personalwesen etc. Gründe sind häufig Unschlüssigkeit, Konzeptschwäche und das Verstricken in der vermeintlich akademischen Komplexität. Hinzu kommt häufig der vermeintlich fehlende Druck. Zeitüberschreitung bedeutet Kosten und Ungewissheit. Im Regelfall potenziert sich jede ungeplante Verzögerung. Solche Symptome deuten darauf hin, dass die Zeit nicht reif ist, das Projektziel ambivalent oder das Team unsicher. Ohne Not sollte ein Projekt eine 6-monatige Laufzeit nicht überschreiten.<br><br>Ein längerer Zeitraum ist nicht überschaubar. Die Technologie überholt sich, Entscheider wechseln und stetig werden neue Fragen aufgeworfen. Man „verzettelt" sich. |
| **Rechtliche Perspektive** | Erfrischenderweise gibt es im E-Learning und bei der Einführung einer Lernplattform keine rechtlichen Hindernisse. Selbstverständlich ist die Beachtung von Autoren- und Copyright-Rechten bei genutzten Inhalten zu beachten. Die Beteiligung des Personalrates ist im engeren Sinne ein rechtliches Erfordernis. Dies ist aber ebenso selbstverständlich und aus kollegialer Korrektheit ohnehin geboten. |

Tabelle 5.1: Die Perspektiven in der Projektarbeit

| | |
|---|---|
| **Disziplin Perspektive** | Bei der Auswahl einer Lernplattform zählen die eigenen Anforderungen. Erwachen jedoch die Jäger und Sammler im Projektteam, dann werden alle denkbaren Funktionen und Wünsche zusammengetragen und im eigenen Pflichtenheft aufgenommen. Einzelne Details wandern in den Fokus, die eigenen Anforderungen verschwimmen. |
| **Nutzen-Perspektive** | Vieles ist möglich, nicht alles sinnvoll. Grundsätzlich sollte die Verhältnismäßigkeit von Anforderung/Aufwand/Kosten ein ständiger Maßstab sein. Der Start „im Kleinen" und ein sukzessiver Fortschritt verspricht tendenziell den größten Erfolg. |
| **Finanzielle Perspektive** | In E-Learning-Projekten wird in der Regel ein Haushaltsansatz für *Lerninhalte, Lernplattform und Beratung* kalkuliert. Ein *Verhältnis von 40/30/30* der Aufwände ist zumeist eine gesunde Verteilung. Ein von vornherein realistisches Projektziel hilft bei der Einhaltung des Budgets. |
| **Kompetenz-Perspektive** | Fachliche und technische Expertise sollte Schulter an Schulter mit Verwaltungsleitung und Personalrat arbeiten. |
| **Fachliche Perspektive** | Lernplattformen sind ein Servicemedium zur Personalentwicklung. So ist auf alle Fälle das Personalamt mit hohem Kompetenzeinsatz gefragt. |
| **Risiko-Perspektive** | Das Hauptrisiko besteht im fakultativen Wesen des E-Learning. So hat man prinzipiell bei der Einführung einer Lernplattform nur einen Versuch. Stößt ein solches System früh auf Ablehnung bei den Mitarbeitern, dann ist ein zweiter Versuch oder auch Nachbesserung ein hartes Geschäft. Um dieses Risiko zu minimieren, sollten die Mitarbeiter bei Projektstart nicht mit einem zu komplexen System überfordert werden. |

Tabelle 5.1: Die Perspektiven in der Projektarbeit (Forts.)

| | |
|---|---|
| **Soziale Perspektive** | E-Learning und auch die Nutzung einer Lernplattform beeinflusst die Unternehmenskultur. E-Learning ist als Fortschritt gedacht. Freiwilliges Lernen für alle wird möglich. Diese Chance darf nicht an bestehendes Wissen und Know-how gekoppelt sein. Eine allzu komplexe Lernplattform wird technikvernarrte Mitarbeiter begeistern, die weniger bewanderten aber abschrecken und ausschließen. |

Tabelle 5.1: Die Perspektiven in der Projektarbeit (Forts.)

## 5.4 Konzeptionsphase – Am Anfang war die Dunkelheit

Die Erstellung eines E-Learning-Konzeptes ist die Stunde der Wahrheit. Es gilt einerseits den tatsächlichen Bedarf an Veränderung und Verbesserung zu finden. Andererseits müssen das hierfür notwendige Vorgehen definiert und die richtigen Lösungen ausgesucht werden. Das passende E-Learning-Konzept ist eine Gratwanderung aus theoretischem Anspruch und praktischer Umsetzbarkeit. Konzeptionieren heißt im Voraus denken und im Voraus ahnen. Jede These in einem Konzept kann zu weiteren Thesen und Aspekten führen. In der Theorie und der Annahme. Ein theoretischer Fahrplan kann im wirklichen Leben im schlimmsten Fall schon an der ersten praktischen Wegbiegung scheitern. Alles was danach kommt, kann dann zu den Akten gelegt werden.

Ein Konzept muss plausibel sein, wobei ein plausibles Vorgehen auch kurz dargestellt werden kann. Ein *kompaktes Konzept* hat Vorteile, denn es wird wahr genommen und verstanden. *Klarheit schafft Akzeptanz.* Ein Konzept darf einfach sein, speziell bei einem so jungen Thema wie den elektronischen Lernplattformen. Der Anteil der Kollegen und Vorgesetzten, denen die Materie ansonsten fremd und unverständlich bliebe, wäre einfach zu hoch. Geht man stattdessen schon zu Beginn zu sehr in die Tiefe, hat man später wenig Chancen Anforderungen umzudefinieren, zu streichen oder hinzuzufügen. Bleibt man zu unkonkret, werden Externe, Führungskräfte und Kollegen die endgültigen Zielsetzungen des Vorhabens nicht verstehen und nicht akzeptieren.

Bei der Erstellung des Konzeptes für eine Lernplattform gibt es verschiedene Ansätze:

- Jäger und Sammler

    Das bevorzugte Vorgehen unkundiger und unerfahrener Projektleiter ist die Sammlung und Anhäufung von Informationsbergen. Dies kann z.b. der Besuch einer Fachmesse, das Sammeln von Prospekten und das Zusammenwerfen aller Informationen sein. Im anschließenden Konzept für die Lernplattform findet sich dann die Summe aller denkbaren Möglichkeiten. Die eigenen Anforderungen werden in einem solchen Falle nahezu bedeutungslos. In der Regel ist es nicht möglich, ein solches Konzept mit Standardsoftware umzusetzen. Darüber hinaus wird ein derart aufgeblähtes Konzept in der Praxis auf Ablehnung stoßen.

- Adaption der Erfahrungen anderer Projekte

    Lernen ist immer individuell. Es gibt allenfalls vergleichbare Anforderungen. Die Adaption der Erfahrungen anderer kann in vielen Fällen eine Bereicherung sein. Es sollte aber bei einer Anregung durch diese Beispiele bleiben. Der Fokus des Konzeptes sollte im eigenen Anspruch liegen.

- Auftrag an Beratungshäuser

    Der Vorteil liegt auf der Hand. Ein Beratungshaus kann aus vielen vorausgegangenen Projekten ein Maximum an Erfahrungen einfließen lassen können. Das Beratungshaus weiß jedoch zu Anfang nichts über die zu beratende Organisation und die dortigen Prozesse. Hier gilt es, das fachliche Know-how und das Wissen um das eigene Umfeld sinnvoll zu verschmelzen.

- Stammlieferant liefert fertiges Konzept

    Häufig wird ein bisheriger Softwarelieferant mit der Konzeption des Lernplattformprojektes beauftragt. Dies geschieht in der Hoffnung auf Kompatibilität zur bisherigen Verfahrenslandschaft. War man bisher mit diesem Softwarelieferanten zufrieden, so besteht die Chance, dass man es auch bei der Lernplattform sein wird. Allzu oft entziehen sich jedoch Verantwortliche dadurch ihrer Verpflichtung, das wirklich passende Konzept herauszuarbeiten. Individualität gerät so in den Hintergrund.

- Annäherungverfahren
  Eine praxisgerechte Lösung ist die Erstellung eines eigenen Grobkonzeptes und der Abgleich gegen verschiedene Lernplattform-Alternativen. Die Plattform, die am ehesten dem Konzept und den übrigen Kriterien entspricht, wird ausgewählt. Anschließend wird das eigene Detailkonzept im Einvernehmen mit den Möglichkeiten der Plattform weiterentwickelt. Bei extremen Schieflagen muss korrigiert werden. Im Regelfall erhält man aber bei diesem Vorgehen schnelle, kostengünstige und vor allen Dingen realistische Ergebnisse. Die Konzeption erfolgt in weiten Teilen unter Berücksichtigung der Möglichkeiten der Plattform.

Nahezu immer ist die Konzepterstellung eine Mischform der oben beschriebenen Ansätze. Angesichts der Vielfältigkeit der Materie fällt es schwer ein Konzept übersichtlich und knapp zu gestalten. Gerade dies ist aber ein wesentliches Qualitätskriterium eines Konzeptes. Mut zu schnellen Ergebnissen zahlt sich häufig aus. Weniger Aufwand bringt bei diesem Vorgehen schneller Nutzen und kostet weniger Ressourcen.

Am Ende sollte das Konzept eine klare Zielstellung und Wegbeschreibung für das Projekt darstellen. Zu vage Konzepte können nicht konkret genug das eigentlich Angestrebte transportieren. Zu detaillierte Konzepte führen zum Scheuklappeneffekt. Der Weg nach vorne scheint klar, der Blick zur Seite ist aber versperrt.

## 5.5 Kosten-Nutzen-Betrachtung

In Zeiten knapper öffentlicher Kassen erfordern Investitionen in neue Themen grundsätzlich gute Argumente. Diese können unterschiedlich aussehen: Kostenersparnis, erhöhte Qualität, bisher nicht da gewesene Möglichkeiten oder eine Mischung aus alledem. Allerdings heißt Modernisierung nicht immer Ersparnis. So werden Lernplattformen auch zukünftig das Klassenraumtraining nicht vollständig ersetzen können. Wohl aber wird Lernen, flankiert von einer Lernplattform, effektiver und umfassender. Die Bewertung dieser Vorteile gestaltet sich anspruchsvoll, denn das E-Learning weist viele Nutzenkomponenten auf, die einem subjektiven Bewertungsmaßstab unterliegen. Während die Höhe des Aufwandes in der Regel leicht als Projektkosten (u.a. Hardware, Software, Personentage) ermittelt werden kann, gestaltet sich die Bewertung des Nutzens weitaus komplexer. Zwar lassen sich durch eine webgestützte Lernplattform konkret Kosten sparen, weil beispielsweise Reise- und Raumkosten wegfallen. Die aus dieser verbesserten Fortbildungsmöglichkeit dauerhaft resultierende bessere Aufgabenerfüllung ist hingegen schwer messbar. In Euro und Cent ist diese Verbesserung nicht zu fassen. Genauso vielfältig wie die Ausprägungen des E-Government und des E-Learning sind auch die hieraus generierten Mehrwerte. Die schwierige Bewertbarkeit solcher Vorteile darf jedoch nicht dazu führen, dass bedeutende Verbesserungen nicht in eine Nutzen-/Aufwand-Betrachtung einfließen.

Dennoch: Kaum eine Technologie weist eine derart hohe Amortisation auf wie das E-Learning und der Einsatz von Lernplattformen. Die Aufwendungen öffentlicher Haushalte werden nur zu einem Teil in die eigentliche Weiterbildung investiert. Ein Großteil Kosten für die Qualifizierung von Mitarbeitern fließt in Fahrt- und Hotelkosten sowie in das Tagegeld. Die Aufwände für die Anmeldung, den Arbeitsausfall für Anreise usw. sind in dieser Betrachtung noch nicht enthalten. Diese Ausgaben könnten eingespart oder aber in gleicher Höhe in zusätzliche Lerninhalte investiert werden. So reicht es beispielsweise im E-Learning aus, das Thema „*Neues Rechnungswesen*" bundesweit nur einmal aufzubereiten. Es ist dann unendlich oft und kostenneutral immer wieder zu verwenden – an jedem Arbeitsplatz, zu jeder Zeit. Freiwilliges Lernen ist zukünftig nicht mehr an Kosten gebunden.

E-Learning wird sicherlich das klassische Klassenraumtraining nicht völlig ersetzen. Lernplattformen als Distributionsmedium und Wissensspeicher sollten aber zu Recht die Hoffnung auf das papierarme Büro nähren. Aber auch die innovativen Aspekte beim Einsatz von Lernplattformen sind unübersehbar. Lernplattformen individualisieren das Lernen für jeden einzelnen Mitarbeiter. So wie sich Auffassungsgabe, Lerntyp, Vorbildung und Lerngeschwindigkeit unterscheiden, ist E-Learning in der Lage, jeden individuellen Lernanspruch zu befriedigen. Selbstbestimmung ist die Maxime. Lernen in Bild und Ton, Lernen im eigenen Stil und Lernen im eigenen Tempo sind die entscheidenden Faktoren. E-Learning heißt aber nicht zwangs-

## Kosten-Nutzen-Betrachtung

läufig Mensch und Maschine. Von Mentoren begleitetes Lernen und Live-Kurse gehören ebenso zum Programm wie kollaboratives Lernen und Live-Chats. Eine kritische Auseinandersetzung sowie der fortlaufende Austausch zwischen den Teilnehmern ist eine weitere Zutat des E-Learning-Erfolgsrezeptes (Tabelle 5.2).

Lerndruck und Kontrolle sind im Bereich der Verwaltungen ein sensibles Thema. Nur ein geringer Anteil von Weiterbildungsmaßnahmen endet in einer Wissensüberprüfung. Oft ist der Grund hierfür die eigene Organisationskultur und der Wunsch, wenig Druck auf Mitarbeiter auszuüben. E-Learning und der Einsatz von Lernplattformen ermöglichen durch Zwischentests eine intensive Selbstkontrolle. Unschlagbare Kontrollinstanz ist hier das eigene Gewissen. Niemand schneidet in einem Test gerne schlecht ab. Wie keine andere Lernform ermöglicht E-Learning spezielle Wissensvertiefung und individuelles Nacharbeiten.

| Computerbased-Training | Lernen auf der Lernplattform |
|---|---|
| Einsames Lernen | Lernen in der Gemeinschaft |
| Lernen an und mit der CD | Lernen ortsunabhängig |
| Monolithischer Kursblock | Flexible Inhalteverwendung |
| Lerninhalt aktuell bei Erstellung | Einfache Aktualisierung bei Bedarf |
| Fester Funktionsumfang | Funktionale Skalierbarkeit |
| Fester Lernumfang | Modularer und individueller Lernumfang |
| Feedbackloses Lernen | Nachhaltiges Lern-Controlling |
| Fragen bleiben Fragen | Antworten durch Online-Tutor |
| Sequenzielle Lernabfolgen | Lerncockpit als Rundum-Lern-Service |
| Pro Teilnehmer eine CD | Kostenneutral über Webtechnologie an beliebig viele Nutzer |

Tabelle 5.2: Mehrwerte von Lernplattformen

Wissen nutzt dann, wenn es gebraucht wird. E-Learning ist ein Thema des öffentlichen Dienstes. Noch 2003 wird es ein Thema in jeder Verwaltung sein. Die Gründe liegen auf der Hand: E-Learning ermöglicht die fortlaufende Qualifizierung von Mitarbeitern zu geringen Kosten.

## 5.6 Technik und Features

Früher oder später wird jeder Projektleiter sich mit den zur Verfügung stehenden alternativen Lernplattformen auseinandersetzen müssen. Da eine Reihe von verschiedenen Funktionalitäten und technischen Aspekten zu bewerten sind, werden nachstehend einige wichtige Punkte aufgeführt. Die genannten Stichworte könnten sowohl Gegenstand eines Pflichtenheftes wie auch einer Bieterpräsentation sein (Tabelle 5.3).

| ABC von Technologie und Funktionalitäten einer Lernplattform | |
|---|---|
| Architektur | Wie ist das System aufgebaut? Welche Komponenten existieren? |
| Berichtswesen | Können Auswertungen und Berichte erstellt werden? |
| Betriebssysteme | Welche Betriebssysteme werden unterstützt? |
| Browserfähigkeit | Welche Browser werden unterstützt? Werden Plug-ins benötigt? |
| Collaborative Lernformen | Sind Chats, Foren etc. im System enthalten? |
| Datenmodell | Liegt das Datenmodell offen? |
| Datenübernahme | Können Bestandsdaten in das System übernommen werden? |
| E-Mail | Werden Systemnachrichten per E-Mail versandt? |
| Fernwartung | Kann das System vom Anbieter ferngewartet werden? |

Tabelle 5.3: Das ABC von Funktionalität und Technik einer Lernplattform

Technik und Features

| | |
|---|---|
| Gastzugang | Gibt es auf der Plattform eine Form von Gastzugang? |
| Hardware | Welche Hardwareanforderungen (Server/Clients) bestehen? |
| Hosting | Kann das System auch gemietet werden, z.b. als Hosting-Lösung? |
| Installation | Wie lange dauert die Installation und welches sind die Bedingungen? |
| Kalender | Existiert ein eigener Kalender für die Lernenden? |
| Katalog | Kann der Lernende über einen eigenen Katalog Kurse suchen? |
| Lerninhalteverwaltung | Wie werden Lerninhalte verwaltet? Gibt es z.b. grafische Werkzeuge? |
| Mandantenfähigkeit | Wie mandantenfähig ist das System? |
| Modularität | Aus welchen Modulen besteht die Lernplattform? |
| Netzlast | Welche Netzlast verursacht die Lernumgebung? |
| Offenheit | Gibt es Möglichkeiten der Erweiterung? |
| Personalisierung | In welcher Weise geht das System auf den einzelnen Lernenden ein? |
| Personal-Management | Wie sieht die Anbindung an bestehende HR-Systeme aus? |
| Prototyp | Können innerhalb der Vorauswahl Prototypen geschaffen werden? |
| Rollenkonzepte | Welches Rechte-/und Rollenkonzept bietet die Plattform? |
| Setup | Welche Setup-Schritte sind nach der Installation erforderlich? |

Tabelle 5.3: Das ABC von Funktionalität und Technik einer Lernplattform (Forts.)

| | |
|---|---|
| Skalierbarkeit | Kann die Lernplattform mit den Anforderungen wachsen? |
| Software | Ist noch zusätzliche Software zu beschaffen? |
| Speicherbedarf | Wie viel RAM benötigen die Clients bzw. der Plattformserver? |
| Standards | Werden die gängigen Standards (z.b. Scorm, IMS) unterstützt? |
| Tests/ Umfragen | Ist die Erstellung von Fragen, Tests und Umfragen möglich? |
| Tracking | Welche Möglichkeiten des User-Tracking bietet die Plattform? |
| Userimport | Können User aus anderen Systemen übernommen werden? |
| Verschiedene Contents | Kann jede Form von Lerninhalt abgespielt werden? |
| Virtueller Klassenraum | Kann ein virtueller Klassenraum genutzt/eingebunden werden? |
| Wiederverwendbarkeit | Wie wird die Wiederverwendbarkeit von Lernobjekten unterstützt? |
| Workflow | Sind Workflows bzw. Lernflows auf der Plattform enthalten? |
| Zugriffsregeln | Welche Form der Zugriffssteuerung auf Inhalte wird geboten? |
| Zukunftssicherheit | Welche Planungen zur Weiterentwicklung bestehen? |

Tabelle 5.3: Das ABC von Funktionalität und Technik einer Lernplattform (Forts.)

## 5.7 Das Pflichtenheft

Wie alle Investitionsentscheidungen, werden auch Ausgaben im Softwarebereich von langer Hand geplant und vorbereitet. Die Auswahl der richtigen Lernplattform ist nicht nur für den Erfolg des künftigen E-Learning-Projektes entscheidend, sondern sie bestimmt mittelfristig auch die Folgeaufwände für Wartung und Administration. Das gilt für die Finanzen ebenso wie für das notwendige Personal. Schon im Vorfeld der Anschaffung sollten deshalb möglichst alle Vorteile, Nachteile und Auswirkungen der Softwareentscheidung ermittelt werden. Ein zentrales Hilfsmittel ist das *Pflichtenheft*. Es wird auch als „Request for Information" (RFI) oder Anbieterfragebogen bezeichnet. Sein Zweck ist es, von den Anbietern möglichst aussagekräftige Informationen zu Unternehmen, Produkten, Funktionalitäten und Technologien zu erhalten (Tabelle 5.4).

Öffentliche Vergaberichtlinien erfordern zudem eine besondere Nachprüfbarkeit von Entscheidungen. Das Arbeiten mit Pflichtenheften ist innerhalb des Beschaffungsprozesses eine Möglichkeit, die Objektivität und Sachgemäßheit einer Entscheidung nachzuvollziehen. Hierbei ist die Auswertung ebenso transparent zu gestalten wie die Definition des Pflichtenheftes selbst. Die abschließende Übersicht über die Anbieter, deren Produkte und Funktionalitäten ermöglicht der Verwaltung den Abgleich der eigenen Anforderungen mit der Leistungsfähigkeit der am Markt verfügbaren Produkte und der übrigen Rahmenbedingungen

Die Erstellung eines Pflichtenheftes schließt sich im Regelfall direkt an die Konzeptphase an und transformiert deren Anforderungen in Fragen. Die Antworten der befragten Anbieter können nur so gut sein, wie die zuvor formulierten Fragen. Zur Erleichterung der Auswertung sollten daher von Beginn an nur entscheidungsrelevante Fragen einfließen.

Es gibt noch weitere Hinweise, die zum eigenen Vorteil beherzigt werden sollten:

- Produzieren Sie wenig Fließtext, aber viel Struktur
- Formulieren Sie präzise Fragen
- Der Befragte sollte an entsprechenden Stellen eindeutig erkennen können, dass eine Antwort erwartet wird
- Machen Sie klar, in welchem Umfang die Antwort erwartet wird

## 5 – E-Learning im öffentlichen Dienst

- Stellen Sie den jeweiligen Stellenwert des Punktes dar (Muss/Kann/Soll)
- Es sollten geläufige Begriffe verwendet werden
- Vermeiden Sie Stichworte als Fragen
- Fragen Sie – wenn möglich – das Wichtigste zuerst
- Definieren Sie bereits vorab die späteren Bewertungskriterien
- Niemand antwortet gerne mit „Nein". Erfragen Sie stattdessen, ob etwas geplant oder realisierbar ist. Lassen Sie Raum, um Alternativen darzustellen
- Lassen Sie dem Anbieter Raum für Selbsteinschätzung
- Wählen Sie eine möglichst differenzierbare und mathematisch auswertbare Skala der Selbsteinschätzung (z.b. 0 [nicht erfüllt], 5 [voll erfüllt])
- Stellen Sie im eigenen Interesse das Dokument in elektronischer und bearbeitbarer Form zur Verfügung
- Lassen Sie dem befragten Unternehmen ausreichend Zeit (mind. 2 Wochen)
- Fügen Sie möglichst übersichtliche und aussagekräftige Unterlagen hinzu, die weitere wissenswerte Informationen enthalten

Das Pflichtenheft sollte am Ende vollständig, aber nicht überfrachtet sein. Wie auch bei der Konzepterstellung besteht hier die Gefahr des „Verzettelns". Ein nutzenorientierter Ansatz ist wiederum vorzuziehen.

| Informations-bereich | Gegenstand des Pflichtenheftes | Eigendarstellung<br>Ziel des Projektes<br>Rahmenbedingungen<br>Flankierende Informationen<br>Grundsätzlicher Anspruch |
|---|---|---|
| | Vergabekriterien | Ggf. Rechtsgrundlagen<br>Fristen<br>Hinweise zur Vollständigkeit<br>Hinweise zur Bearbeitung |

Tabelle 5.4: Beispiel einer Grobgliederung eines Pflichtenheftes zur Auswahl einer Lernplattform

## Das Pflichtenheft

| Fragebereich | | |
|---|---|---|
| | Firmendarstellung | Gründungsjahr<br>Grundkapital<br>Mitarbeiter<br>Umsatzentwicklung<br>Partnerschaften<br>Referenzen |
| | Umfang der Leistung | System-Module<br>Projektunterstützung<br>Beratung<br>Dokumentation<br>Schulung |
| | Technologie/<br>Funktionalität | Architektur<br>Technische Voraussetzungen<br>Runtime-Umgebungen<br>Funktionalitäten<br>Erweiterbarkeit<br>Schnittstellen<br>Siehe auch Abschnitt 5<br>(Technik und Features ) |
| | Kosten | Einmalig:<br>Lizenzkosten<br>Installation<br>Einführungsberatung<br>Schulungsbedarf<br>Laufend:<br>Hotline<br>Support<br>Update-Service<br>Aufwand für laufenden Betrieb |

Tabelle 5.4: Beispiel einer Grobgliederung eines Pflichtenheftes zur Auswahl einer Lernplattform (Forts.)

## 5.8 Entscheidung

Steht ein Projektteam kurz vor der Entscheidung für eine geeignete Lernplattform, ist bereits ein großer Teil der Arbeit getan. Die endgültige Entscheidung für ein Produkt hinterlässt aber nicht selten ein ambivalentes Gefühl, da jede der infrage kommenden Lösungen spezifische Stärken hat.

Vor der Entscheidung für ein favorisiertes Verfahren und einen bestimmten Anbieter sollte man deshalb folgende Fragen mit „Ja" beantworten können:

- Ich sehe durch die favorisierte Lösung meine Anforderungen abgedeckt
- Ich kenne die Leistungsfähigkeit und die Möglichkeiten des Systems
- Ich kenne im Detail die einmaligen und laufenden Kosten dieses Systems
- Ich weiß, welcher Aufwand mit der Inbetriebnahme dieses Systems verbunden ist
- Ich traue dem Anbieter die Umsetzung des Systems fachlich und technisch zu
- Der Anbieter ist zukunftsfähig und bleibt langfristig am Markt bestehen

Im Zuge der Fairness sollte die Projektgruppe den nicht gewählten Anbietern die Entscheidung umgehend mitteilen. Hinhaltetaktiken führen zu einem unnötigen Kommunikationsaufwand und binden weiterhin Ressourcen. In einem besonders sauberen Vorgehen teilt die Projektgruppe den verbleibenden Anbietern die Gründe für ihre Entscheidung mit.

## 5.9 Testbetrieb

Der Testbetrieb der Plattform ist ein erster Vorgeschmack auf den Dauereinsatz und aus der Qualitätsperspektive ein wichtiger Meilenstein.

Die Laborbedingungen und der Projektdruck weichen einer Form von Tagesgeschäft. Ungeahnte Situationen entstehen, ggf. treten neue Probleme auf, andere stellen sich als irrelevant heraus. Alle vorab angestellten Überlegungen werden nun in ihrer Tauglichkeit bestätigt oder eben nicht. Der Testbetrieb entscheidet das erste Mal über die Brauchbarkeit des Konzeptes, die Richtigkeit des Vorgehens und letztlich über die Chancen, mit dem neu einzuführenden System erfolgreich zu werden. Darüber hinaus ist der Testbetrieb auch eine Möglichkeit, letztmalig korrigierend einzugreifen und Probleme in den Griff zu bekommen.

Der Testbetrieb kann in den administrativen und in den praktischen Teil unterteilt werden. Es sind sowohl Fachleute und Techniker als auch die Mitarbeiter bzw. Lernenden selbst gefragt. Ein Testbetrieb verfolgt nicht das Ziel, die Lernplattform bereits in dieser Phase reibungslos funktionieren zu lassen. Er ist vielmehr in seiner Zielstellung auch dann erfolgreich, wenn sehr viele Fehler und Probleme aufgedeckt werden. Tauchen diese erst im späteren Produktivbetrieb auf, muss die Testphase als Fehlschlag eingestuft werden.

Untersuchungen im Rahmen eines Lernplattform-Testbetriebes sehen beispielsweise so aus:

### Aus der Perspektive der Lernenden:

- Wie kommt ein vollkommen ungeschulter Mitarbeiter mit dem Lernbereich des Systems zurecht? Wie lange benötigt er, um erste Erfolge zu erzielen (z.B. Aufruf eines Kurses, Eintrag eines Hinweises in ein Forum etc.)
- Auf welche unüberwindbaren Probleme stößt ein Lernender, der ohne Hilfestellung und Einweisung das System nutzt?
- Wie gefällig und intuitiv ist die Navigation und der Umgang mit dem System?
- Welche Begrifflichkeiten des Systems werden verstanden/nicht verstanden?
- Welche Fragen tauchen bei einer Mehrzahl von Test-Lernenden auf und werden damit nicht automatisch aus dem Umgang mit der Plattform beantwortet?
- Welche Mehrwerte erkennen Mitarbeiter in der Arbeit mit dem System?
- Gibt es unter den Lernenden Mitarbeiter, die abschließend nicht mit dem System klar kommen?
- Welches grundsätzliche Urteil fällen die ausgewählten Lernenden nach ausreichenden Testmöglichkeiten?

## 5 – E-Learning im öffentlichen Dienst

**Aus der Perspektive der Administratoren:**

- Welche Arten von Lerninhalten sind mit der Plattform kompatibel oder bereiten Probleme?
- Welche praxisrelevanten Berichte liefert mir das System, welche fehlen?
- Wie schnell lässt sich das System nach einem Systemausfall neu starten?
- Wie verhält sich das System bei hoher Last (Simulation nötig) und wie lässt es sich skalieren?
- Wie viel administrativen Aufwand bereitet es einem technischen/fachlichen Mitarbeiter, neue Inhalte einzustellen, neue Kurse aufzubauen, einen neuen User anzulegen etc.?
- Wie lange benötigt ein technischer/fachlicher Mitarbeiter, um sich in den administrativen Bereich der Lernplattform einzuarbeiten?
- Welche Teilkomponenten des Systems (wie etwa die Datenbank) arbeiten konstant zuverlässig und welche bedürfen der Wartung und Administration?

Die oben aufgeführten beispielhaften Fragen können beliebig erweitert werden. Dies sollte in systematischer und detaillierter Form erfolgen, denn der Testbetrieb ist letztendlich eine qualitätssichernde Instanz in einem Lernplattform-Projekt.

Für den Enduser-Test sollte eine repräsentative Gruppe außerhalb des Projektteams ausgewählt werden. Da eine Lernplattform im Regelfall allen Mitarbeitern der Behörde zur Verfügung steht, sollten die mitgebrachten Fähigkeiten, aber auch die verschiedenen Ausprägungen der Medienkompetenz breit vertreten sein.

Die Bewertung des Testbetriebes sollte in jedem Fall schriftlich festgehalten werden. Für die Lernenden bietet sich die Verwendung von Fragebögen an. Hier kann die Einschätzung der Testpersonen mit einer vordefinierten Skala (z.B. Schulnoten) oder aber im Klartext erfolgen. Eine anonymisierte Befragung ist unzweckmäßig, da dies Rückfragen ausschließt.

Aus den gesammelten Erfahrungen lassen sich nach Abschluss des Testbetriebes Konsequenzen ziehen. Schwerwiegende Probleme und Fehlerhäufungen sollten abgestellt bzw. gelöst werden. Wird den Testpersonen neben der Möglichkeit, Kritik zu üben, auch Raum für Verbesserungsvorschläge eingeräumt, sollten diese Ergebnisse ausgewertet werden. Korrekturen, die nicht selbst durchgeführt werden können, erfolgen sinnvollerweise in enger Abstimmung mit dem Lieferanten. In einigen Projekten können massive Probleme auftreten, die sich nicht abschließend lösen lassen. In diesem Fall kann der Testbetrieb der Plattform auch eine grundsätzliche Wegscheide darstellen und zur Korrektur der getroffenen Entscheidung führen. Im Hinblick auf die Aktivitäten, die in das Auswahlverfahren geflossen sind, kann dies ein schmerzhafter Prozess sein. Aber verglichen mit den Problemen und Nachteilen, die sich aus der Einführung eines unpraktikablen Systems ergeben, ist diese Konsequenz eindeutig das kleinere Übel.

Je nach Umfang des Gesamtprojektes sollte der Testbetrieb nicht mehr als 20% der Gesamtlaufzeit des Lernplattformprojektes einnehmen.

## 5.10 Go-Live-Phase

Eine Software in den flächendeckenden Einsatz zu übernehmen bedeutet Mehrarbeit, Koordinationsaufwand und auch eine Durchbrechung des Tagesgeschäftes. Automatisch besinnen sich die Verantwortlichen an dieser Stelle nochmals auf die wesentlichen Aspekte Ihres Projektes. Werden die angestrebten Ziele erreicht? Nutzen wir die richtige Software? Hat man an alles gedacht? Bei der Einführung einer Softwarelösung in eine Organisation hat sich bei vielen Beteiligten auch häufig eine emotionale Verbundenheit entwickeln. Dies trifft um so mehr zu, als E-Learning-Projekte hohe Anforderungen an Ausgestaltung, Kreativität, Didaktik usw. stellen. Gleichwohl ist die Go-Live-Phase nicht mehr die Stunde der Entscheidungen. Vielmehr gilt es, das Unweigerliche bestmöglich zu begleiten und zu managen.

Einer Praxiseinführung sollten "*einleitende* Maßnahmen" vorausgehen:

- Schulung der Verantwortlichen und Administratoren
- Frühzeitige Ankündigung des neuen Systems, z.B. als Rundschreiben, Hinweis im Intranet oder "Count-Down Phase"
- Die Basis für eine Akzeptanz bei zukünftigen Usern schaffen
- Den "Nicht-noch-ein-Verfahren"-Effekt durch Vermittlung der Vorteile und Mehrwerte vermeiden

## 5 – E-Learning im öffentlichen Dienst

Nach einer Praxiseinführung sollten „*flankierende* Maßnahmen" getroffen werden:
- Gegebenenfalls eine softwaregestützte „Guided-Tour", das heißt einen einführenden Kurs zum Umgang mit der Plattform als Appetithäppchen anbieten
- Nach vier Wochen die Lernenden zu Problemen und Hinweisen befragen. Eine zentrale Anlaufstelle für auftretende Probleme schaffen.
- Ein Forum für Fragen und Hinweise, aber auch für Diskussionen direkt auf der Plattform einrichten.
- Motivation für die stetige Nutzung des Systems schaffen, in dem etwa wesentliche und entscheidende Informationen speziell über die Lernplattform verbreitet werden.
- Es ist zudem ein praxisnahes Vorgehen, erst einen kleinen Funktionsbereich der Plattform für die Mitarbeiter frei zu schalten und schrittweise weitere Möglichkeiten frei zu geben

Das Thema E-Learning und damit der Einsatz einer Lernplattform ist eine freiwillige Entscheidung. Die Akzeptanz der Mitarbeiter entscheidet letztendlich, ob die Investition in das E-Learning-Projekt, seine Inhalte und die Lernplattform eine sinnvolle Ausgabe war. Schon der erste Versuch, ein solches System in eine Organisation einzuführen, sollte erfolgreich sein. Nicht jeder Mitarbeiter wird nach einer frühen Enttäuschung durch die Lernumgebung die Motivation finden, sich erneut damit anzufreunden. Wird der Nutzen eines solchen Systems für deren Benutzer nicht unmittelbar transparent, wird dieser dessen Möglichkeiten kaum langfristig in Anspruch nehmen. Stattdessen sollten möglichst viele Anreize zur Nutzung des Systems geschaffen werden. Lernen kann Spaß machen. Gerade bei der Einführung einer Plattform kann es daher sinnvoll sein, auch kurzweilige und damit nicht unmittelbar verwertbare Inhalte und Kurse in die Lernplattform aufzunehmen. Solche Motivationshäppchen lassen Vorbehalte dahinschmelzen und schulen bei dieser Gelegenheit den Umgang mit dem System.

Eine Lernplattform transportiert Wissen. Somit ist ein solches System an der Vermittlung von Wissen nur mittelbar beteiligt. Eine Lernplattform stellt in erster Linie die Infrastruktur für das E-Learning zur Verfügung. Die Anforderungen an eine solche Infrastruktur sind Zweckentsprechung, Einfachheit und Leistungsfähigkeit. Das Wesen einer Infrastruktur ist es, sich im Hintergrund zu halten und problemlos den von ihr erwünschten Nutzen zu spenden. Ebenso verhält es sich mit einer Lernplattform. Sie sollte ein Maximum an sinnvollem Nutzen und Service bieten, diese Möglichkeiten den Lernenden aber ohne besondere Hindernisse und zuverlässig bereitstellen. Eine Lernumgebung muss mit der Benutzeranzahl mitwachsen können und dabei ihre bisherige Leistungsfähigkeit beibehalten (Verfügbarkeit/Skalierbarkeit). Eine professionelle Lernplattform muss einfach und intuitiv gehalten werden. Benötigt erst jeder Lernende einen Schulungstag, um sie nutzen zu können, gefährdet dies sehr früh die Akzeptanz des System. *Kein Lernender hat Lust, etwas lernen zu müssen, um etwas lernen zu können.* Grundsätzlich wird sich deshalb ein schlanker Systemansatz eher durchsetzen, früher auf Akzeptanz stoßen und sich so schneller auszahlen.

## 5.11 Bewährung – Die Lernplattform als Motor der lernenden Verwaltung

Mit dem Thema Lernplattformen greift der Behördensektor eine Technologie auf, die eine umfassende Weiterbildung der Mitarbeiter ermöglicht und zugleich die Haushaltsmittel für Schulungsmaßnahmen schont. Dass nicht nur Mitarbeiter, sondern auch ganze Organisationen ihr Wissensprofil mit computergestützten Methoden verbessern können, wird in Verwaltungen zunehmend wahrgenommen.

Behörden sind ein Hort von Information und Wissen. Dieses Wissen liegt in den Köpfen der Mitarbeiter, in Prozessen, und in vorhandenen Informationssystemen. Diese heterogene Wissenslandschaft bildet in ihrer Summe das geistige Potenzial und damit das Leistungsvermögen der Verwaltung. Wissen kann jedoch nur dann vollends genutzt und ausgebaut werden, wenn es strukturiert vorliegt und Transparenz sowie ein schneller Zugriff gegeben sind. Eine Lernplattform ermöglicht die Aufnahme und Verwaltung von aufbereitetem Wissen in jeder Form. Inhalte können strukturiert, in Kontexte gebracht und in jedem Winkel der Verwaltung abrufbar gemacht werden. Angesichts der heutigen Aufgabenvielfalt muss Wissen schnell, aktuell und vollständig abrufbar sein. Durch solche Maßnahmen wird zusätzlich die Fähigkeit einer Organisation gefördert, primäres, also neu entstehendes Wissen zu entwickeln und festzuhalten. Mit der Institutionalisierung eines

Wissenssystems schützen sich Behörden zudem vor Wissenserosion, beispielsweise durch ausscheidende Mitarbeiter. Die Offenheit der Kommunikation und die Motivation der Mitarbeiter, ihr Wissen weiterzugeben, wächst.

Auch der innerbehördliche Wissensaustausch wird durch E-Learning gefördert. Eine Verwaltung sieht in Wissensvorsprüngen keinen Wettbewerbsvorteil. Ihr Wissen ist Gemeingut und kann problemlos weitergegeben werden. Die Synergien aus dem Austausch von Wissensinhalten sind im Behördenumfeld unbegrenzt.

Nichts ist so beständig wie der Wandel. Diese Aussage trifft in vielen Behörden nur bedingt zu. Eine lernende Organisation muss aber den Veränderungsprozess und damit den eigenen Lernprozess institutionalisieren. Hierfür stehen heute umfangreiche Methoden und technische Werkzeuge zur Verfügung. So kann eine Lernplattform als zentraler themenübergreifender Wissenspool der Verwaltung eingesetzt werden (Abbildung 5.3).

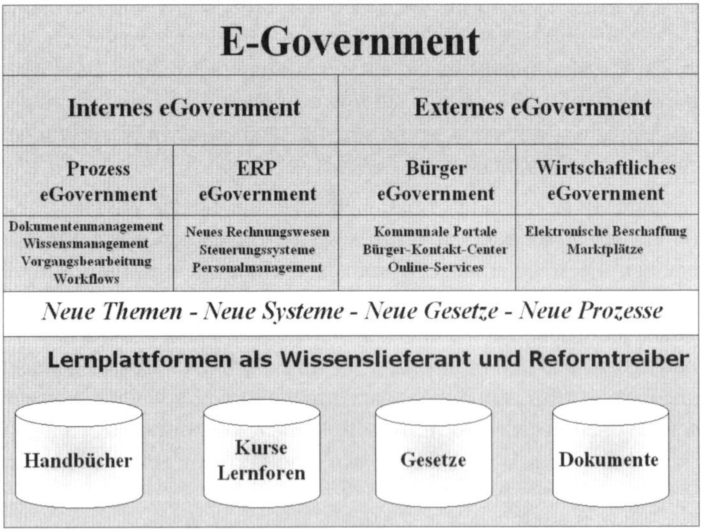

## E-Government

| Internes eGovernment | | Externes eGovernment | |
| --- | --- | --- | --- |
| **Prozess eGovernment** | **ERP eGovernment** | **Bürger eGovernment** | **Wirtschaftliches eGovernment** |
| Dokumentenmanagement Wissensmanagement Vorgangsbearbeitung Workflows | Neues Rechnungswesen Steuerungssysteme Personalmanagement | Kommunale Portale Bürger-Kontakt-Center Online-Services | Elektronische Beschaffung Marktplätze |

*Neue Themen - Neue Systeme - Neue Gesetze - Neue Prozesse*

**Lernplattformen als Wissenslieferant und Reformtreiber**

| Handbücher | Kurse Lernforen | Gesetze | Dokumente |

Abb. 5.3: Lernplattformen bilden die Quelle des Wissens rund um neue Reformthemen

## Bewährung – Die Lernplattform als Motor der lernenden Verwaltung

Dem Einsatz von Lernplattformen kommt in der „Lernenden Verwaltung" eine tragende Rolle zu. Die erfolgreiche Nutzung einer Lernumgebung hängt maßgeblich von deren Einbettung in die Systeme und Prozesse der Verwaltung ab. Eine unvollständige Wissensdichte in der Verwaltung ist kurzfristig aufzudecken. Ein System, das in der Lage ist, Wissen in der Behörde zu halten, deren Reflexionsfähigkeit zu steigern und zugleich zur Erhöhung des Umfeldwissens der Mitarbeiter beizutragen, gehört fortan in moderne Verwaltungsstrukturen. Ein Mittel zur Umsetzung von Reformen, zur Stärkung der offenen Information und Kommunikation darf in einer zukunfts- und qualitätsorientierten Behörde nicht fehlen. Entwicklungsfördernde Strukturen werden in der Personalentwicklungspolitik der deutschen Behördenlandschaft zukünftig zu den festen Größen gehören. Lernen und Arbeiten wird eins.

*„Der eine wartet, dass die Zeit sich wandelt, der andere packt sie kräftig an und handelt." (Dante, 13. Jahrhundert)*

# 6 Elektronische Signatur: Schlüssel für die öffentliche Verwaltung der Zukunft

von
Frank Nikolaus

## 6.1 Auf dem Weg zum differenzierten und bedarfsorientierten Einsatz elektronischer Signaturen

Über die Einführung der elektronischen Signatur ist in den vergangenen Jahren in Deutschland viel und zum Teil kontrovers diskutiert worden. Bereits in der frühen Phase von Electronic Government wurde der Einsatz der elektronischen Signatur als notwendige Bedingung zur erfolgreichen Digitalisierung von Verwaltungs- und politischen Partizipationsprozessen angesehen.

Diese These diente vielfach sogar dazu, mit der Entwicklung von zukunftsgerichteten Konzepten für die moderne Verwaltung unter Nutzung von vernetzten Informations- und Kommunikationstechnologien sowie der Umsetzung von E-Government insbesondere in der Kommunalverwaltung zunächst bis zu dem Zeitpunkt abzuwarten, an dem die technischen und rechtlichen Rahmenbedingungen zum Einsatz der elektronischen Signatur geschaffen worden sind.

Insbesondere mit dem Beginn der Entwicklung von Transaktionsservices für die öffentliche Verwaltung, mit Start der Realisierung von Applikationen und Technologien der Siegerstädte Bremen, Esslingen und Nürnberg im Media@komm-Wettbewerb vom Jahr 1998 an, wurde in der Diskussion die elektronische Signatur vorrangig auf die „qualifizierte elektronische Signatur mit Anbieterakkreditierung" reduziert.

# 6 – Elektronische Signatur

Die hohen Anforderungen an das Sicherheitsniveau dieser Signatur, die damit verbundenen relativ hohen Kosten und ein Mangel an Anwendungen haben dazu geführt, dass es in den vergangenen Jahren zu keinem flächendeckenden Einsatz der qualifizierten Signatur gekommen ist.

Für viele Anwendungen sowohl in der öffentlichen Verwaltung als auch in der privaten Wirtschaft scheint die qualifizierte Signatur mit Anbieterakkreditierung nicht erforderlich und ökonomisch nicht sinnvoll zu sein. Erfolgversprechender scheint ein am Bedarf orientierter, differenzierter Einsatz elektronischer Signaturen unterschiedlicher Sicherheitsniveaus in Wirtschaft und Verwaltung.

Diese Erkenntnis lässt sich aus den Erfahrungen der zahlreichen E-Government-Pilotprojekte[1], der Initiative BundOnline2005[2] und Einschätzungen aus der Wirtschaft[3] ableiten.

In diesem Kapitel wird eine Skizzierung des Themas mit dem Fokus auf konkrete Ansätze und aktuelle Entwicklungen beim Umgang mit elektronischen Signaturen in der öffentlichen Verwaltung in Deutschland vorgenommen[4].

## 6.1.1 Zweck und Funktion der elektronischen Signatur

Die Erstellung und Versendung elektronischer Dokumente sowie die Kommunikation über elektronische Netze hat sich seit Beginn der breiten Entwicklung des Internets ab 1994 bis heute gegenüber traditionellen Verfahren durchgesetzt. Im Kontext dieser neuen Kommunikation und der Entwick-

---

1. Vgl. Media@komm-Begleitforschung: http://www.mediakomm.net
2. s. http://www.bundonline2005.de
3. Diese sind dem Autor aus der Geschäftsstellentätigkeit für das Signaturbündnis Niedersachsen ( http://www.signaturbuendnis-niedersachsen.de ) bekannt.
4. Für detaillierte Handlungsempfehlungen für Behörden s. Bundesministerium für Wirtschaft und Arbeit (Hg.): Rechtskonformes E-Government, Berlin, 2003, Deutscher Städtetag (Hg.): Digitale Signaturen auf Basis multifunktioneller Chipkarten. Ein Leitfaden, Köln 1999 für Unternehmen: Verband Organisations- und Informationssysteme e.V. (Hg.): Elektronische Signatur, Darmstadt, 2001 und Hessisches Ministerium für Wirtschaft, Verkehr und Landesentwicklung (Hg.): Digitale Signatur – Leitfaden zum Einsatz digitaler Signaturen, Band 42, Wiesbaden 2003

lung elektronischer Geschäftsprozesse stellen sich insbesondere die folgenden grundlegenden Fragen zur Sicherheit dieser neuen Verfahren:

- Wie ist die Identität der Kommunikationspartner eindeutig festzustellen und damit die Authentifizierung möglich?
- Wie ist zu gewährleisten, dass Dokumente nicht auf dem elektronischen Transportweg verfälscht werden und damit die Integrität und Authentizität zu realisieren?
- Wie kann vermieden werden, dass unberechtigte Dritte elektronische Dokumente einsehen und damit die Geheimhaltung gewahrt bleiben?
- Wie können Dokumente und Nachrichten rechtssicher elektronisch übermittelt werden?

Zufriedenstellende Antworten auf diese Fragen ergeben sich durch den Einsatz elektronischer Signaturen zur sicheren Authentifizierung und durch Verschlüsselung der Nachrichten und Dokumente unter Nutzung kryptographischer Verfahren.

Elektronische Signaturen sind dabei zunächst einmal lediglich Daten zur Feststellung der Identität, die mit zu übermittelnden Nachrichten und Dokumenten verbunden sind[5]. Diese Daten können dabei eine eingescannte Unterschrift, ein digitalisiertes, biometrisches Merkmal oder auch auf eine Doppel-Verschlüsselung basierende sogenannte qualifizierte Signatur sein.

Im deutschen Signaturgesetz werden dabei –mit zunehmendem Sicherheitsniveau- elektronische Signatur, fortgeschrittene elektronische Signatur, qualifizierte elektronische Signatur und qualifizierte elektronische Signatur mit Anbieterakkreditierung unterschieden[6].

Nur für die beiden letztgenannten Formen der elektronischen Signatur enthält das Signaturgesetz materielle Anforderungen, so dass bisher gemeinhin davon ausgegangen wurde, dass nur diese Signaturformen für rechtskonformes Handeln in der Verwaltung geeignet ist[7].

---

5. vgl. Gesetz über Rahmenbedingungen für elektronische Signaturen und zur Änderung weiterer Vorschriften (Signaturgesetz) vom 16. Mai 2001, §2 Nr.1
6. vgl. ebd.,ibid.
7. vgl. Bundesministerium für Wirtschaft und Arbeit (Hg.): Rechtskonformes E-Government, Berlin, 2003, S. 67).

## 6 – Elektronische Signatur

Die im April 2003 gegründete Initiative „Bündnis für elektronische Signaturen" von Bundesministerien, Banken und anderen Unternehmen hat jedoch unter anderem zum Ziel, fortgeschrittene Signaturen präziser zu definieren und diesbezüglich eine Novellierung des Signaturgesetzes vorzunehmen. Es ist daher zu erwarten, dass sich mittelfristig neben der qualifizierten und der qualifizierten Signatur mit Anbieterakkreditierung auch die fortgeschrittene Signatur zum Einsatz in bzw. mit der Verwaltung kommt.

Das Verwaltungsverfahrensgesetz regelt, dass im Falle eines Schriftformerfordernisses im Verwaltungshandeln im Regelfall die elektronische Kommunikation nur unter Verwendung einer qualifizierten elektronischen Signatur zulässig ist[8]. Ist im Rahmen einer Rechtsvorschrift darüber hinaus die dauerhafte Überprüfbarkeit der elektronischen Signatur vorgeschrieben, kann dieses derzeit nur durch eine qualifizierte elektronische Signatur mit Anbieterakkreditierung gewährleistet werden[9].

Lediglich bei formlos zulässigen Verwaltungsakten können demnach auch die übrigen Signaturformen zum Einsatz kommen.

Hieraus wird deutlich, dass der qualifizierten elektronischen Signatur (auch mit Anbieterakkreditierung) eine herausragende Bedeutung im Kontext von Verwaltungsprozessen mit Bürgern und Unternehmen zukommt.

Im Folgenden wird daher das Grundprinzip der Funktionsweise qualifizierter elektronischer Signaturen beschrieben:

„Bei der qualifizierten elektronischen Signatur wird durch Verwendung eines privaten kryptographischen Schlüssels signiert. Diesem steht ein öffentlich zugänglicher Schlüssel zur Überprüfung der Signatur gegenüber. Die verwendeten Schlüssel sind einmalig und einer natürlichen Person fest zugeordnet. Der private Schlüssel ist geheim zu halten und kann nur in Verbindung mit einer PIN oder einem ähnlich sicheren biometrischen Merkmal zum Signieren verwendet werden.

---

8. vgl. BGBl I 1976, 1253, Verwaltungsverfahrensgesetz, Stand: Neugefasst durch Bek. v. 23. 1.2003 I 102 +, §3a, Abs. 2
9. vgl. BMWA 2003, S. 66 und Schmitz/Schlatmann: Digitale Verwaltung? Das dritte Gesetz zur Änderung verwaltungsverfahrensrechtlicher Vorschriften, NVwZ 2002, 128 ff.

Ein beglaubigtes Signaturschlüssel-Zertifikat ordnet dem Signaturschlüssel-Inhaber den öffentlichen Schlüssel zu. Ausgestellt wird das qualifizierte Zertifikat von einem Zertifizierungsdiensteanbieter als vertrauenswürdigem Dritten. Dieser hält das Zertifikat (mit dem öffentlichen Schlüssel) nach §5 Abs. 1 SigG – je nach Wunsch des Schlüsselinhabers – nachprüfbar oder abrufbar.

Um für den Signaturvorgang eine zeitaufwendige vollständige Verschlüsselung des gesamten Dokuments zu vermeiden, wird i.d.R. nicht das Dokument, sondern ein sog. Hash-Wert mit dem privaten Schlüssel signiert. Bei einem Hash-Wert handelt es sich um eine mathematische Reduktion der zu signierenden Daten beliebiger Länge auf einen Wert fester Länge (sog. Algorithmen), welche den einzigartigen „Fingerabdruck" des Gesamtdokuments bildet. Dieser Hash-Wert wird verschlüsselt. Dieses Kryptogramm ist die elektronische Signatur.

Der Empfänger eines elektronisch signierten Dokuments erhält also zum einen das Dokument in seiner ursprünglichen Form und zusätzlich in Form der Signatur eine Art „mathematischen Fingerabdruck".

Nach Empfang werden zur Überprüfung der Unversehrtheit nun erneut zwei Hash-Werte gebildet. Einer nach dem normalen Verfahren aus dem übersendeten Dokument und einer durch Rücktransformation der Signatur mit Hilfe des öffentlichen Schlüssels in den ursprünglichen Hash-Wert. Stimmen beide Werte überein, so bedeutet dies, dass der übersendete Text während des Übermittlungsvorgangs nicht verändert wurde.

Die elektronische Signatur gibt dann im Ergebnis verbindlich Auskunft über den Absender und Unterzeichner des Dokuments.

Eine qualifizierte elektronische Signatur garantiert also insbesondere die sichere Authentifizierung des Kommunikationspartners mittels gesendeten Zertifikats und dessen Gültigkeit sowie die Überprüfung der Integrität der übermittelten Daten mittels Abgleichung der Hash-Werte. Hierdurch entsteht eine Funktionsäquivalenz der elektronischen zur handschriftlichen Signatur[10]."

---

10. BMWA 2003, S. 66 f.

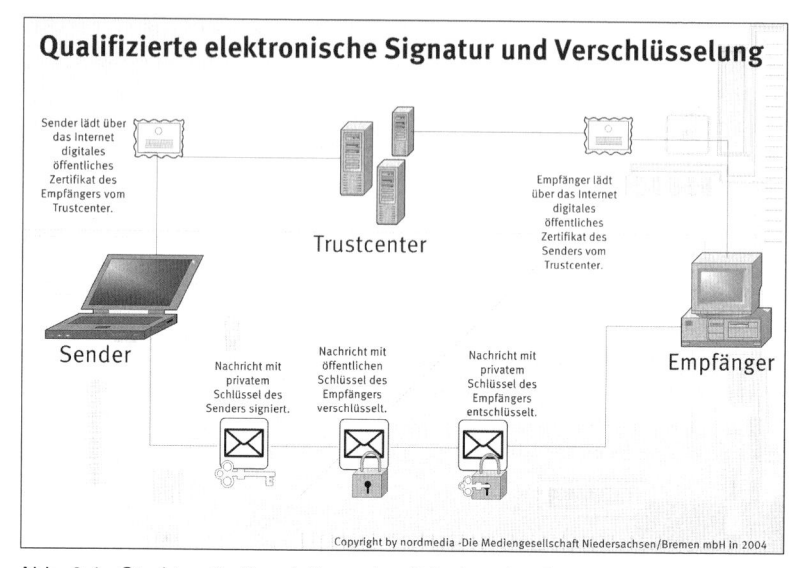

Abb. 6.1: Strukturelle Darstellung des Prinzips der doppelten Verschlüsselung beim asymmetrischen Verfahren für die elektronische Signatur

Die qualifizierte elektronische Signatur erfüllt damit sämtliche Funktionen, um rechtssichere elektronische Kommunikation und Transaktionen zu ermöglichen: Sie stellt sicher, dass die Nachricht vom Unterzeichner stammt, ermöglicht die Identifikation des Unterzeichners, garantiert die Authentizität der Nachricht, sichert die Integrität des Dokuments, hat die Abschluss- und Warnfunktion durch die willentliche, rechtsverbindliche Anwendung i.d.R. nach vorheriger Aufklärung[11].

Insbesondere zur Wahrung von Fristen und zum Beweis des Zugangs zu einem bestimmten Zeitpunkt kann die qualifizierte elektronische Signatur zusätzlich um einen Zeitstempel ergänzt werden. „Gem. §2 Nr. 14 SigG ist ein qualifizierter elektronischer Zeitstempel die elektronische Bescheinigung eines Zertifizierungsdiensteanbieters, dass ihm bestimmte elektronische

---

11. ebd., S. 67

Daten zu einem bestimmten Zeitpunkt vorgelegen haben. „Wird ein Zeitstempel zur Beweissicherung benötigt, wird zumeist der Hash-Wert eines elektronischen Dokuments an ein Trustcenter geschickt, wo dieser mit einer verbindlichen rechtsgültigen Zeitangabe versehen und dem Absender wieder zurückgeschickt wird"[12].

## 6.2 Anwendung der elektronischen Signatur in der öffentlichen Verwaltung

Die wesentlichen Anwendungsbereiche der elektronischen Signaturen in der öffentlichen Verwaltung sind zum einen die elektronische Kommunikation (i.d.R. E-Mail) und zum anderen der Bereich Interaktion und Online-Transaktionen von Bürgern und Unternehmen sowie der Verwaltung, aber auch verwaltungsinterne Prozesse. „Die elektronische Signatur kann im Prinzip immer dort eingesetzt werden, wo Daten elektronisch übertragen oder gespeichert werden"[13]. Jedoch erfordert nicht jede Kommunikation die elektronische Signatur.

Für den E-Mail-Verkehr eröffnet sich unter Verwendung elektronischer Signaturen für Verwaltungen die Möglichkeit, rechtssicher elektronische Post zu senden und zu empfangen und damit, diesen Zugang zu eröffnen.[14] Gleiches gilt für Verwaltungsakte, in denen Daten zwischen Bürgern/Unternehmen und der Verwaltung ausgetauscht werden sowie für den Datenaustausch unter Behörden, wie z.B. mit höheren Fallzahlen in den Bereichen Melde-, Ausländer- und Sozialwesen flächendeckend existiert.

Auf der Seite der Behörde ist zu beachten, dass der elektronische Kommunikationskanal anderen gleichgestellt ist und somit z.B. der Zugang von elektronischen Willenserklärungen gegeben ist, wenn die Daten in einem

---

12. ebd., S.78
13. Bullerdiek u.a.(Hg.): Verwaltung im Internet, 2. Auflage, München 2002, S. 175
14. Informationen zur Zugangsproblematik s. Deutscher Städtetag (Hg.): Eröffnung des Zugangs für die elektronische Kommunikation, Teil 1, Köln 2003, S.10 ff. und Eifert/Schreiber: Elektronische Signatur und der Zugang zur Verwaltung. Die Folgen der EU-Signaturrichtlinie für das Verwaltungsrecht und die Verwaltungspraxis, in: Multimedia und Recht 6/2000, S. 340 ff.

## 6 – Elektronische Signatur

elektronischen Postfach vorliegen bzw. auf einem Server der Behörde eingegangen sind.

Für Behörden ist es daher sinnvoll, eine regelmäßige Prüfung der eingegangenen Daten und eine Definition des Datenstandards möglichst bei Eröffnung der Kommunikation mit dem Bürger oder Unternehmen durchzuführen, um zu gewährleisten, dass die empfangenen Daten auch gelesen werden können[15].

„Zu beachten ist allerdings, dass für die Behörde mit §3a Abs.3 VwVfG die ausdrückliche gesetzliche Verpflichtung zur Information des Bürgers normiert wurde, sollte ein elektronisch übermitteltes Dokument nicht zur Bearbeitung geeignet sein."[16]

Relevante Anwendungsbereiche der elektronischen Signatur zwischen Unternehmen/Bürgern und Behörden sind z.b. Ausschreibungen und Vergaben, das Meldewesen, mit hohen Transaktionszahlen im Bereich Melderegisterauskunft sowie An- und Ummeldung, die Steuer- und Finanzverwaltung und die KFZ-Zulassung[17].

Das Spektrum von Anwendungen, die für elektronische Prozesse in der öffentlichen Verwaltung geeignet sind, sollte für jede Behörde individuell ermittelt werden. Nicht jeder grundsätzlich für E-Government geeignete Prozess eignet sich für jede Behörde: So ergibt sich die Wirtschaftlichkeit eines elektronischen Verfahrens aus der Gegenüberstellung der erforderlichen Investitionen und der Betriebskosten zur Effizienzsteigerung im personellen Aufwand. Daraus ergibt sich zum Beispiel, dass Verwaltungsprozesse, die in einer kleineren Kommune nur gelegentlich vorkommen, sich gegebenenfalls dort nicht zur Digitalisierung eignen, sehr wohl aber für mittlere und größere Kommunen geeignet sein können. Zu prüfen ist in diesem Kontext jeweils auch die Möglichkeit der Kooperation unterschiedlichen Verwaltungseinheiten, Behörden, Kommunen oder auch Länder.

Zum Aufzeigen des Potenzials an Anwendungen für die qualifizierte elektronische Signatur ist in der nachfolgenden Tabelle eine Auswahl von kom-

---

15. vgl. BMWA 2003, S. 77
16. ebd.,ibid.
17. vgl. Bitzer/Brisch: Digitale Signatur, Berlin/Heidelberg 1999, S. 140 ff.

munalen Prozessen, die im Rahmen von Media@komm von Bremen, Esslingen und Nürnberg in Planung sind oder umgesetzt wurden, dargestellt.

| Produktgruppe | Anwendung |
|---|---|
| Statistik und Wahlen | Online-Wahl Jugendgemeinderat |
| Zentrale Dienste | Lernplattform<br>Bürgerinformationssystem<br>Server interaktiver Formulare |
| Finanz- und Rechnungswesen | Angebote abgeben<br>Änderung der Bankverbindung<br>Hundesteuer |
| Ordnungsangelegenheiten | Virtuelles Fundbüro |
| Gewerbewesen | An-/Abmeldung Unternehmen/ Gewerbe |
| Verkehrs-/KFZ-Angelegenheiten | KFZ-Stilllegung, Neuzulassung |
| Einwohnerangelegenheiten | Adressänderung<br>Führungszeugnis<br>Melderegisterauskunft<br>Auskunftssperre über Daten aus Melderegister |
| Personalbestandswesen | Geburts-/Abstammungsurkunde mit elektronischem Lastschrifteinzug<br>Personenstandsurkunden<br>Heiratsurkunde<br>Sterbeurkunde<br>Abschrift Familienbuch<br>Auskunft Geburtszeit |

Tabelle 6.1: Auswahl von Anwendungen mit Relevanz für die qualifizierte elektronische Signatur auf der Basis der Media@komm-Preisträger-Städte[18]

---

18. vgl. Produktplan Media@komm: Download unter http://www.mediakomm.net/ erfolgsmodell/dokumente/mediakommproduktplan.pdf

## 6 – Elektronische Signatur

| Produktgruppe | Anwendung |
|---|---|
| Musik- u. Kunstschule | An- und Abmeldung zur Musikschule |
| Bibliotheken | Stadtbücherei, Universitätsbibliothek |
| Städtische Kliniken | Geburtenmeldung städtische Kliniken |
| Raumplanung | Virtuelles Bauamt, Bauplattform Elektrische Bauakte |
| Kataster und Vermessung | Geoinformation |
| Bauaufsicht | Baugenehmigungsantrag, -vorbescheid<br>Anzeige des Bauherrenwechsels, Zustimmungserklärung des Angrenzers, Baubeginnanzeige<br>Mitteilung über Rohbaufertigstellung<br>Mitteilung über Baufertigstellung-<br>Anzeige d. Beginns der Abbruchzeiten |
| Maßnahmen der Bauaufsicht | Abbruch baulicher Anlagen<br>Antrag auf Schlussabnahme<br>Angaben zur gewerblichen Anlagen-<br>Benennung eines Bauleiters<br>Antrag auf Abweichung, Ausnahme, Befreiung<br>Melden von Schäden und Störungen<br>Schriftlicher Teil des Lageplans<br>Sondernutzungsverfahren online |
| Verkehrsflächen | Antrag auf Straßensperre |
| Abfallentsorgung | Restmülltonne<br>Sperrmüllanforderung |

Tabelle 6.1: Auswahl von Anwendungen mit Relevanz für die qualifizierte elektronische Signatur auf der Basis der Media@komm-Preisträger-Städte (Forts.)

Aktuelle Herausforderungen

| Produktgruppe | Anwendung |
|---|---|
| Friedhofswesen | Antrag Aufstellung eines Grabmahls |
| Wirtschaftsförderung | Investoreninformationssystem<br>Online Shop-Systeme |
| Entsorgungsbetriebe | Einzugsermächtigung |
| Versorgungsbetriebe | Mitteilung Zählerstand<br>Ab- und Anmelden Strom |
| Finanzamt | Lohnsteuerkarte beantragen, ändern<br>Einzugsermächtigung<br>KFZ-Steuer<br>Zweitwohnungssteueranmeldung<br>USt-Sonderprüfung |
| Amtsgericht | Mahnantrag |
| Hochschulen | Adressänderung<br>Antrag auf Urlaubsemester<br>Exmatrikulation |

Tabelle 6.1: Auswahl von Anwendungen mit Relevanz für die qualifizierte elektronische Signatur auf der Basis der Media@komm-Preisträger-Städte (Forts.)

## 6.3 Aktuelle Herausforderungen

Die kritische Masse an Anwendungen und Anwendern der elektronischen Signatur ist im Frühjahr 2004 noch nicht erreicht. Die Anzahl der distribuierten Signaturkarten ist nach wie vor gering, obwohl zum Beispiel unter anderem die Deutsche Bank und auch die Sparkassen eine Signaturkarte für Endkunden anbieten.

Die Abwägung von Kosten und Nutzen, das nutzerunfreundliche Antragsverfahren, technische Probleme für Anwender von Signaturtechnologie und die geringe Anzahl an interessanten Anwendungen scheinen beim Bürger

## 6 – Elektronische Signatur

für große Zurückhaltung und geringe Akzeptanz bei der Nutzung elektronischer Signaturen zu sorgen.[19]

Eine wesentliche Erkenntnis aus den Media@komm-Projekten war es, zum einen aus den Akzeptanzgründen und zum anderen unter der Perspektive der Wirtschaftlichkeit den Schwerpunkt bei den Entwicklungen von Applikationen für elektronische Signaturen auf solche für die Wirtschaft (z.b. Meldewesen für Verlage) und so genannte Mittler (wie Steuerberater, Architekten und Rechtsanwälte) zu legen[20].

Die Bundesländer erarbeiten im Kontext ihrer E-Government-Planungen und zudem in der Kooperation von Bund und Ländern im Testa-Verbund, indem der Datenaustausch zwischen den Verwaltungen organisiert wird, Konzepte zum Umgang mit elektronischen Signaturen[21].

Viele Kommunen planen zwar bereits die Einführung von E-Government[22], zum Teil auf Basis einer Strategie, jedoch ergibt sich dabei für sie die Notwendigkeit zur Festlegung auf ein Signaturkonzept, damit verbundene technische Lösungen und für ein Betreibermodell, ohne genaue Kenntnis über die Entwicklung von Standards im nationalen und europäischen Rahmen und die Entwicklung der rechtlichen Rahmenbedingungen.

Problematisch ist in diesem Zusammenhang, dass es eine Reihe unterschiedlicher Signaturtechnologien mit differenzierten Sicherheitsniveaus gibt und diese nicht miteinander kompatibel sind. Die Interoperabilität unterschiedlicher Signaturen bzw. der Public Key Infrastructures (PKI) dieser Signaturen ist damit nicht gewährleistet. Beabsichtigt eine Behörde z.B. den E-Mail-Zugang für Unternehmen und Bürger zu öffnen, ist es für sie erforderlich, die von ihr akzeptierte Signatur bzw. Signaturen bekannt zu geben, um nicht in die Verlegenheit zu kommen, eine gemäß Signaturgesetz rechtsverbindlich signierte E-Mail eines Absenders zu erhalten und diese gegebenenfalls nicht öffnen, lesen und die Signatur prüfen zu können.

---

19. vgl. Mummert Consulting AG: Elektronische Signaturen im E-Government, Hamburg 2003, S. 68 ff.
20. vgl. http://www.mediakomm.net/documents/forschung/erfolgsbilanz3_5.pdf
21. s.u.a. http://www.koopa.de/Schwerpunktthemen/TESTA/testa.htm
22. vgl. Mummert Consulting AG: ebd., S.57 ff.

## Aktuelle Herausforderungen

Ein weiteres Problem besteht in der Organisation des elektronischen Postein- und ausgangs, insbesondere wenn unterschiedliche Signaturen an vielen Stellen in der Verwaltung erforderlich sind. Der technische, organisatorische und finanzielle Aufwand für eine Komplettausstattung aller Mitarbeiter der Verwaltung ist in der Regel, insbesondere bei größeren Behörden zu groß. Bei Bündelung auf eine signierende Stelle ergibt sich derzeit noch die Problematik, dass Zertifikate für elektronische Signaturen personenbezogen sind. Behördenzertifikate sind dabei derzeit nur über Pseudonyme für Personen zu realisieren. Das bedeutet, wenn z.b. an einer zentralen Stelle mit einem Pseudonym „Ministerium für Finanzen" signiert wird, entspricht diese Signatur einer Person, z.b. dem Minister oder Staatssekretär, dessen Poststelle quasi in seinem Namen elektronisch unterzeichnen würde.

Unabhängig von dieser Problematik ist es analog zu einer realen Poststelle, in der Briefe und Pakete entgegengenommen, geöffnet, zugeordnet und an die zuständigen Bereiche weitergeleitet werden, sinnvoll auch die signierte elektronische Post zentral entgegenzunehmen und weiterzuverarbeiten: Mittlerweile ist eine diesbezügliche technische Lösung verfügbar.[23]

Diese virtuelle Poststelle bietet den Vorteil, dass nicht jeder Adressat in der Verwaltung mit gegebenenfalls auch noch unterschiedlichen Signaturen ausgestattet werden muss, sondern die Entschlüsselung und Prüfung der Zertifikate zentral erfolgen kann. Die Nachrichten erreichen den Empfänger mit der Information über die Zertifikatsprüfung auf dem behördenintern geltenden Sicherheitsniveau elektronischer Übertragung, gegebenenfalls mit einer im internen Gebrauch üblichen, erneuten Signatur der Poststelle versehen.[24]

Beim Umgang mit dem Einsatz elektronischer Signaturen verfolgen bisher die öffentliche Verwaltung und die Wirtschaft in Deutschland unterschiedliche Ansätze: Während die Verwaltung in den vergangenen Jahren vorrangig auf das hohe Sicherheitsniveau der akkreditierten elektronischen Signatur gesetzt hat – so hat z.b. das Land Niedersachsen seit dem Jahr 2000 mehr als 16.000 Mitarbeiter mit akkreditierten Signaturen zur Anwendung im Haus-

---

23. s. http://www.bos-bremen.de
24. s. http://www.kbst.bund.de/Anlage304184/pdf_datei.pdf

haltswirtschaftssystem ausgestattet –, setzen die Unternehmen insbesondere für interne Prozesse hauptsächlich auf die fortgeschrittene Signatur wie z.b. die Volkswagen AG bei ca. 30.000 ausgegebenen Mitarbeiterausweisen.

Insbesondere für internationale agierende Unternehmen sind regionale Sonderlösungen wie ausschließlich in Deutschland existierende akkreditierte, qualifizierte Signatur problematisch, da sie einheitliche Lösungen für das gesamte Unternehmen bzw. den gesamten Konzern anstreben. Die akkreditierte Signatur als deutscher Sonderweg wird somit zu einem Wettbewerbsnachteil, da in Folge der europäischen Signaturrichtlinie qualifizierte Signaturen ohne Akkreditierung aus allen europäischen Staaten auch in Deutschland akzeptiert werden müssen[25].

## 6.4 Ausblick

Obwohl die Ausgangslage für die weitere Einführung elektronischer Signaturen in Deutschland mit zahlreichen oben beschriebenen Herausforderungen versehen ist, ergeben sich in jüngster Zeit Lösungsansätze, die der elektronischen Signatur zum Durchbruch verhelfen können.

Die mangelnde Interoperabilität von unterschiedlichen Signaturen kann durch einen Intermediär, wie er in Bremen im Rahmen von Media@komm entwickelt wurde, gelöst werden. Seit Januar 2004 gibt es eine Vereinbarung, nach der Bund, Länder und Kommunen den Intermediär „Governikus" lizenzfrei nutzen können. Betriebs- und Wartungskosten sind danach für ein Bundesland jeweils nur einmal je Einwohner zu entrichten. Dieses bedeutet, dass, wenn ein Bundesland Governikus einsetzt und einen Pflegevertrag abschließt, sämtliche Kommunen des Landes die Lösung nutzen können.

Der Intermediär als Vermittler und Signaturübersetzer entwickelt sich damit zum Lösungsmodell für die öffentliche Verwaltung. Verbunden mit der virtuellen Poststelle ergibt sich eine vielversprechende Perspektive für die rechtssichere, elektronische Verwaltung. Im Signaturbündnis Niedersachsen, einer Initiative aus Unternehmen, Verwaltung und Verbänden zur För-

---

25. vgl. Amtsblatt der Europäischen Gemeinschaften: Richtlinie 1999/93/EG des Europäischen Parlaments und Rates vom 13. Dezember 1999 über gemeinschaftliche Rahmenbedingungen für elektronische Signaturen, Brüssel, L13/13 ff.

## Ausblick

derung der effizienzsteigernden Anwendung elektronischer Signaturen in Wirtschaft und Verwaltung, wird derzeit sondiert, inwieweit das Modell „Intermediär" auch für die Wirtschaft die Lösung der Interoperabilitätsproblematik bilden kann. Erste Unternehmen haben sich bereits entschieden, einen eigenen Intermediär einzusetzen, um damit der künftigen elektronischen Kommunikation insbesondere mit der öffentlichen Verwaltung gewappnet zu sein.

Einige Banken planen im Rahmen der nächsten Umstellung der EC-Karten elektronische Signaturen zu integrieren. Im Bündnis für elektronische Signaturen des Bundes wird versucht, einen einheitlichen Standard zu erreichen, um eine Konvergenz der Signaturen künftig zu erreichen.

Weitere größere Roll-outs von Signaturkarten hat der Bund mit den Projekten „Gesundheitskarte" und „JobCard" angekündigt, so dass von einer kritischen Masse in der Distribution von Signaturkarten bereits innerhalb der nächsten zwei Jahre ausgegangen werden kann.

Für Behörden stellt sich die Frage, wie unter den Rahmenbedingungen und den immer noch großen Herausforderungen mit dem Thema „Elektronische Signatur" umgegangen werden kann. Eine generelle Aussage für alle Behörden ist selbstverständlich nicht möglich, zu unterschiedlich sind die individuellen Voraussetzungen einzelner Verwaltungseinheiten.

Bei der Komplexität des Themas und im Kontext der Pläne zur Entwicklung von E-Government ist es für Behörden jedoch sinnvoll, ein Konzept zum Umgang mit elektronischen Signaturen zu entwickeln. Dafür ist es erforderlich, die künftig zu digitalisierenden Verwaltungsprozesse zu erheben und die für elektronische Signaturen relevanten Teilprozesse nach Signaturstufen zu differenzieren. Bei einer querschnittlichen Betrachtung der Ergebnisse dieser Erhebung unter Berücksichtigung des Effizienzkriteriums kann ein differenziertes Signaturkonzept und eine Umsetzungsstrategie in Korrelation zum E-Government-Plan entwickelt werden.

Insbesondere die Schriftformerfordernis zahlreicher Verwaltungsprozesse und die Notwendigkeit zur Effizienzsteigerung in der Verwaltung führen dazu, dass E-Government unter Nutzung der elektronischen Signatur in den nächsten Jahren zum Alltag gehört. Die elektronische Signatur wird somit ein Schlüssel für die öffentliche Verwaltung der Zukunft.

# 7 Kosteneinsparungen durch Open Source am Beispiel des Content-Management-Systems ZMS

von
Jochen Koch

Das Schlagwort Open Source ist derzeit gerade bei Vertretern der Verwaltung in aller Munde, wenn es darum geht, Software zu beschaffen. Wie wichtig das Thema Open Source in der heutigen Gesellschaft ist, zeigen auch die Ergebnisse des UNO-Weltgipfels zur Informationsgesellschaft „World Summit on the Information Society" (WSIS) in Genf. Dort wurde beschlossen, dass der Schutz freier Software zukünftig fester Bestandteil in der UNO-Deklaration zur Informationsgesellschaft ist. Diese gerade für die Zivilgesellschaft wichtige Forderung, gegen die vor allem Interessenvertreter aus der Wirtschaft hartnäckig interveniert haben, konnte sich letztendlich doch durchsetzen.

Dabei wollten einige Länder Open-Source-Software ganz aus dem WSIS-Prozess heraushalten, um ihre eigenen Monopolisten vor dem Wettbewerb zu schützen[1]. Dennoch wurde eines der Hauptziele des UNO-Gipfels erreicht und es werden nun im Entwurf der Deklaration alle Software-Varianten gleichberechtigt erwähnt. Open-Source-Software trägt vor allem dazu bei, die digitale Spaltung zwischen arm und reich, Nord- und Südländern, zu überwinden.

Wie wichtig Open Source in der heutigen Zeit ist, zeigt auch die Reaktion der Softwarehersteller, die lange die Open-Source-Bewegung nicht ernst genommen haben. So hat die Firma Microsoft auf ihrer Internetseite eine neue

---

1. vgl. Netzwerk Neue Medien e.V. i. gr., http://www.nnm-ev.de

# 7 – Kosteneinsparungen durch Open Source

Werbekampagne[2] („Get the facts on Windows and Linux") gestartet, um IT-Fachkräfte von den Vorzügen der eigenen Software zu überzeugen.

Unter Open-Source-Software versteht man eine Software, deren Quellcode frei für jedermann zugänglich ist. Dieser frei zugängliche Code, in dem die Software programmiert wurde, kann daher:

- zu jedem Zweck genutzt,
- eingesehen, modifiziert, weiterentwickelt und
- beliebig weitergegeben werden
- und ist somit lizenzkostenfrei.

Da die Etats der öffentlichen Verwaltungen zunehmend knapper werden, erscheint der Einsatz von lizenzkostenfreier Software sehr sinnvoll.

Auch eine Studie von Pricewaterhouse Coopers[3] zeigt, dass ein großes Hindernis für einen nachhaltigen Ausbau des Internet-Angebots der Kommunen in fehlenden finanziellen Spielräumen des Stadthaushalts besteht.

## 7.1 Linux

### 7.1.1 Linux als bekanntester Vertreter der Open-Source-Software

Open-Source-Systeme sind im praktischen Gebrauch spätestens seit der Verbreitung von Linux bekannt. Betriebssysteme und Anwendungsprogramme, besonders im Büro – MS Office – haben aufgrund ihrer Benutzerfreundlichkeit und hohen Funktionsvielfalt in der Wirtschaft, der Verwaltung und auch im privaten Bereich weltweit eine hohe Verbreitung gefunden.

Durch die Offenlegung des Quellcodes war es Vielen möglich, eine rasante Entwicklung des Linux-Systems voran zu treiben, so dass zwischenzeitlich ein Produkt entstanden ist, dass einem Windows-System in nichts mehr nachsteht.

Die Offenlegung des Quellcodes verhindert zwar keine Softwarefehler, erleichtert die Erkennung von diesen jedoch erheblich und beschleunigt die

---

2. siehe Mircosoft, http://www.microsoft.com/mscorp/facts/default.asp
3. vgl. PwC 2000

Beseitigung von erkannten Fehlern. So kann durch die Verwendung von Linux der Nutzungszyklus der Hardware verlängert, eine höhere Stabilität des Systems gewährleistet, eine größere Unabhängigkeit von einzelnen Softwareherstellern erzielt und eine größere Sicherheit gewährleistet werden. Letzteres wird gerade in der heutigen Zeit zunehmend entscheidender.

## 7.1.2 Sicherheitsaspekte

Wie bei allen technologischen Neuerungen gibt es auch beim Einsatz von Internet Innovationen, die erst durch das neue Medium möglich werden. Begriffe wie „E-Mail-Bombing", das gezielte kampagnenartig organisierte „Eindecken" von Entscheidungsträgern mit E-Mails oder „Networking", das gezielte Sammeln von Informationen (meist über Spionprogramme), deuten an, dass das politische System möglicherweise eine Veränderung erfährt, indem private Personen oder Organisationen das Medium Internet für ihre Zwecke nutzen.[4] Diese IT-Sicherheitsvorfälle haben sich in den vergangenen Jahren exponential entwickelt.

Die Sicherheit im Internet wird als Hindernis für die Nutzung von E-Commerce und E-Government betrachtet.

Die Gefahrenquellen können grundsätzlich in zwei Kategorien eingeteilt werden. Zum einen handelt es sich um automatische Angriffe, wie durch Computerviren[5], Würmer[6] oder Trojanische Pferde[7], zum anderen um direkte Handlungen durch Menschen wie Hackern und Mitarbeitern.

---

4. vgl. Kubicek, Herbert; Westholm, Hilmar
5. Viren sind Software-Fremdkörper, die an Dateien angehängt werden und unterschiedliche Reaktionen hervorrufen können. Ein Virus kann sich selbst reproduzieren und sich dadurch schnell auf andere Rechner oder Netzwerke verteilen. (Quelle: Hessisches Ministerium für Wirtschaft, Verkehr und Landesentwicklung)
6. Würmer sind vollständige, selbst ablaufende Programme, die sich selbstständig in mindestens einen Rechner kopieren. Würmer brauchen dazu kein Wirtsprogramm. (Quelle: Hessisches Ministerium für Wirtschaft, Verkehr und Landesentwicklung)
7. Trojanische Pferde sind Dateien, die für den Anwender nicht erkennbare Programmbestandteile enthalten. In der Regel dienen diese Bestandteile der Spionage oder der Manipulation von Daten. (Quelle: Hessisches Ministerium für Wirtschaft, Verkehr und Landesentwicklung)

## 7 – Kosteneinsparungen durch Open Source

Durch die Verbreitung über die elektronische Post schaffen heutige Viren enorme Verbreitungsgrade innerhalb kürzester Zeit. So infizierte das „Nimbda"-Virus innerhalb von 24 Stunden 2,2 Millionen Rechner.[8] Ein Virenbefall auf einem Linux-System ist dagegen durch eine grundsätzlich unterschiedliche Systemarchitektur praktisch unmöglich.

Zwar gibt es auch für Linux Viren, diese sind jedoch nicht so weit verbreitet, lassen sich einfach eindämmen und können viel weniger Schaden anrichten.

Beispielsweise war Mitte 2003 in einer Linux-Security-Newsgroup von einem Virus zu lesen, das als E-Mail mit Anhang zugesandt wurde. Beim Entpacken des Anhangs vergrößerte sich die Datei so, dass auf keiner gängigen Festplatte genug Speicher dafür vorhanden gewesen wäre. Dies ist jedoch einer der wenigen Einzelfälle, zumal kein bleibender Schaden davon ausgegangen ist.

Auch die erfolgreiche Klärung von Sicherheitsfragen führt direkt oder indirekt zu einer nicht zu unterschätzenden mittel- bis langfristigen Kostenersparnis für Städte und Gemeinden.

### 7.2 Software-Lizenzen

Viele Vertreter der Verwaltung sind mittlerweile der Meinung, dass die Verwaltung das Geld der Steuerzahler nicht mehr auf die bisherige Weise für Lizenzen ausgeben sollte, sondern dass vielmehr nach Produkten mit einem akzeptablen Preis und einem entsprechenden Gegenwert für den Benutzer gesucht werden muss.

Die angegebenen Preise für die Linux-Systeme und lizenzkostenfreie Software gelten für den Erwerb eines Linux-Pakets in einem Geschäft und umfassen die Installations-CDs, ein Handbuch und technischen Support, allerdings keine Lizenzkosten. Linux darf jedoch auch frei vervielfältigt werden und kann kostenlos von den jeweiligen Anbietern aus dem Internet geladen werden.

---

8. vgl. Jüptner, Olaf, S. 5

## Software-Lizenzen

| Betriebssysteme | |
|---|---|
| MS Windows XP Home | 110,00 € |
| MS Windows XP Pro | 192,00 € |
| Suse Linux 8.1 | 67,00 € |
| Lycoris Linux Desktop/LX (Deluxe) | 30,00 € |
| Lycoris Linux Desktop/LX (Home) | 39,00 € |
| **Bürosoftware** | |
| MS Office XP Small Business ohne Support u. Dokumentation | 247,00 € |
| MS Office XP mit Support u. Dokumentation | 585,00 € |
| SUN Star Office 6.0 (Windows und Linux) mit Support und Dokumentation | 62,00 € |
| Lycoris Office mit Support unf Dokumentation | 0,00 € – 5,00 € |
| Lycoris Office mit Support unf Dokumentation | 39,00 € |

Tabelle 7.1: Direkter Preisvergleich

An dieser Stelle sollte jedoch auch nicht verschwiegen werden, dass natürlich bei einer kompletten Umstellung auf ein neues System wiederum Kosten anfallen. So müssen Ausbildungs- und Schulungskosten für Systembetreuer und Benutzer berücksichtigt werden.

Einer Untersuchung der Marktforscher der Soreon Research GmbH zufolge, die die Gesamtsumme der Kosten zum Betrieb der Office-Pakete von Microsoft und Sun sowie OpenOffice 1.1 untersucht haben, wird das Einsparpotential größer, je mehr PC-Arbeitsplätze vorhanden sind. Zwar bezieht

## 7 – Kosteneinsparungen durch Open Source

sich die Untersuchung auf den privatwirtschaftlichen Sektor, dennoch sind die Ergebnisse auf den öffentlichen Sektor übertragbar.

So kommt Soreon Research zu dem Ergebnis, dass bei großen und globalen Unternehmen sowohl die Open-Source-Lösung als auch StarOffice deutlich vor Microsoft Office liegen. So können in großen Unternehmen Einsparungen bis zu 25 %, bei mittleren Unternehmen bis zu 14 % erreicht werden und bei kleinen Unternehmungen sind die Kostenunterschiede zwischen den Software-Konkurrenten zu vernachlässigen[9].

Bezogen auf einzelne Behörden kann es jedoch zusätzlich in Einzelfällen auch zu Kosten für die Neuprogrammierung oder Anpassung von spezieller Individualsoftware kommen. Vor einer Umstellung auf ein neues System sollten immer Analysen der Datenbestände durchgeführt, Migrationsziele aufgestellt und auf ihre Durchführbarkeit hin geprüft werden.

### 7.3 Umstellung auf Open Source – praktische Beispiele

Bei der Stadt Schwäbisch Hall, einer Kommune mit 36.000 Einwohnern, die bereits ihr komplettes System auf Open-Source-Software umgestellt hat, liegt das Einsparpotenzial im sechsstelligen Bereich und führt maßgeblich zu einer Entlastung des Haushalts. In Schwäbisch Hall rechnet der Abgeordnete Jürgen Walter laut einem dpa-Gespräch[10] mit einer einmaligen Kostenersparnis von 200.000 Euro. Außerdem entfielen die Lizenzgebühren bei künftiger Aktualisierung von Programmen.

Bundesinnenminister Otto Schily und IBM Deutschland-Chef Erwin Staudt haben Anfang Juni 2002 einen Kooperationsvertrag über die Förderung von Open-Source-Betriebssystemen und Software unterzeichnet. Dadurch erhalten Behörden günstigere Konditionen beim Umstieg auf Linux und Open-Source-Software.

---

9. vgl. Soreon Research GmbH, Desktop Revolution: Office Software und Groupware im TCO-Fadenkreutz, 2003
10. vgl. Heise Zeitschriften Verlag, heise online news, http://www.heise.de/newsticker/data/jk-21.03.03-006/

## Umstellung auf Open Source – praktische Beispiele

Bis Ende Juni dieses Jahres haben bereits 500 Behörden aus Bund, Ländern und Gemeinden beantragt, diesem Kooperationsabkommen beizutreten. Unter anderem haben bereits das Kartellamt, die Monopolkommission und der Bundesbeauftragte für Datenschutz ihre IT-Infrastruktur ganz oder teilweise auf Linux und Open-Source-Software umgestellt.

Auch der bayrische Oberste Rechnungshof hat seinen Ämtern den Umstieg auf Open-Source-Software nahe gelegt. Nach seiner Rechnung könnten die bayrischen Verwaltungen auf diese Weise jährlich 13 Millionen Euro sparen. Durch eine zusätzliche Umstellung der Server wären die Einsparungen sogar doppelt so hoch.

Die Stadt München wird nach einem Beschluss vom Mai 2003 nun als erste Großstadt ihre IT-Infrastruktur ebenfalls umstellen. Es bleibt zu erwarten, wie hoch das Einsparpotenzial bei einer Stadt mit mehr als 1,3 Millionen Einwohnern und rund 14.000 städtischen Rechnern liegt.

Bis zum Frühjahr 2004 wurden die Gesamtkosten, der Zeitplan für die schrittweise Migration in den Referaten der Landeshauptstadt und der Bedarf an Fortbildungs- und Schulungs-Maßnahmen abgeklärt. Der Stadtrat begründete seinen Beschluss unter anderem mit einer größeren Unabhängigkeit von einzelnen Herstellern und Kostenerwägungen[11].

Wenn Vertreter der Städte und Gemeinden von einer Umstellung auf Open Source sprechen, meinen sie meistens eine Umstellung der Betriebssysteme auf Linux und die Bürosoftware auf ein OpenOffice oder StarOffice. Dabei ist die Verwendung von Open Source im Bereich der Datenbanken nicht minder interessant. Laut einer Umfrage der Evans Data Corporation[12] unter 550 Datenbankentwicklern im Dezember 2003, dominieren Microsoft SQL Server und Access weiterhin bei Datenbankentwicklern, aber Open-Source-Datenbanken gewinnen an Boden.

---

11. vgl. Heise Zeitschriften Verlag, heise online news, http://www.heise.de/newsticker/data/anw-28.05.03-004/
12. vgl. Evans Data Corporation, Press Release, http://www.evansdata.com

Ebenso, wie die Open-Source-Datenbanken an Boden gewinnen, kann auch der Open-Source-Webserver Apache seinen Marktanteil auf 67,41 Prozent steigern[13].

Da das Thema Content Management in den letzten Jahren besonders für die Verwaltung interessant geworden ist, werden im Folgenden anhand des Content-Management-Systems ZMS die Vorteile dargestellt, die sich durch den lizenzkostenfreien Einsatz eines solchen Tools ergeben.

Was versteckt sich nun hinter dem Begriff Content-Management-System und hinter ZMS?

## 7.4 ZMS

ZMS ist ein Redaktionssystem, auch Content Management System (CMS) genannt, das aus einem Open-Source-Code entstanden ist und vom Institut für E-Business modifiziert und weiterentwickelt wird.

Der Einsatz eines Redaktionssystems für eine Internetseite bringt, wie nachfolgend erläutert, viele Vorteile mit sich. Dennoch sollte man es nicht einfach als ein technisches Hilfsmittel betrachten. Vielmehr bringt es die Möglichkeit, den Informationsfluss neu auszurichten. Da mittels eines CMS viele Nutzer im Inter- und Intranet publizieren können, müssen neue Strukturen geschaffen werden.

Ein Content-Management-System ist also kein Selbstzweck und sollte nicht nur deshalb eingesetzt werden, weil die Konkurrenz ebenfalls eins hat. Zwar ist ein auf die Bedürfnisse der Nutzer abgestimmtes CMS einfach zu bedienen und bietet eine Vielzahl an Neuerungen, es erfordert jedoch auch eine zukunftsorientierte Denkweise aller Beteiligten.

Als Redaktionssystem beruht ZMS auf dem Prinzip der Trennung von Inhalt, Design und Struktur, wie auf dieser Abbildung dargestellt.

---

13. vgl. Heise Zeitschriften Verlag, heise online news, http://www.heise.de/newsticker/data/jk-04.11.03-001/

ZMS

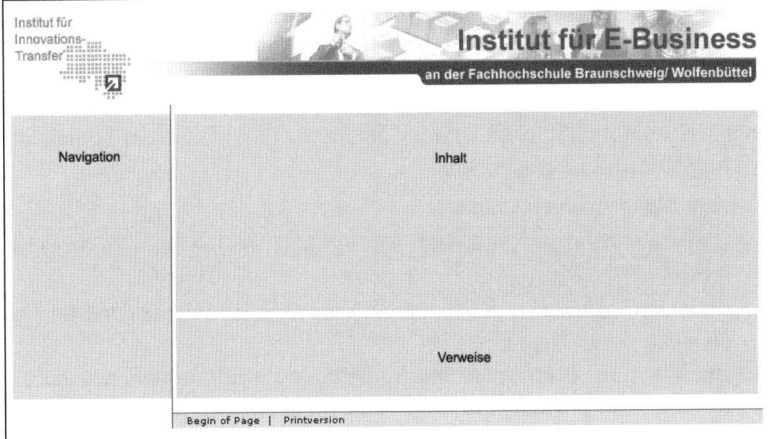

Abb. 7.1: Trennung von Struktur, Inhalt und Layout[14]

---

14. Eigendarstellung

Die Abb. 7.1 zeigt schematisch und vereinfacht den Aufbau der Internetseite des Instituts für E-Business. Sie sehen links die Seitenstruktur. Hier wird festgelegt, welches Element des Rahmens und der Navigation an welcher Position angeordnet wird. Der Inhalt, hier in der Mitte dargestellt, wird unabhängig in das System eingegeben und ist frei vom Benutzer des Systems ohne tiefere Computerkenntnisse zu formatieren.

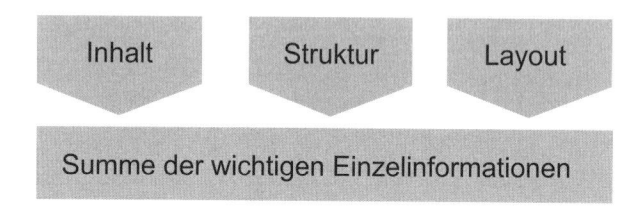

| Inhalt | Struktur | Layout |
|---|---|---|
| Summe der wichtigen Einzelinformationen | | |

Grundsätzlich gilt für Content-Management-Systeme: Content ist der Inhalt, der sich dem Internetnutzer präsentiert. Bezogen auf die Dreiteilung in Inhalt, Struktur und Layout ist der Content die Darstellung der Summe der wichtigen Einzelinformationen.

Content Management bedeutet:

- Handling digitaler Informationen in allen Prozessen und Prozessschritten
- Planung, Steuerung und Produktion von digitalen Inhalten und Inhaltselementen
- Bedarfs- und benutzergerechte Aufbereitung von Informationen aus unterschiedlichen Quellen für unterschiedliche Medien
- Abbildung von gewünschten/erforderlichen Workflows
- Link- und Changemanagement

Bestehende Schwierigkeiten bei der Verwaltung von großen Internetseiten ohne den Einsatz eines Redaktionssystems sind[15]:
- starke Fehleranfälligkeit[16]
- großer Pflegeaufwand (manuelle Aufbereitung durch HTML, XML, Java etc.)
- hoher Schulungs-/Einarbeitungsaufwand z.t. redundante Datenhaltung schwierige Administration
- Probleme bei der Einhaltung des Corporate Designs[17]
- keine Widerverwendbarkeit der Datenaufwändiger Relaunch, da alle Haupt- und Unterseiten einzeln überarbeitet werden müssen
- keine Trennung von Inhalt, Struktur und Design

Ein CMS wird eingesetzt, um Prozesse zu standardisieren und Routineaufgaben zu automatisieren und somit zu vereinfachen:

- dezidierte Benutzerverwaltung (Zuordnung zu Gruppen, Verteilung von Rollen, individuelle Vergabe von Rechten)
- einmalige individuelle Entwicklung der Seitenstruktur, Navigationshilfen und des Layouts, danach wird dieses automatisch für die Unterseiten übernommen
- Einhaltung des Unternehmens-Corporate-Designs, da der einzelne Autor daran nichts ändern kann
- einfache und schnelle Erstellung neuer und unkomplizierte Pflege bestehender Informationen
- Qualitätssicherung und Freigabe (Workflow)Steuerung/Automatisierung (z.B. Verfallsdatenüberwachung)

---

15. vgl. Kreiensen, Martin
16. Es tritt häufig das Stille-Post-Prinzip bei der Weitergabe von Daten an den Webdesigner auf. Dieser ist normalerweise kein Fachmann in dem darzustellenden Gebiet und erkennt die Fehler nicht sofort. Es kommt zwangsläufig zu zeit- und kostenintensiven Nachbesserungen.
17. Wenn eine HTML-Seite frei von allen Nutzern editierbar ist, kommt es in der Praxis, trotz guten Willens, sich an das bestehende Design zu halten, schnell zu kleinen, später großen Änderungen und ein Internetauftritt wirkt unprofessionell und unaufgeräumt und wird vom Internetnutzer als anstrengend empfunden.

# 7 – Kosteneinsparungen durch Open Source

- Kostenreduzierung durch Wegfall von Dienstleistungskosten für die Pflege der Seiten

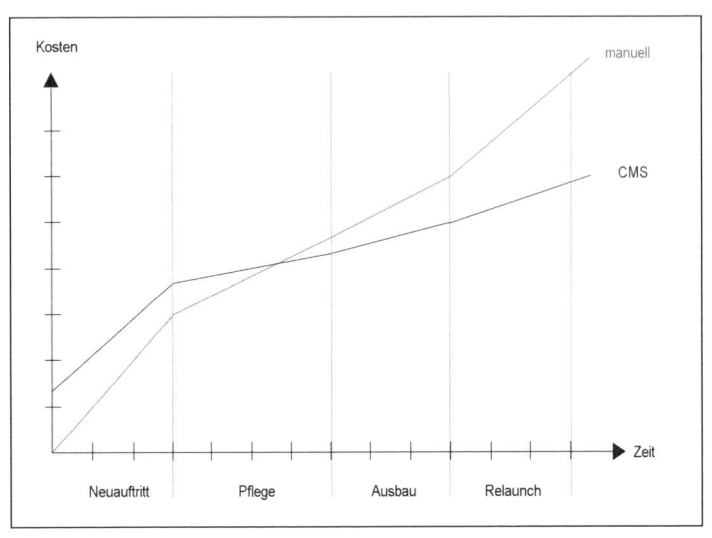

Abb. 7.2: Kostenentwicklung eines CMS[18]

## 7.4.1 Prinzip von ZMS

Wesentliche Systemfunktionen zur Unterstützung der Prozesseigner bei Routinetätigkeiten, die automatisiert im Hintergrund ablaufen:
- Trennung von Struktur, Design und Inhalten
- Verwaltung von Struktur, Design und Inhalten
- Unterstützung der redaktionellen Neuerstellung durch standardisierte und webbasierte Templates
- Automatisierung der Pflege (Löschen, Verschieben, Ändern)
- Sicherung, Konsistenz und Aktualität

---

18. Eigendarstellung nach: Kreiensen, Martin

- Abbildung und Unterstützung des Workflows im Rahmen des Content-Lifecycle
- Zugangskontrolle über Benutzer-, Rollen- und Rechteverwaltung

Das System ZMS ist ein Redaktionssystem, das mit einer graphischen Oberfläche arbeitet. Der Betrieb von ZMS kann in Form einer ASP-Lösung[19] auf dem Server des Instituts für E-Business gehostet werden.

Besondere Eigenschaften:

- ZMS ist objektorientiert, d.h. es basiert auf dem Prinzip der Vererbung
- ZMS enthält eine integrierte Datenbank und einen Webserver
- ZMS enthält einen Datenbankadapter zur Anbindung aller gängigen Datenbanken

ZMS ist durch eine Vielzahl von Applikationen erweiterbar:

- ZMS ist online mittels Standard-Browser programmier- und aktualisierbar. Es wird also keine lokale Softwareinstallation benötigt, da ZMS auf einem ASP-Server liegt.
- ZMS hat für die Redakteure und Autoren eine ähnliche Oberfläche, wie sie diese von gängiger Bürosoftware her kennen.
- ZMS ist lizenzkostenfrei, weil es auf einem Open-Source-Code basiert, der vom Institut für E-Business modifiziert und weiterentwickelt wird.

### 7.4.2 Arbeiten in ZMS – erste Impressionen

Da eine detaillierte Beschreibung aller Funktionen von ZMS den Rahmen dieses Kapitels sprengen würde, soll im Folgenden versucht werden, einen ersten Eindruck vom Arbeiten in ZMS zu vermitteln.

ZMS arbeitet mit einer graphischen Oberfläche (siehe Abbildung 7.3) und ist modular aufgebaut. Ein einzelnes Modul (in diesem Fall eine Abbildung) ist hier rot hinterlegt.

---

19. ASP = (Applikation = Anwendung, Service = Kundendienst, Providing = bereitstellend)

## 7 – Kosteneinsparungen durch Open Source

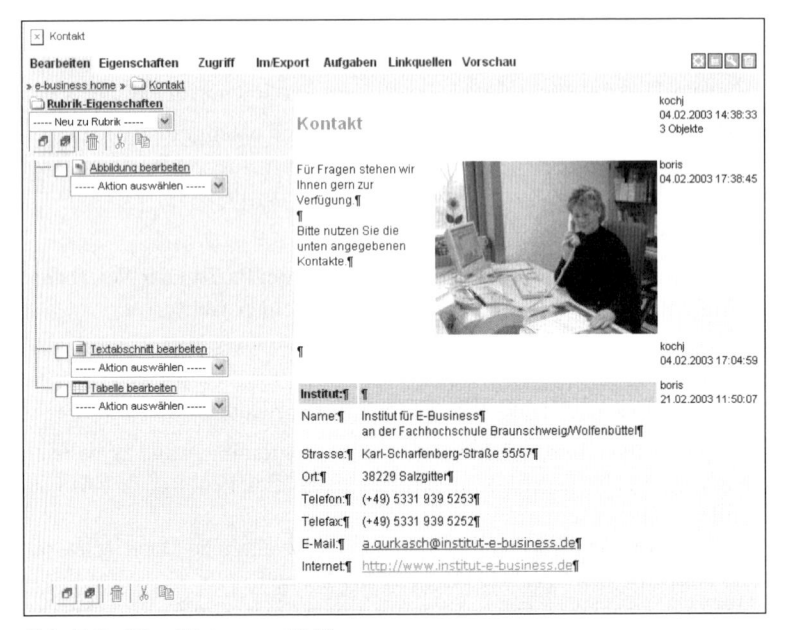

Abb. 7.3: Oberfläche von ZMS

Je nach individueller Rechtevergabe können Mitarbeiter über Aufklappmenüs spielend einfach neue Objekte anlegen und verwalten.

Die Chefredaktion hat ständig die Übersicht, wer welches Objekt zu welchem Zeitpunkt bearbeitet hat. Durch ein einfaches Freigabesystem findet eine laufende Qualitätssicherung statt.

Die Textbearbeitung (siehe Abbildung 7.4) findet in einer graphischen Oberfläche statt. Formatierungen und Verknüpfungen zu anderen Seiten lassen sich durch Knopfdruck ohne HTML-Kenntnisse einfügen.

Neben den Formatierungsmöglichkeiten sieht man im rot gekennzeichneten Bereich auch die Transaktionsorientierung. Diese wird durch die Möglichkeit der zeitlichen Definition der Veröffentlichung deutlich. Des Weiteren wird dem Nutzer ständig angezeigt, auf welcher Ebene er sich befindet, so dass er auch auf großen Internetseiten stets die Orientierung behält.

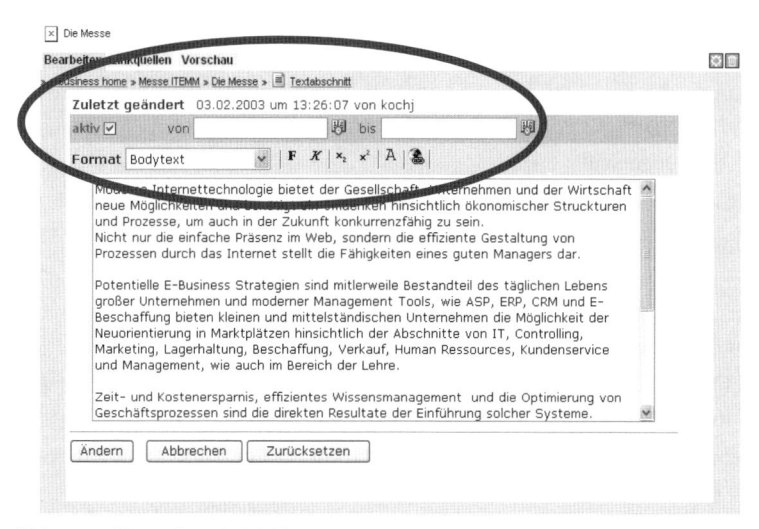

Abb. 7.4: Texteditor in ZMS

## Quellenverzeichnis

Becker, Jörg; Kugeler, Martin; Rosemann, Michael; Prozessmanagement – Ein Leitfaden zur prozessorientierten Organisationsgestaltung, Heidelberg 2000

Evans Data Corporation, Press Release, http://www.evansdata.com

Heise Zeitschriften Verlag, heise online news:
http://www.heise.de/newsticker/data/jk-04.11.03-001/
http://www.heise.de/newsticker/data/anw-28.05.03-004/
http://www.heise.de/newsticker/data/jk-21.03.03-006/
http://www.heise.de/newsticker/data/anw-16.12.03-001/
http://www.heise.de/newsticker/data/anw-21.03.03-001/
http://www.heise.de/newsticker/data/jk-21.03.03-006/

Jüptner, Olaf, IT-Sicherheit für den Mittelstand – Leitfaden zum Thema IT-Sicherheit, Hessisches Ministerium für Wirtschaft, Verkehr und Landesentwicklung, Warum IT-Sicherheit?, 2002

Kreiensen, Martin; VisionConnect GmbH, Content-Management-Systeme – Überblick und Funktion

Kubicek, Herbert; Westholm, Hilmar; Berner Fachhochschule, Institut für Wirtschaft und Verwaltung IWV, Kompetenzzentrum eGovernment, (CC eGov), Ausgabe 2/02

Microsoft Corporation, http://www.microsoft.com/mscorp/facts/default.asp

Netzwerk Neue Medien e.V. i. gr., http://www.nnm-ev.de

Pricewaterhouse Coopers; Die Zukunft heißt E-Government, Ergebnisse einer Umfrage von PwC Deutsche Revision mit dem Deutschen Städte- und Gemeindebund, August 2000

Reichwein, Dr. Alfred; Erfahrungen mit dem Modernisierungsprozeß – Anforderungen an ein zukünftiges Prozessmanagement, 1997

Soreon Research GmbH, Desktop Revolution: Office Software und Groupware im TCO-Fadenkreutz, 2003

# 8 DEMOS: E-Democracy in der Praxis

von
Rolf Lührs

Bisher spielt die so genannte elektronische Demokratie in Deutschland auf Bundes- oder Länderebene keine nennenswerte Rolle. Zumindest nicht, wenn man darunter mehr versteht als bunte Webseiten politischer Parteien und Institutionen. Als Instrument der öffentlichen Meinungsbildung und politischen Entscheidungsfindung, als Medium, das eine interaktive Bürgerbeteiligung in größerem Stil ermöglicht oder innovative Partizipationsformen zur Überwindung der Politikverdrossenheit realisiert, wurde das Internet in Deutschland bisher kaum genutzt.

So geht es bei BundOnline 2005[1] oder den E-Government-Vorhaben der Länder fast ausschließlich um die Bereitstellung von Verwaltungsdienstleistungen im WWW. Auch auf der Website von Deutschland-Online (www.deutschland-online.de), jenes Rahmenkonzeptes, das nach dem Motto „Einige-für-alle" die besten Internetanwendungen der Länder und Kommunen identifizieren und den anderen zur Verfügung stellen möchte, taucht der Begriff „elektronische Demokratie" bisher nicht auf.

Erste Erfahrungen mit internetbasierter Bürgerbeteiligung gibt es bisher fast nur auf kommunaler Ebene – mit überwiegend ernüchternden Resultaten. So sind netzgestützte Beteiligungsinstrumente und Verfahren bisher meist „sozial unausgewogen, zu wenig an den politischen Entscheidungsprozess angebunden und geben für die kommunale Planung nur begrenzt aufschlussreiche Informationen"[2].

---

1. Ziel dieser Initiative ist es, alle onlinefähigen Dienstleistungen der Bundesverwaltung bis 2005 elektronisch verfügbar zu machen
(vgl. http://www.bund.de/BundOnline-2005-6164.htm).
2. Holtkamp (2002, S. 49), vgl. auch Hoecker (2002)

Allerdings gibt es mittlerweile auch positive Erfahrungen mit internetbasierten Beteiligungsverfahren, wie beispielsweise mit der Online-Diskussion zum Thema „Wachsende Stadt"[3], die im Herbst 2002 in Hamburg durchgeführt worden ist und deren Verlauf und Ergebnisse im Folgenden vorgestellt werden sollen.

## 8.1 Hintergrund

Dass gerade Hamburg ein erfolgreiches Pilotprojekt im Bereich elektronischer Demokratie vorzuweisen hat, verdankt sich dem Umstand, dass an der Technischen Universität Hamburg-Harburg zwischen 1999 und 2003 das europäische Forschungs- und Entwicklungsprojekt DEMOS[4] initiiert und durchgeführt worden ist. Im DEMOS-Projekt sollte ein Softwaresystem und ein Verfahrensmodell für internetbasierte Bürgerbeteiligung entwickelt und evaluiert werden. Dem internationalen Projektteam gehörten u.a. die Städte Bologna und Hamburg an, deren Aufgabe es war, die Entwicklungsergebnisse unter realistischen Bedingungen zu erproben.

Nun zeigte Hamburg von Beginn ein ernsthaftes Interesse an diesem Projekt und war bereit, eine Online-Diskussion durchzuführen, an der sich potenziell alle Bürger beteiligen konnten und deren Ergebnisse auch politische Konsequenzen haben sollte[5]. In den vorbereitenden Diskussionen mit der Stadt, an denen Vertreter des Planungsstabes und der staatlichen Pressestelle (gehören beide zur Hamburger Senatskanzlei), der Finanzbehörde (zuständig für Hamburgs E-Government-Strategie) sowie des städtischen Internetportals hamburg.de beteiligt waren, konnte schnell ein geeignetes Thema identifiziert werden: Das zu diesem Zeitpunkt gerade fertig gestellte Leitbild „Metropole Hamburg – Wachsende Stadt".

---

3. Für eine detaillierte Darstellung vgl. Lührs et al. (2004)
4. DEMOS (Delphi Mediation Online System ) ist ein Forschungs- und Entwicklungsprojekt, an dem acht Organisationen aus vier europäischen Ländern beteiligt waren und das durch die EU im Programm „Information Society Technologies" (IST-1999-20530) gefördert wurde. Für weitere Informationen siehe: www.demos-project.org oder www.tutech/ik.
5. Zum Verlauf des Projekts aus Sicht der Hamburger Verwaltung vgl. Mitterhuber (2003).

Bei diesem Leitbild handelt es sich um einen Strategieentwurf, der nahezu alle Aspekte urbanen Lebens in der Hansestadt umfasst, und gleichzeitig eine mobilisierende Wirkung auf Bürger, Wirtschaft und gesellschaftliche Gruppen ausüben soll. Das Leitbild zielt dabei vor allem auf:

- Erhöhung der Einwohnerzahl
- Förderung des Wirtschafts- und Beschäftigungswachstums
- Erhöhung der Verfügbarkeit von Wohnbau- und Gewerbeflächen
- Steigerung der internationalen Attraktivität und Bekanntheit Hamburgs

Eine Einbeziehung der Öffentlichkeit war in dem Konzept von Beginn an vorgesehen. So heißt es in der entsprechenden Senatsdrucksache: „Die Einbeziehung vieler gesellschaftlicher Gruppen kann neue Anregungen und konkrete Vorschläge generieren, die im Rahmen der Umsetzungsstrategie der wachsenden Stadt aufgegriffen werden können. Idealerweise soll dieser breite Austauschprozess auch dazu führen, dass Teile der Gesellschaft unabhängig vom staatlichen Handeln Projekte initiieren, die zu einer wachsenden Stadt beitragen. Durch eine breite und selbstaktivierende Einbindung der Öffentlichkeit wird auch der Zusammenhalt der Stadt als ganzes gestärkt"[6]. Mit der Online-Diskussion wurde die geplante Beteiligung der Hamburger Öffentlichkeit an der Weiterentwicklung und Umsetzung des Leitbildes erstmals erprobt.

## 8.2 Die Online-Diskussion „Wachsende Stadt"

### 8.2.1 Konzeption der Plattform und Diskursmanagement

Der DEMOS-Ansatz umfasst ein Verfahrensmodell für internetbasierte Bürgerbeteiligung (Partizipationsmethodologie) und eine technische Plattform zur Durchführung von Online-Diskursen.

Die *Partizipationsmethodologie* begegnet den spezifischen Problemen, die sich im Bereich elektronischer Bürgerbeteiligung ergeben. So muss zunächst sichergestellt werden, dass sich potenzielle Teilnehmer motiviert fühlen, aktiv zu einer Online-Diskussion beizutragen. Im Erfolgsfall stellt

---

6. Freie und Hansestadt Hamburg (2002)

sich dann die Frage, wie mit den entsprechenden Diskussionsbeiträgen verfahren und die Übersichtlichkeit der Diskussion sichergestellt wird. Damit die Beteiligung in politischer Hinsicht anschlussfähig ist, muss darüber hinaus ein Ergebnis erzielt werden. Dies kann nur dann gelingen, wenn bereits der Diskussionsverlauf ergebnisorientiert angelegt ist und eventuell entstehende Konflikte so bearbeitet werden können, dass eine Ergebnisfindung nicht blockiert wird.

Zentrales Element der Partizipationsmethodologie ist der „DEMOS-Prozess". Er unterteilt den gesamten Diskussionsverlauf in drei zeitliche Abschnitte (Phasen), die unterschiedliche Ziele verfolgen (vgl. Hohberg/ Luehrs 2003): Erschließung der zentralen Diskussionsthemen (Phase 1), Vertiefung der Diskussion und Entwicklung von Problemlösungsstrategien (Phase 2) und Konsolidierung der Debatte (Phase 3). Die zentralen Ergebnisse der Diskussion werden in einem Abschluss-Dokument zusammenfasst und visualisiert. Ein DEMOS-Prozess fokussiert immer auf ein bestimmtes Thema, ist zeitlich begrenzt und als moderierter Diskurs angelegt.

Das *Softwaresystem* bildet den DEMOS-Prozess auf einer webbasierten Plattform ab und stellt die benötigten Funktionen zur Verfügung. Kernelement des Systems ist der Forenbereich, in dem die Diskussionsbeiträge der Teilnehmer angezeigt werden. Wie in den meisten Diskussionsforen werden die Beiträge in so genannten „Threads" organisiert, also im thematischen Zusammenhang aufeinander verweisender Beiträge. Im Unterschied zu üblichen Systemen unterstützt jedoch eine besondere Funktion die Fokussierung der Diskussion: Jeder neue Beitrag erscheint mit dem zugehörigen Thread zunächst an oberster Stelle der ersten Forenseite und rückt damit in den Mittelpunkt der Aufmerksamkeit. Im weiteren Verlauf entscheidet sich dann, ob diese Position aufrechterhalten werden kann. Nur wenn sich weitere Beiträge auf diesen Thread beziehen, bleibt er oben, andernfalls verdrängen ihn aktuellere Themen auf weniger prominente Seiten – bis sich aufs Neue ein Teilnehmer darauf bezieht. Durch die sich ständige verändernde Beitragsdarstellung wird eine hohe Diskussionsdynamik erzielt und auch visuell vermittelt.

Eine weitere Besonderheit des Systems ist die Aufteilung in einen öffentlichen und einen privaten Bereich. Im öffentlichen Bereich finden sich neben den Diskussionsforen Hintergrundinformationen zum Diskussionsthema

## Die Online-Diskussion „Wachsende Stadt"

(„Bibliothek") sowie eine redaktionell betreute Seite mit aktuellen Zusammenfassungen, Hinweisen für die Teilnehmer sowie Links zu den Umfragen. Der private Bereich („Personal Assistant") bietet den Teilnehmern bestimmte Funktionen, welche die Bedienung des Systems erleichtern und mit einer eher spielerischen Note versehen. So wird es den Nutzern beispielsweise ermöglicht, so genannte „Bookmarks" für Foren, Dokumente und oder andere Teilnehmer zu setzen, um eine personalisierte Navigation zu ermöglichen. Darüber hinaus können sich die Teilnehmer hier mit einem eigenen „Profil" vorstellen und systemintern Nachrichten mit anderen Teilnehmern austauschen.

### 8.2.2 Diskussionsverlauf und politische Einbindung

Bei der Einbindung von Online-Diskursen und ihren Ergebnissen in den politischen Prozess ist die Frage der demokratischen Legitimation besonders relevant. Einerseits hängt die Akzeptanz des Beteiligungsangebotes und damit die Beteilungsbreite und -tiefe entscheidend davon ab, ob eine Einbindung in den realweltlichen Entscheidungsprozess gegeben und so ein politischer Einfluss der Diskussion möglich ist. Andererseits sind nur gewählte Repräsentanten demokratisch legitimiert, politische Entscheidungen zu treffen. Eine Online-Diskussion kann nicht für Repräsentativität bürgen und findet außerhalb gesetzlicher Regelungen statt, wie sie beispielsweise für Bürgerbegehren bestehen.

Daraus resultiert ein Konflikt zwischen dem Ziel, möglichst viele aktive Teilnehmer zu gewinnen, und dem Interesse und Auftrag der Bürgerschaft und des Senats, politische Entscheidungen stellvertretend für alle Hamburgerinnen und Hamburger zu treffen. Dieser Widerspruch kann nicht prinzipiell aufgelöst, sondern nur pragmatisch berücksichtigt werden.

In Hamburg wurde diesem Zielkonflikt dadurch Rechnung getragen, dass der DEMOS-Prozess in Form eines Ideenwettbewerbs konzipiert wurde. Ziel dieses Wettbewerbs war es, möglichst viele konkrete und umsetzbare Vorschläge dafür zu entwickeln, wie die Attraktivität Hamburgs für Neu- und Altbürger verbessert werden kann. Eine vom Senat eingesetzte Jury sollte nach Abschluss der Diskussion fünf Ideen auswählen und zur Umsetzung empfehlen. Da der Erste Bürgermeister Ole von Beust öffentlich zugesagt hatte, sich für die Umsetzung der ausgewählten Ideen einzusetzen, war ein Einfluss der Diskussion auf die zukünftige Gestaltung der Stadt potenziell gegeben, ohne dass die gewählten Volksvertreter ihre politische Entscheidungs- und Steuerungskompetenz einschränken mussten. Um diesen Einfluss zu unterstreichen, hatten alle Teilnehmer, die an der Entwicklung der ausgewählten Ideen mitgewirkt hatten, bei einem gemeinsamen Essen mit dem Ersten Bürgermeister Gelegenheit, ihre Vorschläge zu präsentieren.

Da es eine Zielsetzung des DEMOS-Projekts war, möglichst viele Teilnehmer in die Online-Diskussion mit einzubeziehen, wurde der Öffentlichkeitsarbeit ein sehr hoher Stellenwert beigemessen. Hierfür wurden Medienpartnerschaften mit Hamburgs größter Tageszeitung und je einem privaten regionalen Rundfunk- und Fernsehsender geschlossen. Medienpartner war außerdem das Internetportal hamburg.de Darüber hinaus kamen auch verschiedene Werbeinstrumente zum Einsatz, wie beispielsweise Plakate und Flyer, um die öffentliche Aufmerksamkeit auf die Online-Diskussion zu lenken.

Die Diskussion wurde von vier Moderatoren betreut, die in wechselnden Tagesschichten und unterstützt von je einer Hilfskraft den Fortgang der Debatte begleiteten.[7] Die Hauptaufgabe der Moderatoren bestand darin, die Diskussion kontinuierlich zu strukturieren und zu bündeln sowie die Übersichtsichtlichkeit des Diskussionsverlaufs sicher zu stellen. Zu diesem Zweck wurden regelmäßig Zusammenfassungen erstellt und sich abzeichnende Ideen gemeinsam mit den Teilnehmern herausgearbeitet und weiterentwickelt.

Die Debatte war geprägt von einer konstruktiven und kreativen Atmosphäre, engagierten Teilnehmern und fokussierten Beiträgen. Zwar wurden sachlich durchaus unterschiedliche Positionen vertreten, die meisten Streitigkeiten konnten aber von den Teilnehmern selbst geschlichtet werden. Es gab überdies kaum persönliche Angriffe oder Beleidigungen, wie von anderen Internetdiskussionen berichtet wird[8], so dass auch kein Teilnehmer von der Diskussion ausgeschlossen werden musste.

---

7. Die Moderatoren waren Hans Hagedorn, Birgit Hohberg, Oliver Märker und Matthias Trénel.
8. Vgl. z.B. Bruckman (1994), Buchstein (1996)

Zwei angegliederte geschlossene Expertenforen[9], in denen einerseits Stadtplanungsexperten und andererseits Repräsentanten aller Fraktionen der Hamburger Bürgerschaft ausgewählte Aspekte des Leitbildes Wachsende Stadt diskutierten, versorgten die Diskussion mit zusätzlichen Impulsen. Während der vierwöchigen Diskussion schrieben 265 der insgesamt 538 registrierten Teilnehmer nahezu 4000 Einzelbeiträge. Die Anzahl der täglichen Beiträge lag zwischen 50 und 240. Selbst in der ersten Woche, als die Anzahl der aktiven Teilnehmer noch relativ klein war, wurden 1100 Beiträge eingestellt.

Was die von Holtkamp (2002) bei anderen Fallbeispielen beobachtete „soziale Unausgewogenheit" der Diskussionsteilnehmer anbelangt, können hier kaum Aussagen getroffen werden, da bei der anonymen Diskussion nur wenige soziodemographische Daten erhoben worden sind. Allerdings waren Frauen in der Diskussion mit ca. 21% deutlich unterrepräsentiert. Etwa 30 Prozent der Teilnehmer haben angegeben, Mitglied in einer organisierten Interessengemeinschaft oder Bürgerinitiative zu sein.

Darüber hinaus hat sich die Vermutung bestätigt, dass „jüngere Menschen durch den Einsatz neuer Informations- und Kommunikationsmedien an den politischen Prozess"[10] herangeführt werden können: In der Hamburger Online-Diskussion gehörten 15,7% der Teilnehmer der Altersgruppe zwischen 16 und 30 Jahren an, was dem demographischen Schnitt in der Hansestadt entspricht. Wie Haerpfer, Wallace und Spannring (2002) feststellen, sind gerade die Angehörigen dieser Altersgruppe von der traditionellen Politik gelangweilt und weniger bereit, sich politisch zu engagieren.

### 8.2.3 Diskussionsergebnisse und deren Umsetzung

Insgesamt wurden in der Diskussion 57 Ideen entwickelt und ausgearbeitet, aus denen die vom Senat eingesetzte Expertenjury fünf auswählen und zur Umsetzung empfehlen sollte. Die Experten konnten und wollten sich jedoch

---

9. Diese Foren sind nach dem Vorbild von Podiumsdiskussionen angelegt worden: Alle Interessenten konnten die Diskussion verfolgen, aber nur die eingeladenen Teilnehmer waren berechtigt, Diskussionsbeiträge einzustellen.
10. Gabriel (2001, S. 196)

nicht auf fünf Ideen beschränken und entschieden sich stattdessen für sieben Ideen, von denen zwei unter einer Überschrift zusammengefasst worden sind. Der Öffentlichkeit wurden somit die folgenden sechs Ideen als Gewinner des Wettbewerbs vorgestellt, an denen jeweils zwischen 2 bis 17 Personen mitgewirkt haben:

- Schwimmende Häuser

   Dieser Vorschlag zielt darauf ab, in Hamburg eine Wohnkultur auf dem Wasser zu etablieren, wie es sie in vergleichbarer Weise in Amsterdam oder Vancouver bereits gibt. Die aufgrund ihrer Konstruktionsmerkmale den baubehördlichen und nicht den schiffbaulichen Vorschriften entsprechenden schwimmenden Häuser stellen eine kostengünstige und reizvolle Alternative zum Häuserbau auf teuren Stadtgrundstücken dar und könnten insbesondere den Süden Hamburgs bereichern. Die Errichtung einer schwimmenden Wohnstadt oder eine Kombination aus Wohnen und Arbeiten mittels schwimmender Büroeinheiten, die sich je nach Kooperationsbedarf flexibel zusammenschieben lassen, könnte einen neuen Branchen- bzw. Industriezweig entstehen lassen.

- Channel-Citadelle Hamburg

   Unter dieser Überschrift wurden die Ideen *Harburgs Potenzial* und *Sportboothafen Harburg* zusammengelegt, die sich unter verschiedenen Aspekten mit der Entwicklung und Anbindung des großen, aber von zahlreichen sozialen Problemen geprägten Hamburger Stadtteils Harburg befasst haben. Insbesondere die Nähe zur Elbe wird als attraktiver und bisher kaum ausgenutzter Entwicklungsfaktor gesehen. Die Idee behandelt im Einzelnen die Fragen, wie Harburg eine positive Identität gewinnen und gleichzeitig besser in Hamburg integriert werden kann, schlägt den Ausbau potenzieller Attraktionen wie der Harburger Schlossinsel sowie die Entwicklung verschiedener Harburger Gebiete, insbesondere aber des Binnenhafens vor. Das Konzept zum Ausbau des Harburger Binnen- und Sportboothafens umfasst ein Service-Konzept, das sowohl für Urlauber die attraktiven Ziele im Großraum Hamburg in greifbare Nähe rücken lässt, als auch eine neue Phase innerstädtischer Hafenentwicklung einläuten würde.

## Die Online-Diskussion „Wachsende Stadt"

- Wohnen und Integration

  Bei dem Modellprojekt Stadthof handelt sich um ein Konzept einer Tageseinrichtung für Kinder, Jugendliche und Erwachsene, die körperlich oder geistig behindert sind oder aus anderen Gründen Unterstützung bei der Lebensführung benötigen. Das Besondere an diesem Konzept ist die gemeinsame Arbeit und Betreuung von Eltern und Kindern in einer Tageseinrichtung, die unter anderem auch ein Kulturcafé, einen Stadtteilservice, eine Kreativwerkstatt sowie eine Tierpension umfasst. Ein anderer Vorschlag behandelt die Integration von Menschen verschiedener Altersklassen, von der alle Seiten profitieren würden. Ältere Menschen könnten durch Kinderbetreuung überlasteten Eltern helfen und würden dadurch mehr soziale Kontakte gewinnen. Möglicherweise könnte das Problem fehlender Kindergartenplätze dadurch teilweise gelöst und eine stärkere Vermischung von Alt und Jung in den Stadtteilen gefördert werden.

- Gläserne Produktionsstätten

  Diese Idee zielt vor allem auf die Schaffung von Attraktionen, die zum einen Touristen anziehen und gleichzeitig auch den Freizeitwert Hamburgs erhöhen könnten. Es geht hier um die Darstellung offener Produktionsprozesse beispielsweise bei der Bierproduktion, dem Flugzeug- oder Schiffbau. Nach dem Vorbild der Dresdener Automanufaktur sollte in Hamburg eine gläserne Fabrik entstehen, bei der ganze Produktionsprozesse einzusehen sind. Neben dem Prestigegewinn für Hamburg sei besonders der Aspekt der Wissensvermittlung über die jeweilige Branche wichtig. Das Konzept umfasst bereits konkrete Realisierungs- und Finanzierungsvorschläge.

- Event- und Wohnbrücken

  Nach dem Vorbild der florentinischen Ponte Vecchio wird eine hanseatische Wohn- und Ladenbrücke vorgeschlagen, die als feste Verbindung beider Elbufer Wohnen und Leben auf der Brücke vereint – mit Wohnungen über dem Wasser, Läden, Wochenmarkt, zahlreichen internationalen Restaurants und einer in der Elbe liegenden Schwimmbadboje. Darüber hinaus wurde angeregt, das nördliche Elbufer (vom Holzhafen bis zur Speicherstadt) zu einer Promenade umzugestalten: schwimmende Flanierstege gekoppelt mit einem auf einem ausgelagerten Schwimmdock eingerichteten Schwimmbad – Glas an Glas mit einem Aquarium. Mit diesem „Entertainmentsteg" ließe sich zudem eine große Diskothek mit verschiedenen Bars, ein maritimes Museum und eine zum Hafen abgestufte Panoramaterrasse verbinden. Neben den genannten Vorschlägen umfasst das Konzept noch eine Reihe weiterer Ideen, wie Hamburg mehr aus seiner Lage am Wasser machen könnte.

- Neue Illuminations-Projekte

  Diese Idee beabsichtigt, Hamburgs nächtliche Ausstrahlung mit Hilfe verschiedener Illuminationsprojekte zu steigern, beispielsweise durch die kunstvolle Beleuchtung historischer Gebäude oder einer Laser-Lichtbrücke zwischen Hafencity und dem Harburger Channel Tower. Auch das Stadtzentrum, Jungfernstieg und HafenCity sowie der Fernsehturm oder die Kläranlage auf dem Köhlbrandthöft sollten durch Lichteffekte hervorgehoben werden, während für die Reeperbahn eine große Leuchtreklame bzw. Nachrichtenwand angedacht wurde, die an den Times Square oder Piccadilly-Circus erinnert.

Etwa fünfzehn Monate nachdem Ole von Beust die Gewinnerideen des Wettbewerbs der Öffentlichkeit vorgestellt hat, ist keine dieser Ideen vollständig umgesetzt worden. Allerdings wurde und wird doch ernsthaft daran gearbeitet. Die federführende Hamburger Senatskanzlei hatte zunächst die zuständigen Fachbehörden aufgefordert, die Realisierbarkeit der Ideen zu überprüfen und deren Umsetzung gegebenenfalls vorzubereiten. Dies scheint ein zeitaufwendiger Prozess gewesen zu sein, denn erst im Dezember 2003 hat sich die Senatskommission für Stadtentwicklung mit der Stellungnahme der Behörden befasst. Mit Datum vom 10.2.2004 wurden schließlich alle ausgezeichneten Teilnehmer brieflich über den Stand der Planung vom Ersten Bürgermeister informiert.

Dabei wurde zunächst deutlich, dass die Auswahl der Gewinnerideen nicht nur unter politikpragmatischen Kriterien getroffen worden ist. Die zuständigen Fachbehörden haben eine Reihe von Einwänden vorgetragen und einige Ideen als in absehbarer Zeit nicht realisierbar bewertet. Davon betroffen ist vor allem die internationale Großmarina in Harburg (Idee Channel-Citadelle Hamburg), „die sich nach Bewertung der Senatskommission in den nächsten

## Die Online-Diskussion „Wachsende Stadt"

Jahren nicht realisieren lassen wird"[11]. Allerdings wird darauf verwiesen, dass andere Aspekte dieser Idee „bereits in die beschlossene Rahmenkonzeption ‚Sprung über die Elbe' eingeflossen"[12] seien. Auch die Überlegungen zum Bau gläserner Produktionsstätten „besitzen zurzeit noch keine Umsetzungsreife"[13]. Event- und Wohnbrücken werden zwar als „zusätzliche Attraktion im Stadtbild"[14] gewürdigt, „allerdings sind für diese verschiedenen Arten von Eventbrücken private Investoren unerlässlich, da die Haushaltslage der Stadt eine öffentliche Förderung ausschließt"[15].

Bei einigen der anderen Ideen halten die Behörden weitere Prüfungen und Abstimmungen für notwendig, legen sich allerdings auf keinen Zeitplan fest. Dies betrifft vor allem Projekte, die unter der Idee „Integrationen und Wohnen" zusammengefasst wurden.

Neue Illuminations-Projekte werden in dem Bericht der Senatskommission zwar eine ganze Reihe aufgezählt und es wurde außerdem darauf verwiesen, dass die Behörden derzeit ein neues Beleuchtungskonzept erarbeiteten. Allerdings wurden die in der Idee aufgeführten konkreten Vorschläge dabei bisher nicht berücksichtigt. Es hat daher den Anschein, dass eine effektvollere Beleuchtung bestimmter Hamburger Gebäude ohnehin geplant war und die Umsetzung weitgehend unabhängig von dem Ideenwettbewerb Wachsende Stadt erfolgt.

Den größten Erfolg können die Entwickler der Idee „Schwimmende Häuser" verbuchen. Hier hat die Senatskommission beschlossen, 2005 ein Pilotprojekt Schwimmhaus-Quartier zu starten und hat zur Vorbereitung eine Behördenarbeitsgruppe eingerichtet. Es sollen außerdem eine Karte geeigneter Standorte, ein Genehmigungsleitfaden und eine Informationsbroschüre für Interessenten erstellt werden. Darüber hinaus ist eine Ausstellung geplant.

Der Sachbestandsbericht der Senatskommission befasst sich nur mit der behördlichen Umsetzung der Ideen und setzt sich nicht weiter mit den Ideen-

---

11. Ole von Beust 2004
12. siehe F.-Note 11
13. siehe F.-Note 11
14. siehe F.-Note 11
15. siehe F.-Note 11

gebern auseinander, die zum Teil ebenfalls an der Realisierung ihrer Vorschläge gearbeitet haben. So hat sich für die Idee der „Schwimmenden Häuser" inzwischen ein größeres Netzwerk gebildet, das aus Betreuern von Baugemeinschaften, Ingenieuren, Architekten, Stadtplanern und Künstlern besteht. Dieses Netzwerk hat konkrete Realisierungspläne entwickelt, Modelle gefertigt, beteiligt sich an Ausstellungen und verfügt über eine Website (www.schwimmendehaeuser.de).

Auch das „Modellprojekt Stadthof" (Integration und Wohnen), das von einer Beratungsstelle für die Integration geistig behinderter Menschen (Insel e.V.) vorgeschlagen worden ist, hat sich weiter um die Realisierung bemüht. So sind Kontakte zu Architekten und Stiftungen entstanden, die das Projekt unterstützen. Außerdem arbeitet Insel e.v. gemeinsam mit der Behörde für Soziales an einer Umsetzungsstrategie. Bis Ende 2004, so war zu erfahren, soll dieses Konzept fertiggestellt und mit der Realisierung des Modellprojekts begonnen werden.

## 8.3 Zusammenfassung und Ausblick

Zusammenfassend lässt sich feststellen, dass einige der in der Fachliteratur kritisierten Schwächen netzgestützter Bürgerbeteiligung durch das Hamburger Beispiel nicht bestätigt werden konnten. So ist es insbesondere gelungen, über einen Zeitraum von ca. vier Wochen eine lebhafte Diskussion mit kontinuierlicher Beteiligung zu ermöglichen, die zu konkreten Ergebnissen geführt hat. Auch wurde die Diskussion nicht von Konflikten blockiert und die Anbindung an den politischen Prozess konnte sicher gestellt werden. Es lassen sich darüber hinaus auch Bemühungen des Hamburger Senats nachweisen, die ausgewählten Ideen – zumindest teilweise – umzusetzen. Trotz dieser vergleichsweise positiven Erfahrungen hat Hamburg das Instrument internetgestützte Bürgerbeteiligung seither nicht wieder eingesetzt oder versucht, diese Beteiligungsform zu institutionalisieren. Während ein Großteil der Entwicklungs- und Realisierungskosten für die Online-Diskussion Wachsende Stadt von dem Projektkonsortium bzw. der Europäischen Kommission getragen worden sind, müssten Nachfolgeprojekte aus Haushaltsmitteln der Hansestadt finanziert werden. In Zeiten knapper Kassen könnte sich dies als erhebliche Hürde erweisen. So liefert das Hamburger Beispiel

## Zusammenfassung und Ausblick

bislang keine Argumente gegen Holtkamps Einschätzung, dass „auch in Zukunft kaum mit einer Expansion von qualitativ anspruchsvollen netzgestützten Beteiligungsverfahren zu rechnen"[16] sei.

**Literatur**

Bruckman, Amy S., 1994, Democracy in Cyberspace. Proceedings of the Conference on Directions and Implications of Advanced Computing (DIAC 94), Cambridge, MA, April 23-24.

Buchstein, Hubertus, 1996, Bittere Bytes. Cyberbürger und Demokratietheorie, Deutsche Zeitschrift für Philosophie 44/4: 583-607.

Freie und Hansestadt Hamburg, 2002, Leitbild: Metropole Hamburg – Wachsende Stadt. Senatsdrucksache vom 11.07.2002. Hamburg: Staatliche Pressestelle.

Gabriel, Oscar W., 2001, Neue Bürgerbeteiligung durch neue Medien? S. 182-201; in: BMWI (Hrsg.): Bürgerkommune im Netz. Tagungsband des zweiten Fachkongresses am 11./ 12.6.2001 in Esslingen, Berlin.

Haerpfer, Christian; Claire Wallace; Reingard Spannring, 2002, Young people and politics in Eastern and Western Europe. Vienna. Institute for Advanced Studies.

Hoecker, Beate, 2002, Mehr Demokratie via Internet? Die Potenziale der digitalen Technik auf dem empirischen Prüfstand, Aus Politik und Zeitgeschichte, B39-40: 37-45.

Hohberg, Birgit; Rolf Lührs, 2003, Offline Online Inline. Zur Strukturierung Internetvermittelter Diskurse. S. 327-348; in: Oliver Märker und Matthias Trenel (eds.): Online-Mediation. Neue Medien in der Konfliktvermittlung – mit Beispielen aus Politik und Wirtschaft. Edition Sigma, Berlin.

Holtkamp, Lars 2002, E-Democracy in deutschen Kommunen – Eine kritische Bestandsaufnahme, Technikfolgenabschätzung, Nr. 3 / 4, 11.Jahrgang, S. 49-58

---

16. Holtkamp (2002, S. 56)

Lührs, Rolf; Seffen Albrecht; Birgit Hohberg; Maren Lübcke, 2004: Online Diskurse als Instrument politischer Partizipation – Evaluation der Hamburger Internetdiskussion zum Leitbild „Wachsende Stadt"; kommunikation@gesellschaft, Jg. 5.

Mitterhuber, Renate, 2003, Hamburgs Bürger entwickeln im Internet Ideen für die wachsende Stadt. Erfahrungen mit E-Partizipation im Jahr 2002. S. 69-76; in: Österreichische Computergesellschaft (Hrsg.), Sammelband „E-Democracy: Technologie, Recht und Politik", Graz.

von Beust, Ole, 2004, Schriftliche Stellungnahme (10.2.2004) von Hamburgs Ersten Bürgermeister zum Umsetzungstand der prämierten Ideen aus dem DEMOS-Ideenwettbewerb Wachsende Stadt.

# 9 E-Government – Chancen und Impulse für die regionale Entwicklung

von
Dr. Martin Hube[1]

Lassen sich mich zunächst erläutern, warum das Ministerium für Inneres und Sport zum Thema E-Government das Wort ergreift. Wir alle wissen, dass sich die Informations- und Kommunikationstechnik rasant entwickelt. Die Informations- und Kommunikationstechnik, insbesondere die Internet-Technik, wird zu einem weiteren, grundlegenden Wandel der Gesellschaft führen. Auch in der öffentlichen Verwaltung als Teil der Gesellschaft wird es zu radikalen Änderungen kommen: Electronic Government wird in vielen Bereichen zur Realität werden. Dabei verstehe ich unter E-Government, allgemein die Abwicklung von Verwaltungsprozessen mit Hilfe von Informations- und Kommunikationstechniken über elektronische Medien. Zu E-Government gehören sowohl die elektronische Kommunikation mit Unternehmen, Bürgerinnen und Bürgern, als auch die Informationsverarbeitung und Kommunikation innerhalb der öffentlichen Verwaltung selbst. Diese Definition macht deutlich, dass die Einführung von E-Government nahezu alle Bereiche der Verwaltung verändern wird. E-Government ist damit ein wichtiger Bestandteil der Verwaltungsreform. Das Ministerium für Inneres und Sport ist in Niedersachsen der „Verwaltungsreform-Ministerium" und daher sozusagen auch der federführende „E-Government-Ministerium". Zudem ist das Ministerium für Inneres und Sport zuständig für das

---

1. Niedersächsisches Ministerium für Inneres und Sport. Der Beitrag basiert auf einen Vortrag, der anlässlich der E-Government-Tagung des Instituts für E-Business am 15.05.2003 in Salzgitter gehalten wurde.

9 – E-Government – Chancen und Impulse für die regionale Entwicklung

Verwaltungsverfahrensrecht und für Kommunalangelegenheiten. Auch aus diesen Aspekten ergeben sich wichtige Anknüpfungen zu E-Government. Sie sehen also, ich stehe hier aus gutem Grund.

**Was erwarte ich von der Einführung des E-Government?**

Mit der Entwicklung zum E-Government sind aus meiner Sicht große Chancen verbunden:

- E-Government bietet viele Möglichkeiten für mehr Bürgerorientierung. Wirtschaft, Bürgerinnen und Bürger können sich – wenn man es richtig macht – umfassender informieren. Vorgänge in der Verwaltung werden transparenter. Behördengänge können reduziert werden und die Erreichbarkeit von Behörden lässt sich steigern.

- Zugleich bringt E-Government viele Rationalisierungseffekte mit sich, weil Vorgänge schneller und weniger aufwändig abgewickelt werden können.

- E-Government bietet Chancen gerade für den ländlichen Raum – für ein Flächenland wie Niedersachsen ein wichtiger Aspekt. Die Bedeutung von Entfernungen für Bürgerinnen und Bürger, aber auch für Unternehmen auf der einen und den Bearbeiterinnen und Bearbeitern auf der Verwaltungsseite sinkt. Erschwernisse, denen sich bislang gerade die Bewohner ländlicher Gebiete und dort ansässige Firmen ausgesetzt sehen, weil sie Behörden schlechter erreichen können, werden durch E-Government abgebaut.

Allerdings vollzieht sich der Wandel der Verwaltung zum E-Government nicht von selbst.

Der Umbau erfordert umfangreiche Investitionen und die Bereitschaft, Risiken einzugehen und sich mit noch unbekannten Verfahren zu beschäftigen.

- Gleichzeitig sind Sicherheitsbedingungen für die Verwaltungen festzulegen und die nötigen Sicherheitslücken zu schließen. Denn die Nutzung des weltweit offenen Internets kann natürlich auch ein Sicherheitsrisiko darstellen.

- Die konsequente Einführung von E-Government wird im Übrigen tief greifende Auswirkungen auf die Arbeitsprozesse und Organisationsstrukturen der öffentlichen Verwaltungen haben. Deshalb ist für die Um-

setzung auch ein breitangelegter Umbau der Organisation der Verwaltung notwendig.
- Für die Realisierung von E-Government sind daneben die notwendigen rechtlichen Voraussetzungen zu schaffen.
- Und die Einführung von E-Government erfordert nicht zuletzt ein Umdenken in Verwaltung und Gesellschaft.

Eine der zentralen Aufgaben dieser Jahre in der öffentlichen Verwaltung besteht angesichts der dargestellten Herausforderungen darin, den erforderlichen Mut und die erforderliche Kraft aufzubringen, um diese Aufgaben zu bewältigen.

## Wo steht Niedersachsen in diesem Prozess?

Die öffentlichen Verwaltungen in Niedersachen haben in den letzten Jahren erhebliche Anstrengungen unternommen, IT-Systeme in allen hierfür geeigneten Bereichen zu vernetzen sowie Kommunikationsinfrastrukturen zu entwickeln. Sie haben die Vollausstattung der Büroarbeitsplätze nahezu erreicht – mit zurzeit insgesamt über 55.000 IT-unterstützten Arbeitsplätzen in der Landesverwaltung und ungefähr derselben Anzahl im kommunalen Bereich.

Fast alle Dienststellen der Landesverwaltung sind an ein zukunftsfähiges, breitbandiges Landeskommunikationsnetz angeschlossen. Nahezu alle Dienststellen des Landes und der Kommunen haben die Möglichkeit, Daten über das Internet auszutauschen. Damit verfügen die Verwaltungen über die technischen Voraussetzungen für eine elektronische Kommunikation von der kommunalen bis zur europäischen Ebene.

Dies ist die Basis für eine umfassende elektronische Kommunikation der Niedersächsischen Verwaltung mit Bürgerinnen und Bürgern, Unternehmen und anderen Organisatoren. In den drei Teilbereichen des E-Government, Information, Kommunikation und Transaktion sind die ersten Schritte bereits eingeleitet:

- Der Bereich Information, also das elektronische Informationsangebot im Internet für Bürgerinnen und Bürger, ist am weitesten fortgeschritten. Nahezu alle öffentlichen Stellen sind im Internet präsent, in den meisten Fällen nicht nur mit kurzen Darstellungen, sondern mit wichtigen Infor-

## 9 – E-Government – Chancen und Impulse für die regionale Entwicklung

mationen für die Bürgerinnen und Bürger. Außerdem bietet Niedersachsen Portale an, über die Internet-Nutzer einen schnellen und komfortablen Zugang zu den virtuellen Verwaltungen finden. Hierzu gehört niedersachsen.de, das einen übersichtlichen Zugang zu den elektronischen Informationsangeboten der Landesregierung bietet und umfassend überarbeitet wurde. Die Kommunen haben aufgrund ihres direkten Kontakts mit den Bürgerinnen und Bürgern schon zahlreiche Angebote im Rahmen ihrer Internetpräsenzen entwickelt.

- Im Rahmen der elektronischen Kommunikation mit Bürgerinnen und Bürgern ist es nahezu selbstverständlich, dass die niedersächsischen Verwaltungen auch per E-Mail erreichbar sind. Das Download-Angebot von Formularen und Broschüren wächst ständig.

- Den wichtigsten Schritt in die Zukunft des E-Government stellt der Bereich der Transaktionen dar, der rechtsverbindliche elektronische Austausch von Dokumenten. Die Entwicklung dieses Bereichs steht noch überall am Anfang. Dies liegt zum Teil an den noch fehlenden rechtlichen Voraussetzungen. Dort, wo die Schriftlichkeit gesetzlich vorgeschrieben ist, kann nicht ohne weiteres auf elektronische Verfahren übergegangen werden. Dies liegt aber auch daran, dass Transaktionen aufwändig einzuführen sind und besondere Risiken mit sich bringen. Niedersachsen hat hier jedoch eine gute Ausgangslage:

    - Seit geraumer Zeit sind die elektronische Signatur und die chipkartenbasierte elektronische Authentifizierung in der Landesverwaltung im Einsatz (ca. 750 Dienststellen mit rd. 1.600 Standorten und 15.000 Landesbediensteten). Der Einsatz dieser Technik im E-Mail-Verkehr fest eingeplant.

    - Die Niedersächsische Landesregierung hat bereits 1997 die Multimedia-Initiative Niedersachsen mit fast 100 Projekten vor allem in den Bereichen Bildung, Medizin, Verkehr, Kultur, Wissenschaft, Telekooperation, Televerwaltung und Onlinedienste ins Leben gerufen. In einer Fortführung der Multimediainitiative werden weitere Projekte, insbesondere im Bereich E-Government, E-Commerce, Bildung, Wissenschaft und Kultur gefördert.

    - Das Land entwickelt zurzeit über die im Rahmen von strategischen Partnerschaften fortzuführenden Multimedia-Aktivitäten hinaus zahlreiche weitere E-Government-Pilotprojekte, um in diesen neue

Strukturen weiter zu erproben und die Basis für eine systematische Einführung von E-Government in allen Bereichen der öffentlichen Verwaltung zu verwirklichen.

Diese Beispiele zeigen, dass wichtige Voraussetzungen für E-Government in Niedersachsen bereits vorhanden sind. Hierauf bauen wir auf. Der Umbau der Landesverwaltung zu einem E-Government ist aber ein komplexer, dynamischer Prozess, der nur durch die parallele Schaffung der technischen, organisatorischen und rechtlichen Rahmenbedingungen und die Erprobung in geeigneten Fachbereichen in absehbarer Zeit zum Erfolg führen kann. Zu den technischen Voraussetzungen gehört die Schaffung bzw. Weiterentwicklung eines Internet- und Intranet-Portals des Landes, die weitere Einführung von elektronischen Signaturen, die Implementierung von elektronischen Bezahlverfahren, Dokumentenmanagementsystemen und einer Langzeitarchivierung.

E-Government-Lösungen dürfen nicht darauf gerichtet sein, bestehende Verfahren unverändert elektronisch abzubilden. Vielmehr müssen bei der Einführung durch eine optimierte Prozessgestaltung die Möglichkeiten genutzt werden, Verwaltungsprozesse bürgerfreundlicher und effizienter zu gestalten. Möglichkeiten ergeben sich insbesondere aus den technischen Aspekten von E-Government-Lösungen. So lassen sich Anträge automatisch prüfen, Vorgänge können parallel von verschiedenen Personen an unterschiedlichen Orten bearbeitet werden, Informationen lassen sich sofort und gezielt abrufen, Verwaltungsakte können ohne Zeitverzögerung zugestellt werden. Aber auch allein durch die Tatsache, dass bei der E-Government-Einführung Verwaltungsverfahren neu gestaltet werden, ergibt sich die Chance, diese nach modernen Richtlinien zu organisieren, dienstleistungsorientiert auszurichten und zu verschlanken. Diese Chancen wollen und müssen wir nutzen.

Der Kontakt von Bürgerinnen und Bürgern zur Verwaltung findet zum überwiegenden Teil im kommunalen Bereich statt. Deshalb ist für die Einführung von E-Government eine enge Kooperation zwischen den Aktivitäten des Landes und der Kommunen erforderlich, die über die kommunalen Spitzenverbände koordiniert wird.

## 9 – E-Government – Chancen und Impulse für die regionale Entwicklung

Kooperationen des Landes sind auch mit dem Bund, den anderen Bundesländern, insbesondere Bremen, und europäischen Institutionen notwendig. Hierbei ist der Einsatz gleicher oder zumindest interoperabler E-Government-Techniken anzustreben. Wichtigste Kooperation ist die gemeinsame Initiative „Deutschland-Online" von Bund, Ländern und Kommunen, bei der zahlreiche wichtige E-Government-Verfahren nach dem Prinzip „einige für alle" entwickelt werden.

Eine wichtige Grundlage für die gesamte Multimedia-Politik der Landesregierung und damit auch für die Einführung von E-Government-Lösungen stellen auch strategische Kooperationen mit Unternehmen dar. Die Landesregierung hat mit Wirtschaftsunternehmen der IT-Branche , z.b. der Deutschen Telekom AG, Cisco Systems, Microsoft Deutschland GmbH Kooperationsrahmenvereinbarungen abgeschlossen. Gemeinsames Ziel ist es, die Entwicklung und den Einsatz eines effizienten E-Government in Niedersachsen nachhaltig zu unterstützen. Dazu werden im Rahmen dieses strategischen Multimedia-Schwerpunktes zahlreiche Pilotprojekte realisiert.

Ich möchte auch darauf hinweisen, dass mit E-Government nicht nur Chancen, sondern auch Risiken verbunden sind, z.b. in den Bereichen des Datenschutzes, der Mitarbeiterrechte oder der Verfügbarkeit von ausnahmslos elektronisch gespeicherten Dokumenten. Auch im sozialen Bereich können Gefahren auftreten, etwa durch ungleiche Zugriffsmöglichkeiten von verschiedenen Bevölkerungsgruppen auf die elektronischen Medien oder durch soziale Isolation bei Telearbeit.

Diese Gefahren lassen sich durchaus beherrschen, wenn sie z.b. durch Technikfolgenabschätzungen rechtzeitig gesehen und Gegenmaßnahmen ergriffen werden. Zu den möglichen Gegenmaßnahmen gehören Datensparsamkeit, Datensicherungsmaßnahmen, Schulung und Fortbildung, Einrichtung von Bürgerbüros oder die Integration von Telearbeit in die Geschäftsprozesse und die Behördenorganisation. Wo dies nicht ausreicht, müssen die rechtlichen Rahmenbedingungen neu geschaffen werden.

Die Niedersächsische Landesregierung hat im Mai 2001 beschlossen, die niedersächsische Verwaltung zu einem leistungsfähigen E-Government fortzuentwickeln. Sie verknüpft diesen Schritt mit den Zielen, die nieder-

## Beispiel Niedersachsen

sächsische Verwaltung insgesamt kunden- und bürgernäher auszurichten, die Wirtschaftlichkeit der Verwaltung weiter zu erhöhen und den Multimedia-Standort Niedersachsen zu stärken. Der Einführung von E-Government-Anwendungen wurde eine dreijährige Erprobungsphase mit Pilotprojekten vorangestellt. Nach dieser Phase sollen E-Government-Verfahren in allen hierfür geeigneten Bereichen systematisch eingeführt werden.

In der dreijährigen Pilotphase werden bis 2004 in Projekten verschiedener Verwaltungsbereiche Erfahrungen mit ganzheitlichen E-Government-Lösungen gewonnen, Weichenstellungen für technische und organisatorische Entscheidungen getroffen sowie Wirtschaft und privaten Haushalten elektronische Bürgerdienste angeboten werden, um die Bereitschaft zur Nutzung dieser Angebote festzustellen und zu fördern.

Für die Projekte der Pilotphase gelten insbesondere folgende Kriterien:

- Die Pilotprojekte sollen Modellcharakter haben.
- Sie müssen mit vertretbarem zeitlichen, technischen, organisatorischen, rechtlichen (gesetzgeberischen) und finanziellen Aufwand realisierbar sein.
- Die Nutzung elektronischer Medien soll auf freiwilliger Basis erfolgen, d.h. die Projekte müssen aufgrund einer möglichst baldigen Gewinnsituation für die Beteiligten attraktiv sein.
- Die Projekte müssen nach derzeitiger Planung bei Einführung in der Landesverwaltung wirtschaftlich sein.

Derzeit werden zahlreiche Pilotprojekte konzipiert und umgesetzt. Mit Hilfe dieser Pilotprojekte soll es bald möglich sein,

- dass Rechtsanwälte ihre Kommunikation mit Gerichten,
- dass Firmen Genehmigungen bei den zuständigen Behörden,
- dass Versandhändler Auskünfte aus den Melderegistern,
- und dass Unternehmen Förderanträge bei den Bezirksregierungenrechtssicher, vertraulich und schnell über das Internet abwickeln können.

Viele der von mir aufgeführten Punkte sind in einem Niedersächsischen E-Government-Leitfaden aufgeführt und näher erläutert. Sie finden diesen Leitfaden im Internetportal niedersachsen.de unter Politik & Staat/Moderner Staat.

## 9 – E-Government – Chancen und Impulse für die regionale Entwicklung

Wie schon erwähnt werden diese Vorhaben in enger Kooperation mit dem kommunalen Bereich durchgeführt. Dies trägt dazu bei, dass die verschiedenen Regionen in Niedersachsen in die Gesamtentwicklung des Landes mit einbezogen werden. Daneben gibt es zahlreiche Fortschritte zum E-Government in den Kommunen selbst. Für eine optimale Entwicklung müssen wir für eine möglichst koordiniert Entwicklung aller Bereiche sorgen. Das bedeutet, dass wir

- für gleiche Standards,
- gemeinsam genutzte Infrastrukturen und
- gemeinsame Projekte

eintreten müssen.

Gemeinsame Standards müssen teilweise erst entwickelt werden. Hierzu zählen das im Rahmen des Projektes media@komm erstellte OSCI-Protokoll und verschiedene XML-Standards. Von besonderer Bedeutung ist die Entwicklung von XMeld als XML-Standard für den Datenaustausch zwischen Meldebehörden. Niedersachsen nimmt hierbei durch das Leitprojekt „MOIN" eine Vorreiterrolle ein. Zu einer Vereinheitlichung werden auch die Aktivitäten im Rahmen des Signaturbündnisses des Bundes (mit niedersächsischer Beteiligung) und das Signaturbündnis Niedersachsen führen.

Wir sollten auch dafür sorgen, dass wir nicht unnötige parallele Netzinfrastrukturen in Niedersachsen aufbauen. Das Land besitzt mit seinem izn-net ein gut ausgebautes und modernes Landesdatennetz, von dem auch die Kommunen profitieren können. Dem Wunsch vieler kommunalen Einrichtungen nach Anschluss an dieses Netz kommen wir gerne nach. Beim weiteren Aufbau der Netzinfrastruktur wird sich auch die Frage stellen, ob der Betrieb wichtiger E-Government-Komponenten nicht am kostengünstigsten zentral erfolgen sollte, etwa der Betrieb eines zentralen Formularservers oder die Einrichtung einer virtuellen Poststelle. Von kommunalen Vertretern wird auch der Aufbau eines gemeinsamen Vorschrifteninformationssystem immer wieder gefordert.

Tatsächlich gibt es bereits verschiedene E-Government-Projekte, die in Abstimmung zwischen Land und Kommunen erfolgen. Hierzu zählt z.B. das bereits erwähnte Projekt MOIN, das in Kooperation zwischen Land und Kommunen realisiert wird. An diesem Projekt sind die drei niedersächsischen Spitzenverbände, 14 Kommunen und sechs kommunale Datenzentralen beteiligt. Ziel ist es, dass Meldeauskünfte, An- und Ummeldungen elektronisch durchgeführt werden können. Das Projekt soll aber nur der erste Baustein für ein umfassendes Bündel von E-Government-Transaktionen im kommunalen Bereich sein. Ein weiteres wichtiges Projekt ist das E-Government-Leitprojekt der Metropolregion Hamburg, das den Aufbau eines Behördenintranets zum Ziel hat. Auf diese Weise soll es möglich sein, dass Bürgerinnen und Bürger der Region unabhängig von der Zuständigkeit in den Behörden die gewünschten Dienstleistungen erhalten. Von besonderer Bedeutung ist auch das Projekt SiNiKom, in dem der sichere E-Mail-Verkehr mit Hilfe qualifizierter elektronischer Signaturen erprobt wird. An diesem Projekt sind das Land Niedersachsen, die kommunalen Spitzenverbände, die Städte Wunstorf, Nordhorn, Garbsen, Melle sowie der Landkreis Schaumburg beteiligt. Das Land rüstet die beteiligten Kommunen und deren externe Kommunikationspartner mit Chipkarten, Chipkartenlesegeräten und Software-Lizenzen für ca. 1200 Arbeitsplätze aus. Die Kommunen identifizieren die geeigneten Verwaltungsverfahren, in denen der sichere E-Mail-Verkehr zum Einsatz kommen soll.

Ich hoffe, es ist deutlich geworden, dass E-Government für die Kommunen und das Land Niedersachsen, insbesondere für das Innenministerium eine hohe Bedeutung besitzt, aber auch, wie groß das Maß an Kraft und Aufwand ist, um die anstehenden Aufgaben zu bewältigen. Es sollte auch deutlich geworden sein, dass wir trotz oder auch gerade wegen der leeren Kassen in der öffentlichen Verwaltung diesen Teil der Verwaltung fortführen müssen und fortführen werden und dass wir hierbei auf einem guten Weg sind.

# 10 „Risikominimierung" durch externes Projektcontrolling (EPC)

von
Volker Wehmeier und Christoph Dyck

Große IT-Projekte öffentlicher Auftraggeber, wie beispielsweise umfassende E-Government-Vorhaben genießen heutzutage eine hohe Aufmerksamkeit in der Öffentlichkeit und stehen gleichermaßen unter hohem Termin- und Erfolgsdruck. Projektleiter verantworten zwar das Ergebnis ihrer Arbeit, sind aber durch die Einbindung in das Tagesgeschäft oft nicht in der Lage, alle Einzelheiten eines Projektes im Hinblick auf Budget, Fortschritt und Ergebnisqualität einzuschätzen. Um dennoch den Überblick zu behalten, setzt sich in der Praxis in komplexen Projekten der Einsatz des EPC (Externes Projektcontrolling) durch.

EPC ist ein indikatorbasierendes Steuerungsinstrument, das die Gesamtprojektkoordination eines Auftraggebers unterstützt. Je größer das Projektvolumen, je länger die Projektzyklen und je komplexer die Aufgabenstellung, desto notwendiger wird der Einsatz flankierender Steuerung. In der Regel bedient man sich innerhalb des EPC einer externen und objektiven Instanz, die zugleich über Aufgabenkompetenz, nicht aber über überschneidende Interessen verfügt. EPC stellt die Transparenz und Objektivität in der Beurteilung des Projektstatus sicher. Hierzu bedient es sich einer Methode, sich auf bestimmte, zentrale ICs („Items to be controlled") eines Projektes zu konzentrieren. Die Ziele des EPC sind die Unterstützung des Gesamtprojekt- oder Programmmanagements sowie des Projektlenkungsausschusses bei der Planung, Überwachung und Steuerung des zu steuernden IT-Projektes. ICs können sowohl Teilprojekte, Teilprojektschritte, IT-Komponenten oder aber zu erbringende Projektleistungen sein.

EPC stellt eine neutrale externe Drittinstanz gegenüber der internen Gesamtprojektkoordination dar. Betriebsblindheit der eigenen Projektmitglieder, die in Fehlentscheidungen münden, können so vermieden werden. Stattdessen paart sich externe Methodenkompetenz mit internem Know-how und

# 10 – „Risikominimierung" durch externes Projektcontrolling (EPC)

einer Projektübergreifenden Sichtweise. Diese Methode kann im Bereich öffentlicher Auftraggeber auch gut neben gängigen Methoden wie dem V-Modell genutzt werden. Die vorliegende Ausarbeitung gibt einen kurzen Abriss über das Vorgehen und die Methodik des EPC. Selbstverständlich stellt in der Praxis jedes Projekt eigene Herausforderungen. So muss über Umfang und Ausmaß der Nutzung des EPC abhängig von der Größe und den Zielen des Projektes individuell entschieden werden.

Das Aufsetzen eines EPC beginnt in einem Kick-Off mit dem EPC-Projektteam und anschließender Sichtung der Systematik der internen Gesamtprojektplanung. Der derzeitige Projektstatus – falls das Projekt bereits aufgesetzt ist – wird analysiert und mit Blick hierauf das Projektkonzept entwickelt bzw. vorhandene Konzepte validiert. Das EPC-Kennzahlensystem wird, wie auch die Definition der „items to be controlled", im Einvernehmen mit dem internen und externen Projektteam erstellt. Darüber hinaus werden im Risikocontrollingkonzept EPC-Risikogrenzen definiert. Diese gesamte Struktur wird anschließend in ein Controlling-Handbuch überführt und verabschiedet.

Das EPC wurde zur Risikominimierung von der ESG Elektroniksystem- und Logistik-GmbH bereits in einer Vielzahl von Großprojekten zum Einsatz gebracht. Durch das EPC erfolgt die Sicherstellung der Projekte im definierten Budget- und Zeitrahmen. Die Anzahl der im Projekt ausgetauschten Mitarbeiter bleibt gering und Risiken werden zu frühen Zeitpunkten adressiert. Auch im Auftraggeber-/Auftragnehmerverhältnis aber auch im Bezug auf Dritte beugt das EPC Unstimmigkeiten durch eine objektive Dokumentation vor.

## 10.1 Kernaufgaben des EPC

Die Nutzung des EPC bringt verschiedene Vorteile. Eine externe Instanz schafft Neutralität, ermöglicht objektive Transparenz und sorgt für eine Form von Projektdisziplin, die abseits interner Streitigkeiten und Reibungsverluste liegt.

- Die Beurteilung des Projektstatus und des Projektfortschritts sind wichtige Bestandteile des EPC. Hier ist neben der Terminsicht auch die Risikosicht mit der Abschätzung der Eintrittswahrscheinlichkeiten von großer Bedeutung.

## Kernaufgaben des EPC

- Können mögliche Abweichungen vom Projektplan vorhergesehen werden bzw. sind drohende Risiken absehbar, so sind bereits im Vorfeld zu ergreifende Maßnahmen zur Behebung der kritischen Situation zu definieren. Die Beschreibung hat insbesondere die Auswirkungen auf Zeit, Kosten und Qualität zu bewerten.
- Die Aktivitäten in der Berichtsperiode werden vollständig und kompakt beschrieben. Hierzu gehört neben der Beschreibung aktueller Aktivitäten auch ein Ausblick über die geplanten Aktivitäten der nächsten Berichtsperiode.
- Auch die Darstellung der Projektkostensituation sowie die Angabe eventuell entstehender Kostenabweichungen ist wichtiger Bestandteil des EPC.

### 10.1.1 Notwendige Verhaltensregeln für ein erfolgreiches EPC

Für eine erfolgreiche Arbeit des EPC sind feste Verhaltensregeln für alle Beteiligten unabdingbar. Werden diese Verhaltensregeln eingehalten, ergibt sich hieraus automatisch eine bessere Projektdisziplin. Diese Verhaltensregeln enthalten Rechte und Pflichten sowohl für die Auftraggeberseite wie auch für das Externe Projektcontrolling. Die Regeln können wie folgt aussehen:

1. Der Auftragnehmer hat seiner Reportingpflicht unmittelbar nachzukommen.
2. Die Projektleitung stellt dem EPC unmittelbar alle definierten Informationen bzw. Reports zur Verfügung, die sie selbst erhält (Informationsspiegelung).
3. Reports bzw. Inhalte von Reports werden grundsätzlich von der Instanz in der Projektorganisation erstellt und verantwortet, die für das IC direkt verantwortlich ist. Diese Instanz kann von der Projektleitung zwecks Auskunftserteilung befragt werden.
4. Die EPC-Controlling-Aktivitäten mit allen durchzuführenden Maßnahmen orientieren sich am Projektplan.
5. Es wird für das EPC eine Informationsaggregationsebene festgelegt, auf der das EPC tätig wird.
6. Sobald etwaige Risiken identifiziert werden, gilt eine außerordentliche Informationspflicht an das EPC (Risikofrühwarnung).

7. Sind Inhalte von Reports aus Sicht des EPC nicht ausreichend, wird der Report mit der Bitte um Vervollständigung an die Projektleitung zurückverwiesen.

## 10.1.2 Input-Output-Modell des EPC

Das EPC begutachtet den Projektstatus des Projektes und dokumentiert diesen in entsprechenden Berichten bzw. Reports. Dabei stützt es sich auf die im Projekt vorhandenen Informationen.

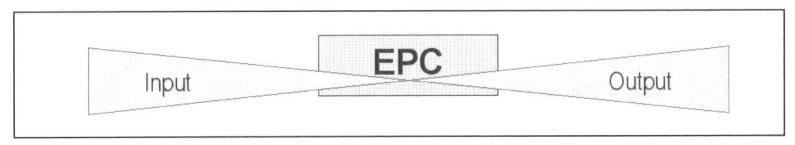

Abb. 10.1: Das EPC-Input-Output-Modell

Der Input für das EPC setzt sich hierbei im Wesentlichen aus folgenden Dokumenten zusammen. Sollte sich jedoch ein Bedarf nach weiteren, zu definierenden Informationen bzw. Dokumenten während des Projektes ergeben, so wird die Aufstellung entsprechend erweitert.

- Aggregierte wöchentliche Statusberichte der Teilprojekte mit allen wesentlichen Eckdaten (Budget, Zeit, Risikoabschätzung u.a.)
- Masterprojektplan inkl. Projektterminplan (inkl. Terminpläne einzelner Teilprojekte)
- Listen laut der jeweiligen Projektmanagement- und Programmhandbücher
- Auszug aus den Protokollen des Projektlenkungsausschusses
- Projekt-Kostenabrechnungen
- Alle Ausarbeitungen der Auftragnehmer (der einzelnen Teilprojekte) inkl. Befundlisten
- „Risiken-Liste" des Projekts
- „Offene-Punkte-Liste" des Projekts
- „Änderungen-Liste" des Projekts
- „Entscheidungen-Liste" des Projekts
- „Aktionen-Liste" des Projekts

## Kernaufgaben des EPC

Als Output ergeben sich folgende Berichte bzw. Reports:
- Ausführliche Status-Berichte des EPC an den Projektlenkungsausschuss
- Management-Berichte an hochrangige verantwortliche Auftraggeberstellen

Die Berichte werden in der Regel monatlich erstellt. Zusätzlich werden Zusammenfassungen über den Status pro Quartal erstellt und verteilt.

### 10.1.3 Der EPC-Prozess

Das EPC folgt einem klar strukturierten Prozess, der in fünf Schritten abläuft:

| Informations-beschaffung | Informations-dokumentation | Informations-bewertung | Kommentierung | Reporting |
|---|---|---|---|---|
| • Bringschuld AN<br>• Eingangsprüfung<br>　•Vollständigkeit<br>　•Rechtzeitigkeit<br>　•Inhaltlicher und struktureller Informationsgehalt<br>• Gegebenenfalls Rückverweis und Neuanforderung | • Ablage laut Projektverzeichnis | • Überprüfung des Projektfortschritts anhand von Kennzahlen im Hinblick auf Zeit, Kosten, Qualität<br>• Wechselwirkungsanalyse mit anderen ICs | • EPC-interne Kommentierung<br>• Gegebenenfalls Rückfragen Projektmanagement<br>• Gegebenenfalls Rückfragen an Teil-Projektverantwortliche<br>• Erarbeitung von Empfehlungen zu Stellungnahmen und Gegenmaßnahmen, etc. | • Konsolidierung der EPC-Ergebnisse und zielgruppengerechte Aufbereitung<br>• Definierte regelmäßige Berichte<br>• Gegebenenfalls Ad-hoc-Informationen in Ausnahmesituationen<br>• Vorabstimmung mit Projektmanagement<br>• Präsentation |

Abb. 10.2: Der EPC-Prozess

Zur Strukturierung und Unterstützung der Arbeit bedient sich das EPC vier Systeme in entsprechend logischer Reihenfolge:

1. EPC-Kennzahlenplan
2. EPC-Fortschrittskontrollsystem
3. EPC-Risiko-Frühwarnsystem
4. EPC-Reportingsystem

## 10 – „Risikominimierung" durch externes Projektcontrolling (EPC)

Über diese EPC-Systeme werden alle Tätigkeiten und der gesamte Informationsfluss im externen Projektcontrolling abgedeckt. Die Informationen werden dabei aus dem Projektplan, aus den oben definierten Reports, den Status- und Risikolisten und dem zu Beginn des EPC erhobenen EPC-Kennzahlenplan entnommen. Sowohl die Kennzahlen für Zeit, Kosten und Qualität werden hierüber abgedeckt.

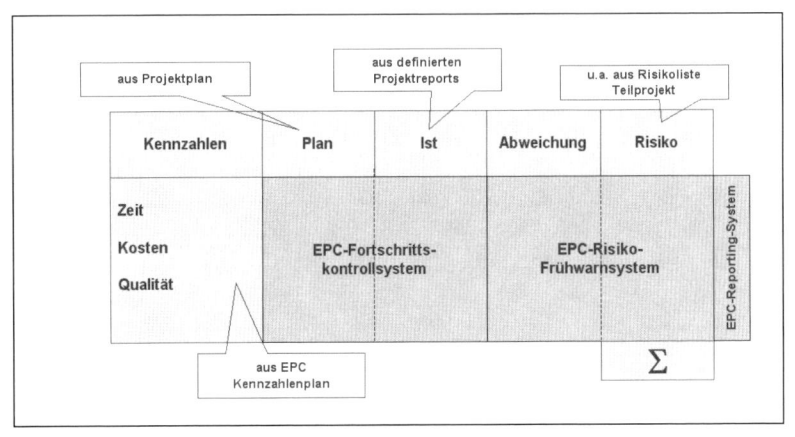

Abb. 10.3: Gesamtstruktur der EPC-Systeme

Dabei werden im EPC-Fortschrittskontrollsystem die Plan- mit den Ist-Werten verglichen. Die dabei ermittelte Abweichung sowie das sich ergebende Risiko werden über das EPC-Risiko-Frühwarnsystem verwaltet. Abschließend übersetzt das EPC-Reporting-System den aktuellen Status sowie die entsprechenden Kommentare in die monatlichen und quartalsweise abzugebenden Berichte für die entsprechenden Zielgruppen.

## 10.1.4 Die EPC-Projektorganisation und Rollen

In der Projektorganisation ist der Projektmanager (PM) der wesentliche Partner des EPC. Der PM sorgt für die Versorgung des EPC mit dem notwendigen Input und mit ihm erfolgt vor Auslieferung der Berichte die inhaltliche Abstimmung. Für ein wirksames Controlling ist das EPC auf eine gut funktionierendes Projektmanagement angewiesen. Der Projektmanager sorgt für eine vollständige Durchsetzung des Projektmanagementsystems und ggf. der zusätzlichen EPC-Anforderungen gegenüber den Teilprojektleitern. Er ist verantwortlich für die Entgegennahme und Weiterleitung der internen Projektdokumente an das EPC und ist Ansprechpartner des EPC für EPC-Empfehlungen zur Aufforderung von Stellungnahmen sowie Maßnahmeempfehlungen für das Projekt.

Das EPC ist die neutrale und objektive Drittinstanz gegenüber dem internen Projektcontrolling und dem Gesamtprojekt-Controlling, führt das externe Projektcontrolling gemäß Aufgabenbeschreibung durch und gestaltet und pflegt die EPC-Systeme. Als Auftraggeber des EPC ist der Projektlenkungsausschuss Hauptberichtsnehmer des EPC-Reportings und muss über die Vorschläge des EPC entscheiden.

## 10.1.5 Das EPC-Modell

Zur Vorbereitung für ein exakt laufendes EPC ist zu Beginn die Übernahme von Daten einzelner ICs („items to be controlled") betreffend aus dem Master- bzw. Projektplan in den EPC-Kennzahlenplan unabdingbar. Im fortlaufenden Controlling vergleicht dann das EPC den aktuellen Ist-Status mit dem EPC-Kennzahlenplan. Hierbei wird jedes IC nach allen projektrelevanten Gesichtspunkten – Zeit, Kosten und Qualität – begutachtet:

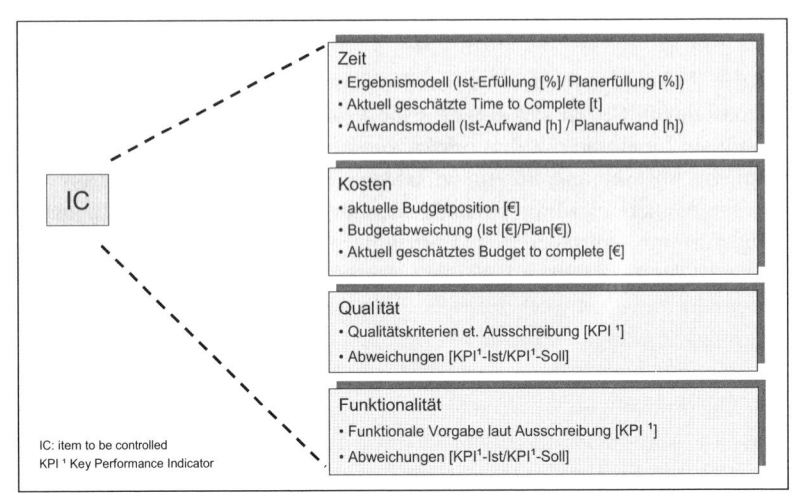

## 10 – „Risikominimierung" durch externes Projektcontrolling (EPC)

**IC**

**Zeit**
- Ergebnismodell (Ist-Erfüllung [%]/ Planerfüllung [%])
- Aktuell geschätzte Time to Complete [t]
- Aufwandsmodell (Ist-Aufwand [h] / Planaufwand [h])

**Kosten**
- aktuelle Budgetposition [€]
- Budgetabweichung (Ist [€]/Plan[€])
- Aktuell geschätztes Budget to complete [€]

**Qualität**
- Qualitätskriterien et. Ausschreibung [KPI [1]]
- Abweichungen [KPI[1]-Ist/KPI[1]-Soll]

**Funktionalität**
- Funktionale Vorgabe laut Ausschreibung [KPI [1]]
- Abweichungen [KPI[1]-Ist/KPI[1]-Soll]

IC: item to be controlled
KPI [1] Key Performance Indicator

Abb. 10.4: IC-Kennzahlen

Zur exakten Kontrolle des Projektfortschritts werden mit dem PM zusammen für jedes IC Fortschritts-Kennlinien festgelegt, anhand derer das Item zum jeweiligen Reporting-Zeitpunkt beurteilt wird.

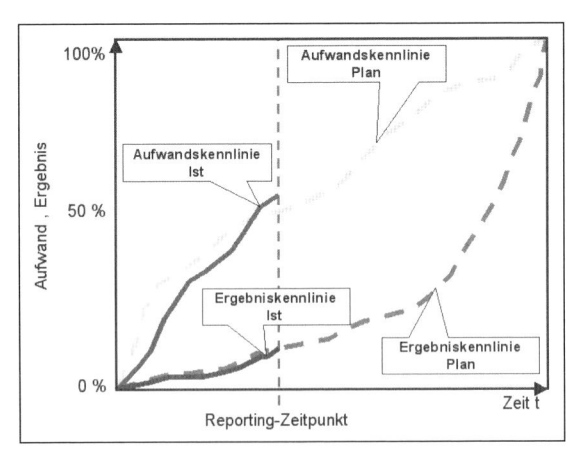

Abb. 10.5: EPC-Kennzahlensystem – IC-Kennlinien

204

## 10.1.6 Das EPC-Fortschrittskontrollsystem

Im EPC-Fortschrittskontrollsystem wird der aktuelle Status des Projektfortschritts anhand der im EPC-Kennzahlenplan festgelegten Kennzahlen und Kennlinien überprüft und auf Abweichungen, Gegenmaßnahmen etc. hin untersucht. Zusätzlich werden die Wechselwirkungen von ICs aufeinander analysiert. In der Wechselwirkungsanalyse wird deutlich, ob ein IC den Projektfortschritt von anderen ICs behindert oder beschleunigt. So offenbart sich auch das Spannungsverhältnis hinsichtlich Zeit, Kosten und Qualität.

|  | Einfluss von anderen ICs | Einfluss auf IC XY | Einfluss auf andere ICs |
|---|---|---|---|
| Zeit | Xxx Xxxxx Xxx xxx Xxxxx Xxx Xxxxx Xxx Xxxxx Xxx Xxxxx Xxx xxx Xxxxx | Xxx Xxxxx Xxx xxx Xxxxx Xxx Xxxxx Xxx Xxxxx Xxx Xxxxx Xxx xxx Xxxxx | Xxx Xxxxx Xxx xxx Xxxxx Xxx Xxxxx Xxx Xxxxx Xxx Xxxxx Xxx xxx Xxxxx |
| Kosten | Xxx Xxxxx Xxx xxx Xxxxx Xxx Xxxxx Xxx Xxxxx Xxx Xxxxx Xxx xxx Xxxxx | Xxx Xxxxx Xxx xxx Xxxxx Xxx Xxxxx Xxx Xxxxx Xxx Xxxxx Xxx xxx Xxxxx | Xxx Xxxxx Xxx xxx Xxxxx Xxx Xxxxx Xxx Xxxxx Xxx Xxxxx Xxx xxx Xxxxx |
| Qualität | Xxx Xxxxx Xxx xxx Xxxxx Xxx Xxxxx Xxx Xxxxx Xxx Xxxxx Xxx xxx Xxxxx | Xxx Xxxxx Xxx xxx Xxxxx Xxx Xxxxx Xxx Xxxxx Xxx Xxxxx Xxx xxx Xxxxx | Xxx Xxxxx Xxx xxx Xxxxx Xxx Xxxxx Xxx Xxxxx Xxx Xxxxx Xxx xxx Xxxxx |

## 10.1.7 Das EPC-Frühwarnsystem

Sowohl interne als auch externe Projektrisiken müssen in Projekten gewürdigt werden. Beide Arten zu erkennen, zu analysieren, Gegenmaßnahmen vorzuschlagen und zu verfolgen unterstützt das EPC-Risiko-Frühwarnsystem. Dazu wird der aktuelle Status aller ICs aus dem Projektplan fortlaufend über die Kennzahlen aus dem EPC-Kennzahlensystem beschrieben und überwacht:

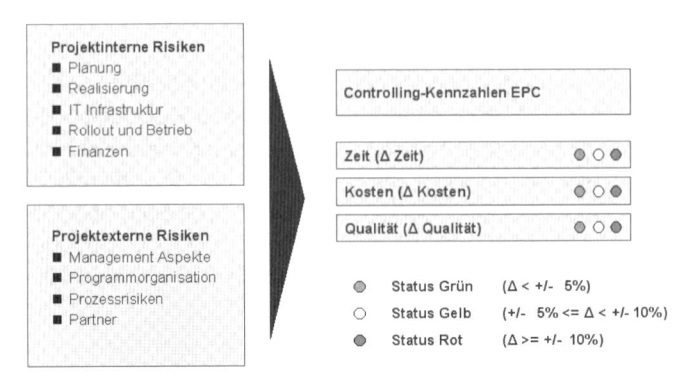

## 10 – „Risikominimierung" durch externes Projektcontrolling (EPC)

**Projektinterne Risiken**
- Planung
- Realisierung
- IT Infrastruktur
- Rollout und Betrieb
- Finanzen

**Projektexterne Risiken**
- Management Aspekte
- Programmorganisation
- Prozessrisiken
- Partner

**Controlling-Kennzahlen EPC**

| | |
|---|---|
| Zeit (Δ Zeit) | ● ○ ● |
| Kosten (Δ Kosten) | ● ○ ● |
| Qualität (Δ Qualität) | ● ○ ● |

● Status Grün (Δ < +/- 5%)
○ Status Gelb (+/- 5% <= Δ < +/- 10%)
● Status Rot (Δ >= +/- 10%)

Abb. 10.6: Risikokennzahlen

Die EPC-Kennzahlen erfassen die verschiedenen Treiber des Zeitrisikos und des Budgetrisikos. Das Zeitrisiko wird zusätzlich in einer Risikomatrix beobachtet, die gemeinsam mit dem PM auf Basis des Programmhandbuches erstellt wird.

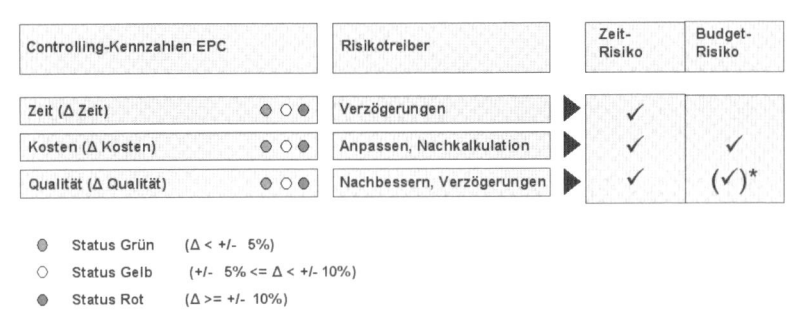

| Controlling-Kennzahlen EPC | | Risikotreiber | Zeit-Risiko | Budget-Risiko |
|---|---|---|---|---|
| Zeit (Δ Zeit) | ● ○ ● | Verzögerungen | ✓ | |
| Kosten (Δ Kosten) | ● ○ ● | Anpassen, Nachkalkulation | ✓ | ✓ |
| Qualität (Δ Qualität) | ● ○ ● | Nachbessern, Verzögerungen | ✓ | (✓)* |

● Status Grün (Δ < +/- 5%)
○ Status Gelb (+/- 5% <= Δ < +/- 10%)
● Status Rot (Δ >= +/- 10%)

*: durch Vertrag mit dem leistungserbringenden Auftragnehmer (Gewerk zu Festpreis) AN abgesichert

Abb. 10.7: Risikotreiber und Risiko für Zeit und Budget

Neben der Eintrittswahrscheinlichkeit [w] und der Abweichung [A] (zeitliches Ausmaß) sollte jedoch zusätzlich das generelle Ausmaß des Risikos [M] bewertet werden. Hier lehnt sich das Risiko-Frühwarnsystem an den

FMEA-Standard an. Somit werden auch finanzielle, funktionale und qualitative Ausmaße berücksichtigt, die von kaum wahrnehmbaren Folgen („hardly perceivable consequences") bis hin zur Gefährdung des Gesamtprojektes („jeopardizing project") reichen können.

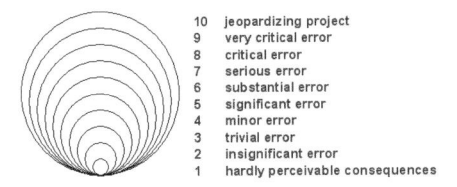

```
10  jeopardizing project
 9  very critical error
 8  critical error
 7  serious error
 6  substantial error
 5  significant error
 4  minor error
 3  trivial error
 2  insignificant error
 1  hardly perceivable consequences
```

Abb. 10.8: Bewertung Risikoausmaß

Durch diese Ergänzung des Risiko-Ausmaßes [M] können nun in der Risikomatrix direkt Vorgänge (ICs) nach Risiko hinsichtlich Zeit, Kosten und Qualität verglichen werden.

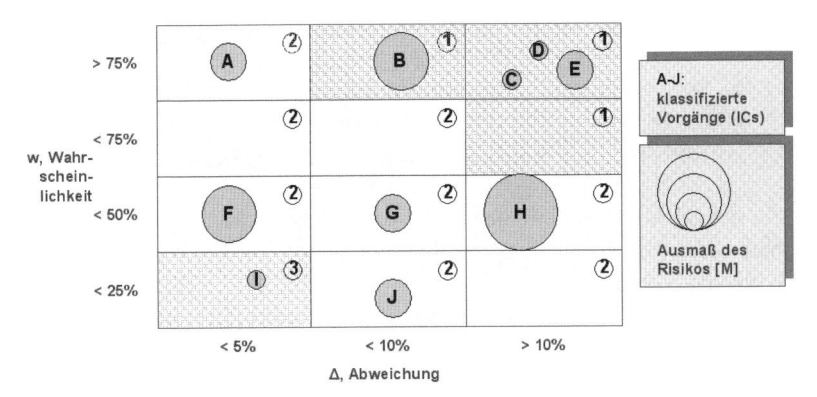

Abb. 10.9: Risikovergleich in der Risikomatrix

Die erarbeiteten Status ermöglichen über das gestaffelte Risiko-Frühwarnsystem rasche, adäquate Reaktionen.

## 10.1.8 Das EPC-Reportingsystem

Um sowohl übersichtlich als auch exakt zu berichten, werden Details abhängig vom Status des Vorgangs aufbereitet. Dies bedeutet, nur bei Abweichungen vom Status „Grün" erweitert sich die Reporting-Ebene über die Ebene 1 hinaus. Die Vorteile sind Übersichtlichkeit und detaillierte Einzelheiten bei Problemen.

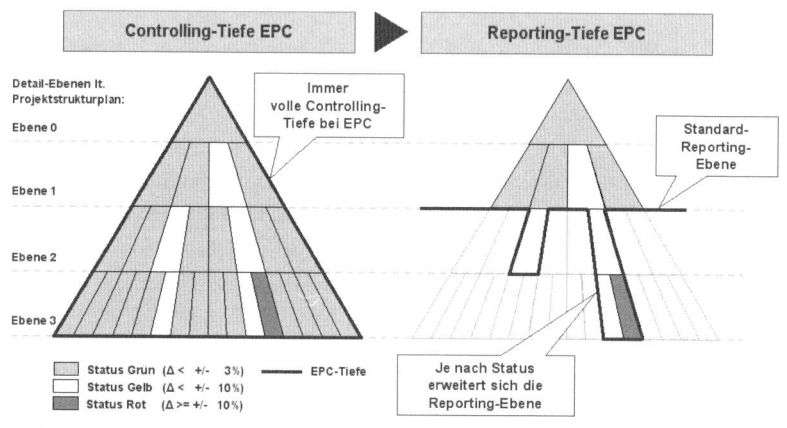

Abb. 10.10: EPC-Reporting: Prinzipskizze Reporting-Ebene

Um sich leicht in den Berichten zurechtzufinden und die gewünschten Informationen nachvollziehbar zu erhalten, folgen alle EPC-Berichte einer einheitlichen Struktur (Abb. 10.11).

Dabei werden von Dokument A über B und C zu D die Informationen jeweils ausführlicher. Werden in A nur die Status direkt bewertet, so werden in B auch Aussagen über den Trend (im Vergleich zum letzten Bericht) abgegeben und in C und D sodann detailliert die Ereignisse, die zum Risiko führen, geschildert und Gegenmaßnahmen vorgeschlagen.

Kernaufgaben des EPC

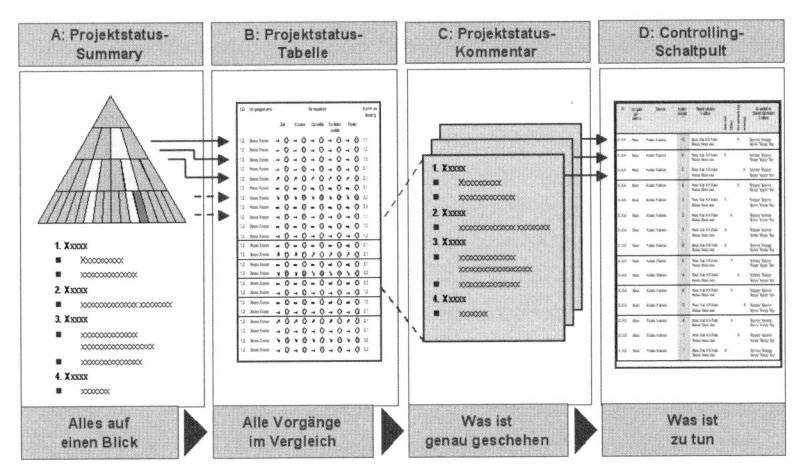

Abb. 10.11: EPC-Reporting: Berichtsstruktur

### 10.1.9 Die EPC-Projektkommunikation

Zu Beginn des Aufbaus des EPC sind alle Projektbeteiligten über die Aufgaben, die Rolle und die Inhalte des EPC in der Projektorganisation explizit zu informieren. Diese Kommunikation erfolgt durch die verbindliche Verabschiedung eines EPC-Handbuchs

- im Projektlenkungsausschuss
- beim Projektmanagement (Information + Vorabstimmung) und
- beim Teilprojektmanagement (Information).

Vor der Verabschiedung wird das EPC-Handbuch mit dem PM intensiv abgestimmt. Das PM und das Teilprojektmanagement werden von EPC durch eine Präsentation im Rahmen der regulären Projekttermine über die Rolle und die Aufgaben des EPC informiert. Bei Veränderungen des EPC-Handbuchs wird identisch verfahren. Der informative Input für das EPC erfolgt auf oben beschriebenem Weg über Dokumente. Bei Bedarf wird das EPC Besprechungen zwischen Auftraggeber und Auftragnehmer fallweise beiwohnen. Die Kommunikation hinsichtlich der Arbeitsergebnisse des EPC erfolgt auf dem Berichtsweg, zusätzlich sind Präsentationen vor dem Projektlenkungsausschuss bzw. weiteren Gremien vorgesehen.

## 10.1.10 Die EPC-Dokumentation

Zur Sicherung der Ergebnisse und Nachvollziehbarkeit der Berichtswege bzw. des Informationsflusses zwischen dem Projekt, dem EPC und dem Projektlenkungsausschuss bzw. weiteren Berichtsempfängern bedarf es einer systematischen und ausführlichen Dokumentation. Hierbei werden die Dokumente innerhalb einer Initial anzulegenden Projektstruktur abgelegt. Zusätzlich muss eine Dokumentation des Informationsflusses erfolgen. Die Dokumentation des Informationsflusses bezieht sich auf

- Dokumentation der Einhaltung/Nichteinhaltung von Reporting
- Terminen
- Inhaltsvorgaben
- etc.

Hierüber sollte bei Bedarf ein entsprechendes systemgestütztes History Tracking („Wer hat welches Dokument wann an wen verschickt?") erfolgen. Falls gemeinsam mit der PM über einen Tooleinsatz zum integrierten Management und Controlling des Projektes entschieden wird (Projektplanung/Steuerung/Controlling/Dokumentation/History Tracking), so ist sicher zu stellen, dass das Tool auditierungsfähig ist und eine Dokumentation des Controllingprozesses (Qualitätssicherung) enthält.

## 10.1.11 Zusammenfassung

Immer häufiger geraten in diesen Tagen Projektverantwortliche in Erklärungsnot. Die Nutzung externer Projektkompetenz und die Umsetzung eines EPC stellen zeitgemäße Möglichkeiten dar, klare und nachvollziehbare Entscheidungen in Projekten zu treffen. Die zusätzlichen Kosten einer solchen Maßnahme stehen in der Regel in keinem Verhältnis zu Mehraufwendungen, die durch Fehlschläge, Verzögerungen oder Fehlplanungen im Projektverlauf auftreten können.

# 11 Der elektronische Verwaltungsakt als Kernelement des E-Government

von
Prof. Dr. jur. Achim Rogmann

Beim Europäischen Rat von Lissabon am 23. und 24. März 2000 haben sich die Staats- und Regierungschefs der Europäischen Union das ehrgeizige Ziel gesetzt, Europa bis 2010 zum wettbewerbsfähigsten und dynamischsten wissensgestützten Wirtschaftsraum der Welt zu machen. Um dieses ausgesprochen ehrgeizige Ziel zu erreichen hat die Gemeinschaft den Aktionsplan eEurope 2002 angenommen, auf den der Aktionsplan eEurope 2005[1] folgt. E-Government ist ein zentraler Bestandteil des Aktionsplans eEurope 2005. Hier müssen die Regierungen nicht nur für die Schaffung der notwendigen Rahmenbedingungen sorgen, sondern sind auch allein für die Verwirklichung verantwortlich. Aus diesem Grund hat die Kommission eine eigene Mitteilung zur Rolle elektronischer Behördendienste (E-Government) für die Zukunft Europas[2] herausgegeben.

In dieser Mitteilung wird E-Government als Schlüssel zu einer besseren und effizienteren Verwaltung gesehen. E-Government ist danach ein wesentlicher Faktor für die Verbesserung der Gestaltung und Durchsetzung staatlicher Politik, der dem öffentlichen Sektor bei der Bewältigung der sich widersprechenden Forderungen nach Erbringung von mehr und besseren Diensten mit immer weniger Mitteln helfen kann[3]. Es erscheint auf den ersten Blick schwierig, diese euphorischen Einschätzungen seitens der Kommission auf den Verwaltungsalltag zu transformieren. Geht es bei den als E-Government bezeichneten elektronischen Behördendiensten um die Ver-

---
1. Mitteilung der Kommission vom 28.5.2002 KOM(2002) 263 endg.
2. Mitteilung der Kommission vom 26.9.2003 KOM(2003) 567 endg.
3. Mitteilung der Kommission vom 26.9.2003 KOM(2003) 567 endg., S. 8.

## 11 – Der elektronische Verwaltungsakt als Kernelement des E-Government

besserung von öffentlichen Diensten und demokratischen Prozessen, dann müssen sich diese in der Verfassungswirklichkeit der Mitgliedstaaten wiederfinden lassen.

Ein Aspekt ist dabei etwa die Einrichtung von Bürgerportalen, über welche die Bürger leichter Zugang zu den Informationen einer Gebietskörperschaft erhalten können und an politischen Entscheidungen mitwirken können[4]. Die öffentliche Verwaltung kann sich aber nicht auf die Bereitstellung von Informationen beschränken. In Deutschland fällt ihr nach dem verfassungsrechtlichen Prinzip der Gewaltenteilung insbesondere die Aufgabe des Gesetzesvollzugs zu. Abstrakt-generelle Normen müssen auf konkrete Sachverhalte angewandt und die entsprechenden Verwaltungsentscheidungen dem Bürger bzw. Wirtschaftsbeteiligten gegenüber getroffen werden.

Der Weg hin zur konkreten Verwaltungsentscheidung wird durch die Verwaltungsverfahrensgesetze des Bundes und der Länder vorgezeichnet. Als klassische Handlungsform der Administrative sehen diese Gesetze den Verwaltungsakt vor[5]. Nach § 9 VwVfG[6] stellt der Erlass eines Verwaltungsakts neben dem Abschluss eines öffentlich-rechtlichen Vertrags das Ziel eines Verwaltungsverfahrens dar. Der Begriff des Verwaltungsverfahrens wird durch § 9 VwVfG aber zugleich auf die nach außen wirkende Tätigkeit der Behörden beschränkt. Auch nach § 35 VwVfG kann ein Verwaltungsakt nur dann vorliegen, wenn die durch ihn getroffene behördliche Entscheidung auf unmittelbare Rechtswirkung nach außen gerichtet ist. Durch den Verwaltungsakt wird die Rechtsbeziehung zwischen Bürger und Verwaltung damit einseitig und rechtsverbindlich fest gelegt.

Der Begriff des Verwaltungsaktes taucht als solcher aber nur in den Verwaltungsverfahrensgesetzen bzw. den Prozessordnungen auf. Diese regeln insbesondere die Tätigkeit der Behörden, die in der Prüfung der Voraussetzungen, die Vorbereitung und auch den Erlass eines Verwaltungsaktes besteht. Die eigentlichen Voraussetzungen, wann ein Verwaltungsakt überhaupt er-

---

4. Anwendungsbeispiele finden sich in der Mitteilung der Kommission vom 26.9.2003 KOM(2003) 567 endg., S. 11 f.
5. § 35 VwVfG (Bund), § 31 SGB X, § 118 AO und z.B. § 35 VwVfG NRW.
6. Der Einfachheit halber wird im folgenden nur noch auf das VwVfG des Bundes Bezug genommen.

## Die Rechtslage vor Erlass des Rechtsrahmens

lassen werden darf, ergeben sich dagegen aus den Spezialgesetzen. In diesen finden dann aber ganz unterschiedliche Bezeichnungen Anwendung, etwa Bescheid, Erlaubnis, Genehmigung, Beschluss oder Verfügung[7]. Wenngleich der Verwaltungsakt lediglich eine von mehreren möglichen Handlungsformen der Verwaltung ist, stellt er dennoch deren typische Handlungsform dar. Denn nur durch das Rechtsinstrument des Verwaltungsakts können die Behörden ihre Aufgabe erfüllen, abstrakte Rechtssätze verbindlich zu konkretisieren[8]. Soll sich E-Government nicht nur auf die Tätigkeitsbereiche der Verwaltung außerhalb des Kernbereichs administrativen Handelns – wie etwa Informationsangebote im Internet – beschränken, dann ist ein „echtes" E-Government[9] ohne die Einbeziehung von Verwaltungsakten nicht denkbar. Die rechtlichen Grundlagen für den Erlass von elektronischen Verwaltungsakten sind damit ein Kernelement des E-Government. Ohne die Einbeziehung des Verwaltungsaktes lassen sich die ehrgeizigen Ziele der EU zumindest von deutscher Seite nicht verwirklichen.

## 11.1 Die Rechtslage vor Erlass des Rechtsrahmens für die elektronische Verwaltung

Erst im April des Jahres 1976 konnte das VwVfG durch den Bundestag verabschiedet und damit das Ziel erreicht werden, das Verfahrensrecht in Bund und Ländern zu vereinheitlichen. Das VwVfG gilt grundsätzlich nur für Bundesbehörden bzw. Landes- und Kommunalbehörden, wenn sie Bundesrecht im Auftrag des Bundes ausführen (§ 1 Abs. 1 VwVfG). Aufgrund einer Entschließung der Innenministerkonferenz sollten die Länder aber darauf hinwirken, dass in den Ländern jeweils möglichst inhaltsgleiche Verfahrensgesetze erlassen werden. Zur Umsetzung dieses Beschlusses hat es zwei Varianten gegeben: Einige Bundesländer haben eigene Verwaltungs-

---

7. Vgl. Ipsen, Allgemeines Verwaltungsrecht, Rz. 319.
8. Vgl. Ipsen, Allgemeines Verwaltungsrecht, Rz. 314.
9. Gemeint sind hier die E-Government-Lösungen G2B (Government-to-Business) und G2C (Government-to-Citizen), bei denen die Verwaltung mit den jeweiligen Partner auf elektronischem Weg kommuniziert. Ausgeklammert soll der eher unproblematische Bereich des G2G (Government-to-Government) bleiben. Zur rechtlichen Zulässigkeit der elektronischen Kommunikation unter Behörden vgl. etwa Rosenbach, NWVBl. 1997, 121 (122 f.).

verfahrensgesetze als Vollgesetze erlassen; andere haben sich darauf beschränkt, im Wege der dynamischen Verweisung die Bestimmungen des VwVfG in das Landesrecht zu transformieren[10]. Da es in den 70er Jahren des vorigen Jahrhunderts noch keine durchgängige Möglichkeit einer elektronischen Kommunikation zwischen Bürger und Verwaltung gab bestand auch noch keinerlei Bedürfnis nach einer entsprechenden gesetzlichen Regelung.

## 11.2 Automatisierte Verwaltungsakte

Allerdings hat der Computer nicht erst mit dem Siegeszug des Internet Einzug in die öffentliche Verwaltung genommen. Insbesondere bei Massenverfahren – wie etwa im Meldewesen, der Finanz- und der Sozialverwaltung oder den Bußgeldstellen – hat man schon früh von den Möglichkeiten der Arbeitserleichterung Gebrauch gemacht, die die elektronische Datenverarbeitung mit sich bringt um gleichzeitig den Erfordernissen einer wirksamen und leistungsfähigen Verwaltung gerecht zu werden. Da es aber an den Möglichkeiten einer elektronischen Kommunikation mit der Außenwelt fehlte, beschränkten sich die Einsatzmöglichkeiten überwiegend auf interne Rechenvorgänge. Die Anfertigung und Bekanntgabe von Verwaltungsakten erfolgte dann auf gewohnte Weise in Schriftform. Aus diesem Grunde gab es kaum Veranlassung, die verfahrensrechtlichen Bestimmungen an die technischen Entwicklungen anzupassen.

Niederschlag hat die EDV im sog. „automatisierten Verwaltungsakt" gefunden. Dieser Begriff taucht als solches im Gesetz nicht auf, wurde aber in der Literatur geprägt[11]. Da es beim Verwaltungsverfahren i.S.d. VwVfG nur um Tätigkeit der Behörden mit Außenwirkung geht, gab es auch nur insoweit gesetzlichen Regelungsbedarf, als sich der Einsatz von automatisierten Verwaltungsakten auf die Außenbeziehungen der Behörden bezieht. Darauf beruhend enthält das VwVfG Regelungen im Bereich der Anhörung Beteiligter, der Unterschriftsleistung und der Begründung von Verwaltungsakten.

---

10. Vgl. Kopp/Ramsauer, § 1 VwVfG Rz. 43.
11. So bereits der Titel der Arbeit von Polomski, Der automatisierte Verwaltungsakt, Berlin 1993.

## Automatisierte Verwaltungsakte

§ 28 Abs. 2 Nr. 4 VwVfG sieht eine Ausnahme von der allgemeinen Pflicht zur Anhörung Beteiligter vor Erlass eines belastenden Verwaltungsaktes vor, wenn die Behörde Verwaltungsakte mit Hilfe automatischer Einrichtungen erlassen will. § 37 Abs. 4 VwVfG erlaubt es, dass bei einem schriftlichen Verwaltungsakt, der mit Hilfe automatischer Einrichtungen erlassen wird, Unterschrift und Namenswiedergabe fehlen dürfen. Diese Erleichterung wurde geschaffen, weil sonst bei Verwaltungsakten, die bei Massenverfahren zwangsläufig in großer Zahl erlassen werden, der Rationalisierungseffekt in Frage gestellt würde[12].

§ 39 Abs. 2 Nr. 3 VwVfG enthält wiederum eine Ausnahme von der allgemeinen Begründungspflicht, wenn die Behörde Verwaltungsakte mit Hilfe automatischer Einrichtungen erlässt und die Begründung nach den Umständen des Einzelfalles nicht geboten ist. Weitere Besonderheiten für automatisierte Verwaltungsakte sieht das Gesetz nicht vor.

Es fällt aber nicht jede Nutzung der elektronischen Datenverarbeitung unter diese Ausnahmebestimmungen. Es genügt nicht, dass der oder die eingesetzten Computer lediglich als Ersatz für die Schreibmaschine dienen (wie es etwa bei der Erstellung von Verwaltungsakten am PC oder bei vernetzten Schreibautomaten der Fall ist); vielmehr müssen die Verwaltungsakte im wesentlichen automatisch erstellt werden, d.h. deren Erstellung muss ganz oder teilweise programmgesteuert erfolgen[13]. Da beide Regelungen nicht erst nach Erlass des ursprünglichen VwVfG eingefügt wurden und im wesentlichen dem bis zur Schaffung des VwVfG geltenden Recht entsprechen[14] können sie vom Gesetzgeber nicht als Antwort auf die Herausforderungen des Internet gedacht gewesen sein. Entsprechend ging man auch bei den automatisierten Verwaltungsakten davon aus, dass diese ausgedruckt und dem Adressaten per Briefsendung übermittelt werden. Die im VwVfG vorgesehenen Erleichterungen für automatisierte Verwaltungsakte sind jedoch Ausnahmeregelungen, die nur für schriftliche Verwaltungsakte gelten. Ihr Ausnahmecharakter verbietet es, diese Regelungen auf andere Fallberei-

---

12. Vgl. Rosenbach, NWVBl. 1997, 121 (123).
13. Vgl. Kopp/Ramsauer, § 39 VwVfG Rz. 47.
14. Vgl. Kopp/Ramsauer, § 39 VwVfG Rz. 47.

che auszudehnen. Sie können deshalb nicht für Verwaltungsakte Anwendung finden, die auf elektronischer Basis entstanden und bekannt gegeben werden[15].

Ein klassischer Fall für den Anwendungsbereich automatisierter Verwaltungsakte liegt in den Steuerbescheiden der Finanzämter. Hier werden die einzelnen Beträge hinsichtlich Einkommen und Aufwendungen an ein zentrales Rechenzentrum übermittelt. Dort wird dann – durch jeweils aktualisierte Software – der geschuldete Abgabenbetrag (bzw. die Höhe der Erstattung) berechnet und ein entsprechender Steuerbescheid automatisiert gefertigt. Im Regelfall wird der Bescheid (bzw. eine Ausfertigung) auch direkt vom Rechenzentrum aus zur Post gegeben, sodass der Sachbearbeiter keine Möglichkeit mehr hat, seine Unterschrift auf dem Schriftstück zu leisten.

Wenngleich § 37 Abs. 3 VwVfG für schriftliche Verwaltungsakte verlangt, dass sie die Unterschrift oder die Namenswiedergabe des Behördenleiters, seines Vertreters oder seines Beauftragten enthalten, sieht § 37 Abs. 4 VwVfG sogleich Ausnahmen vor, wenn ein schriftlicher Verwaltungsakt mit Hilfe automatischer Einrichtungen erlassen wird. Hier erfolgt häufig ein Hinweis im Bescheid, dass er mit Hilfe einer Datenverarbeitungsanlage gefertigt wurde und ohne Unterschrift gültig ist. Ein solcher Hinweis ist rechtlich nicht erforderlich, aber im Interesse der Rechtsklarheit und Rechtssicherheit zweckmäßig[16]. § 37 Abs. 4 VwVfG gestattet es darüber hinaus, bei automatisierten Verwaltungsakten Schlüsselzeichen zu verwenden, wenn der Adressat des Verwaltungsaktes auf Grund der dazu gegebenen Erläuterungen den Inhalt des Bescheides eindeutig erkennen kann.

## 11.3 Elektronische Verwaltungsakte und Schriftformerfordernis

Die Ausführungen zum automatisierten Verwaltungsakt machen deutlich, dass in der Automatisierung durchaus eine Vorstufe zum E-Government zu sehen ist, aber noch keine Variante des E-Government an sich darstellt.

---

15. Vgl. Rosenbach, NWVBl. 1997, 121 (123 f.).
16. BVerwG NJW 1993, 1667.

Denn maßgebend für das E-Government ist, dass sich die Kommunikation zwischen Bürger und Verwaltung auf elektronischem Wege vollzieht, was bei der automatisierten Verwaltung nach dem ursprünglichen VwVfG nicht der Fall ist[17]. Gleichwohl stellt sich die Frage, ob das VwVfG in bisheriger Fassung nicht bereits als Grundlage für ein umfassendes E-Government dienen konnte.

§ 10 VwVfG legt fest, dass Verwaltungsverfahren in der Regel formfrei sind. Sie sind nach dieser Vorschrift zudem einfach, zweckmäßig und zügig durchzuführen. Wenngleich § 10 die Vermutung zugunsten der Formfreiheit beinhaltet, bedeutet die Formfreiheit keine Ermächtigung zu willkürlicher oder beliebiger Verfahrensgestaltung. Vielmehr hat die Behörde ein allgemeines Verfahrensermessen, das Verfahren so zu führen und zu gestalten, wie sie es am zweckmäßigsten hält[18]. Dieser Grundsatz der Formfreiheit wird für Verwaltungsakte durch § 37 Abs. 2 S. 1 VwVfG noch einmal verdeutlicht[19].

Daraus wurde geschlossen, dass in den Fällen, in denen der Gesetzgeber auf die Normierung einer bestimmten Form verzichtet hat, auch nach bisheriger Rechtslage elektronische Kommunikation zulässig war[20]. Dies musste dann aber auch für die Bekanntgabe von Verwaltungsakten gelten, weil der Erlass von Verwaltungsakten Teil des Verwaltungsverfahrens ist (so ausdrücklich § 9 VwVfG) und der „Erlass" eines Verwaltungsaktes grundsätzlich die Erstellung und die Bekanntgabe mit umfasst[21]. Gestützt wird diese Auffassung durch § 37 Abs. 2 VwVfG der von Anfang an festlegte, dass ein Verwaltungsakt nicht nur schriftlich, sondern auch mündlich oder in anderer Weise erlassen werden kann. Wenn Verwaltungsakte schon fernmündlich ergehen

---

17. Vgl. Stelkens/Stelkens in Stelkens/Bonk/Sachs, § 37 VwVfG Rz. 64.
18. Vgl. Kopp/Ramsauer, § 10 VwVfG Rz. 7 f.
19. Vgl. Kopp/Ramsauer, § 37 VwVfG Rz. 18.
20. Vgl. Catrein, NWVBl. 2001, 50; ders., NVwZ 2001, 413 (414); Groß, DÖV 2001, 159 (161 f.); Holznagel/Werthmann, DVBl. 1999, 1477 ( 1481); Rosenbach, NWVBl. 1997, 121 (123); ders., NWVBl. 1997, 326 (328); Roßnagel, DÖV 2001, 221 (222); Kopp/Ramsauer, § 31 VwVfG Rz. 26.
21. Vgl. Stelkens/Stelkens in Stelkens/Bonk/Sachs, 6. Aufl. 2001, § 37 VwVfG Rz. 64.

können[22], dürfte die Zulässigkeit von E-Mails als Bekanntgabeform „in anderer Weise" außer Frage stehen. Denn gegenüber dem lediglich gesprochenen Wort beim Telefonat bildet die E-Mail zumindest eine niedergeschriebene und beliebig oft nachlesbare Fassung der behördlichen Entscheidung. Das gesprochene Wort ist flüchtig, das gemailte dagegen nicht.

Der Einsatz elektronischer Kommunikationsformen kann zudem die Arbeit der Verwaltung und damit das Verwaltungsverfahren einfacher, schneller und auch kostengünstiger machen. Diese Aspekte tragen dazu bei, die Grundidee des § 10 S. 2 VwVfG zu verwirklichen, Verwaltungsverfahren einfach, zweckmäßig und zügig durchzuführen. Allerdings konnte das Verfahrensermessen der Behörde auch nach bisheriger Rechtslage dazu führen, dass – etwa aus Beweissicherungsgründen – von der Schriftform Gebrauch zu machen war. Zudem müssen behördliche Entscheidungen mit Langzeitwirkung (etwa Erlaubnisse) auch nach Jahren noch nachvollziehbar sein um den genauen Inhalt von Verwaltungsakten zu ermitteln. In den Fällen, wo es auf den Wortlaut der Entscheidung ankommt (etwa auch Erlaubnisse mit Nebenbestimmungen oder bei Bewilligung von Leistungen) wird sogar von einem ungeschriebenen Gebot der Schriftform ausgegangen[23]. Wenn sich durch solche Kriterien nicht schon die Schriftform anbietet, dann müssen elektronisch erlassene Verwaltungsakte auf jeden Fall aktenkundig gemacht werden um die behördlichen Entscheidungen auch bei Wechsel des Sachbearbeiters nachvollziehen zu können. Ob eine Abspeicherung auf dem Arbeitsplatzrechner ausreichend für die Archivierung ist oder sich ein Ausdruck und die Aufnahme in eine Akte anbietet ist eine Frage, die weniger die Form als die Dokumentation des Verwaltungshandelns betrifft.

Die Möglichkeit, Verwaltungsakte mündlich oder in anderer Weise zu erlassen, findet aber auf jeden Fall ihre Grenze, soweit durch Gesetz die Schriftform angeordnet wird. Das VwVfG als lex generalis steht nämlich zwangsläufig unter dem Vorbehalt, dass in den jeweiligen Fachgesetzen abweichende Regelungen getroffen werden, die als lex specialis den Regelungen des allgemeinen Verwaltungsverfahrensrechts vorgehen. Dieser Grundsatz der Subsidiarität ergibt sich aus den entsprechenden, in § 1 Abs. 1

---

22. So Wolff/Bachof/Stober, Verwaltungsrecht II, § 48 Rz. 27.
23. So Badura in Erichsen/Ehlers, Allgemeines Verwaltungsrecht, § 38 Rz. 5.

letzter HS und § 1 Abs. 2 S. 1 letzter HS VwVfG enthaltenen Regelungen[24]. Weil nun ca. 3900 Spezialnormen die Schriftform für Verwaltungsakte vorsehen[25], ist in vielen Fällen das behördliche Verfahrensermessen in diesem Punkte ausgeschlossen.

### 11.3.1 Wesensmerkmale der Schriftform

Die Vorgabe, dass ein Verwaltungsakt schriftlich zu ergehen hat, bezieht sich lediglich auf das Ergebnis des Verwaltungsverfahrens, also den eigentlichen Erlass des Verwaltungsaktes. Das vorauslaufende Verwaltungsverfahren unterfällt nicht automatisch einem durch Gesetz angeordneten Schriftformerfordernis für den das Verfahren abschließenden Erlass der behördlichen Entscheidung. Auch beim schriftlichen Verwaltungsakt konnte bereits nach bisheriger Rechtslage das vorauslaufende Verwaltungsverfahren grundsätzlich auf elektronischer Basis durchgeführt werden[26].

Ob elektronische Formen der Kommunikation dem Schriftformerfordernis genügen können hängt davon ab, was unter dem Begriff „schriftlich" zu verstehen ist. Weil das VwVfG keine Definition dieses Begriffes enthält könnte sich ein Rückgriff auf die entsprechenden Normen des BGB anbieten. § 126 Abs. 1 sieht für die Schriftform vor, dass eine Urkunde existiert die von dem Aussteller eigenhändig durch Namensunterschrift oder mittels notariell beglaubigten Handzeichens unterzeichnet wird. Die Schriftform im bürgerlichen Recht verlangt also grundsätzlich eine Urkunde mit eigenhändiger Unterschrift. Schon aus § 37 Abs. 3 VwVfG, wonach die Namenswiedergabe die Unterschrift ersetzen kann, wird deutlich, dass die Schriftform im Verwaltungsrecht anders zu verstehen ist als im bürgerlichen Recht[27]. Zudem ist es bei automatisierten Verwaltungsakten zulässig, dass Unterschrift und Namenswiedergabe gänzlich fehlen (§ 37 Abs. 4 VwVfG) ohne die Wahrung der Schriftform damit in Frage zu stellen. Zudem richten sich die

---

24. Vgl. Kopp/Ramsauer, § 1 VwVfG Rz. 3.
25. Vgl. Groß, DÖV 2001, 159 (162).
26. Vgl. Rosenbach, NWVBl. 1997, 121 (123).
27. Gem. § 62 VwVfG gilt § 126 BGB auch für öffentlich-rechtliche Verträge, nicht aber sonst im öffentlichen Recht; vgl. Palandt/Heinrichs, § 126 BGB Rz. 1.

Konsequenzen von Formfehlern nicht nach § 125 BGB (Nichtigkeit wegen Formmangels), sondern nach den in §§ 44 und 45 VwVfG geregelten Fehlerfolgen, die im Regelfall zur Rechtswidrigkeit, aber Wirksamkeit des Verwaltungsaktes führen. Gemeinsam ist den verschiedenen Rechtsgebieten aber die Erfordernis einer Urkunde: Schriftform verlangt in jedem Fall das Vorliegen einer durch Niederschrift verkörperten Gedankenerklärung[28]. Die behördliche Entscheidung muss auf einem Papierdokument niedergelegt werden, das dem Adressaten anschließend bekannt gegeben wird[29]. Das schriftliche Dokument ist dadurch eine ohne weiteren Zwischenschritt lesbare sprachliche Wiedergabe einer Erklärung[30].

Auch Fragen der Zustellung können ein Papierdokument erforderlich machen. Während die „normale Bekanntgabe" eines Verwaltungsaktes – vorausgesetzt, dass die technischen Möglichkeiten überhaupt zur Verfügung standen – auch nach bisheriger Rechtslage möglich und zulässig war, ist in einigen Fällen die förmliche Zustellung von Verwaltungsakten vorgesehen. So sind etwa Widerspruchsbescheide nach § 73 Abs. 3 VwGO zuzustellen. Wie die Zustellung zu erfolgen hat, ergibt sich wiederum aus § 2 VwZG[31], der nach bisheriger Rechtslage die Übergabe eines Schriftstückes verlangt. Da hier kein Weg am Papierdokument vorbei führt, schied die elektronische Übermittlung in allen Fällen, in denen eine Zustellung erfolgen sollte oder musste, aus[32].

Da Verwaltungsakte auch mündlich bzw. in anderer Weise erlassen werden können, ist die Unterschrift bereits deshalb kein zwingender Bestandteil eines Verwaltungsaktes. Und schon beim individuell gefertigten schriftlichen Verwaltungsakt kann die Unterschrift auch durch die Namenswiedergabe eines befugten Behördenbediensteten ersetzt werden. Es stellt sich damit die Frage, warum für schriftliche Verwaltungsakte überhaupt eine Unterschrift vorgesehen wird. Sinn von Unterschrift und Namenswiedergabe soll es sein,

---

28. Vgl. Kopp/Ramsauer, § 26 VwVfG Rz. 33; Catrein, NWVBl. 2001, 50 (51); Palandt/Heinrichs, Bürgerliches Gesetzbuch, § 126 Rz. 22.
29. Vgl. Rosenbach, NWVBl. 1997, 121 (123).
30. Vgl. Catrein, NWVBl. 2001, 50 (52).
31. Ggf. in Verbindung mit Landesrecht.
32. Vgl. Rosenbach, NWVBl. 1997, 121 (124).

nachweisen zu können, dass der jeweilige Verwaltungsakt mit Wissen und Wollen des hierfür in der Behörde Zuständigen bzw. Verantwortlichen erlassen worden ist. Dem Adressaten soll deshalb Gewissheit über die Person des Zeichnungsberechtigten innerhalb der Behörde gegeben werden. Zudem soll der Adressat sicher sein können, dass ihm die endgültige Entscheidung und nicht nur der Entwurf bekannt gegeben wurde[33]. Diese klassischen Funktionen können aber auch erfüllt werden, ohne dass der Bescheid, der dem Adressaten zugesandt wird, tatsächlich eine Unterschrift trägt. Das bisherige Verwaltungsverfahrensrecht forderte deshalb auch bei elektronischer Übermittlung eines Verwaltungsaktes keine Unterschrift[34]. Problematisch konnte die Situation allenfalls werden, wenn ein Verwaltungsakt weder mit einer Unterschrift noch mit einer Namenswiedergabe versehen war[35].

## 11.3.2 Charakteristika der elektronischen Form

Um zu entscheiden, ob die elektronische Kommunikation diesem Verständnis von Schriftform entsprechen kann, ist zunächst der Begriff „elektronisch" zu präzisieren. Da die Elektronik ein naturwissenschaftliches Phänomen ist, hat sich der juristische Sprachgebrauch aus dem allgemeinen Sprachgebrauch entwickelt. Bei der Elektronik geht es um die Bewegung von Elektronen mit Hilfe entsprechender Bauelemente. Genutzt wird die Elektronik im Rahmen des E-Government zur Kommunikation zwischen Behörde und Wirtschaftsbeteiligtem bzw. Bürger. Nach der Definition des Begriffes „Telekommunikation" im TKG[36] handelt es sich bei ihr um die Übermittlung von Nachrichten durch elektromagnetische oder optische Signale[37]. Es macht dabei keinen Unterschied, ob es sich um die analoge oder digitale Nachrichtenübermittlung handelt[38].

---

33. Vgl. Rosenbach, NWVBl. 1997, 121 (124).
34. Vgl. Rosenbach, NWVBl. 1997, 121 (124).
35. Vgl. dazu Catrein, NWVBl. 2001, 50 (51).
36. Telekommunikationsgesetz v. 25.7.1996 (BGBl. I S. 1120).
37. Vgl. § 3 Nr. 16 und 17 TKG 1996.
38. Vgl. dazu Catrein, NWVBl. 2001, 50 (51).

Allein die Tatsache, dass ein Dokument elektronisch – und damit nicht verkörpert – übertragen wird, hat die Juristen aber nicht dazu bewegt, das dem Empfänger zugegangene Dokument den Schriftformcharakter abzuerkennen. So ist die Möglichkeit, die Schriftform durch den Einsatz von Telefax zu wahren, durchgängig anerkannt[39]. Das beruht im Verwaltungsverfahrensrecht bereits darauf, dass der Adressat eines Verwaltungsaktes nicht das Original erhalten muss; eine inhaltlich mit der Urschrift übereinstimmende Ausfertigung genügt[40]. Ein Telefax im ursprünglichen Sinne zeichnet sich dadurch aus, dass es ein verkörpertes und unterschriebenes Original gibt von dem der Empfänger auf elektronischem Wege eine inhaltsidentische Fernkopie erhält. Das ermöglichte es, dem Telefax die Wahrung der Schriftform zuzuerkennen. Berücksichtigt man zudem, dass auch Telegramme und Fernschreiben die Erfordernisse der Schriftform erfüllen[41], obwohl erst nach der Übermittlung ein physisch verkörperter Text erstellt wird[42], dann wird deutlich, mit welcher weiten Sichtweise die bisherigen elektronischen Kommunikationsformen nach und nach als schriftformwahrend eingestuft wurden.

Die modernen Formen der Telekommunikation unterscheiden sich von der Schriftform dadurch, dass die Informationen nicht nur elektronisch übermittelt werden, sondern auch – ausschließlich – elektronisch erstellt werden. Eine Verkörperung der Gedankenerklärung wie sie für die Schriftform erforderlich ist, erfolgt dabei nicht. Deshalb kann schon das Computerfax, das ausschließlich elektronisch erzeugt und ggf. mit einer eingescannten Unterschrift versehen wird, den bisherigen Anforderungen an die Schriftform nicht mehr gerecht werden. Das Problem wird dadurch gelöst, dass man beim Erlass eines Verwaltungsaktes das Schriftformerfordernis dann als gewahrt ansieht, wenn die Willenserklärung in einer der Schriftform vergleichbaren Weise verkörpert werden kann. Dafür ist auf Empfängerseite die Möglichkeit des Ausdruckes erforderlich, die für den Empfänger eines

---

39. Vgl. Kopp/Ramsauer, § 37 VwVfG Rz. 28; Vgl. Schmitz/Schlatmann, NVwZ 2002, 1281.
40. Vgl. Rosenbach, NWVBl. 1997, 121 (124).
41. Vgl. Kopp/Ramsauer, § 37 VwVfG Rz. 28.
42. Vgl. Redeker, NVwZ 1986, 545 (546 f.).

elektronischen Verwaltungsaktes ohne weiteres gegeben ist[43]. Zur Wahrung der Schriftform genügt also die Möglichkeit der Verkörperung.

### 11.3.3 Fehlende Austauschbarkeit

Damit stellten an sich die beiden Elemente der Schriftform – Urkunde und Unterschrift – keine unüberwindbaren Hindernisse für elektronische Verwaltungsakte dar. Es wurde daher die Auffassung vertreten, der Erlass von Verwaltungsakten via Internet sei auch in schriftlichen Verwaltungsverfahren möglich[44]. Dass sich diese Auffassung nicht durchsetzen konnte, zeigt das Tätigwerden des Gesetzgebers. Die Ursache für eine fehlende Austauschbarkeit ist in den zusätzlichen Funktionen zu suchen, welche die Schriftform im öffentlichen Recht zu erfüllen hat.

Insbesondere bei E-Mails tritt nämlich das Problem der Identität des Absenders und der Authentizität des Dokumentes zu Tage, welche durch die Schriftform sicher gestellt werden sollen. Je nach verwendetem Programm ist es bei E-Mails möglich, beliebige Absenderangaben zu verwenden[45]. Ein elektronischer Verwaltungsakt kann nicht zweifelsfrei die erlassende Behörde erkennen lassen und damit den Formerfordernissen von § 37 Abs. 3 VwVfG entsprechen[46]. Erst durch das Herausfiltern der jedem Computer zugewiesenen IP-Nummer ist es möglich, den wahren Absender einer elektronischen Mitteilung zu ermitteln. Weder dem Normalbürger noch dem Behördenmitarbeiter kann als Empfänger einer Mail zugemutet werden, erst über die IP-Nummer die wahre Identität des Absenders zu ermitteln, bevor eine elektronische Nachricht als Grundlage für einen rechtsgültigen Online-Dialog anerkannt wird.

---

43. Vgl. Holznagel/Krahn/Westermann, DVBl. 1999, 1477 (1482); Stelkens/Stelkens in Stelkens/Bonk/Sachs, § 37 VwVfG Rz. 39b verlangen aber, dass der Ausdruck auf der Empfängerseite automatisch erfolgt, ohne dass dem Empfänger insoweit eine Entscheidungsmöglichkeit verbleibt.
44. Vgl. Redeker, NVwZ 1986, 545 (546 f.); Holznagel/Krahn/Westermann, DVBl. 1999, 1477 (1482).
45. So unter Hinweis auf Chat-Groups auch Holznagel/Krahn/Westermann, DVBl. 1999, 1477 (1482).
46. Catrein, NWVBl. 2001, 50 (52).

## 11 – Der elektronische Verwaltungsakt als Kernelement des E-Government

Auch die weiteren Funktionen der Schriftform, nämlich die Sicherstellung der Unverfälschtheit (Integrität) und die Beweisfunktion des Dokumentes sind bei der ungesicherten elektronischen Kommunikation nicht gegeben[47]. Elektronische Dokumente können verändert werden, ohne dass die Änderung Spuren hinterlässt oder nachgewiesen werden könnte. Es war nach bisheriger Rechtslage daher nicht möglich, die Tatbestandsanforderungen für elektronische Verwaltungsakte durch elektronische Dokumente zu erfüllen[48].

### 11.4 Der neue Rechtsrahmen für elektronisches Verwaltungshandeln

Diese fehlende Austauschbarkeit von schriftlichen und elektronischen Verwaltungsakten veranlasste den Gesetzgeber trotz der allgemein beklagten Gesetzgebungsflut einmal mehr tätig zu werden und den neuen Rechtsrahmen für elektronisches Verwaltungshandeln zu schaffen. Alternative wäre gewesen, dem elektronischen Verwaltungsakt durch richterliche Rechtsfortbildung zum Durchbruch zu verhelfen. Das hat für das Telefax aber 15 Jahre gedauert[49]. Deshalb war es vernünftig und auch an der Zeit, die volle Internetfähigkeit der öffentlichen Verwaltung durch gesetzliche Regelung herbeizuführen. Nachdem das Formanpassungsgesetz vom 13.07.2001[50] die elektronische Form der Schriftform für den Bereich des Privatrechts gleich gestellt hat, ist diese Gleichstellung mit dem 3. VwVfÄndG vom 21.08.2002[51] mit Wirkung vom 01.02.2003 nunmehr umfassend für das gesamte Verwaltungsrecht erfolgt.

Eckpunkte des 3. VwVfÄndG sind die Einführung einer Generalklausel (§ 3a VwVfG), die die Gleichwertigkeit von durch Gesetz angeordneter

---

47. Vgl. Holznagel/Krahn/Westermann, DVBl. 1999, 1477 (1483 f.); Roßnagel, NJW 2003, 469.
48. Catrein, NWVBl. 2001, 50 (52).
49. Vgl. Roßnagel, NJW 2003, 469.
50. Gesetz zur Anpassung der Formvorschriften des Privatrechts und anderer Vorschriften an den modernen Rechtsgeschäftsverkehr, BGBl. I, S. 1542.
51. Drittes Gesetz zur Änderung verwaltungsverfahrensrechtlicher Vorschriften, BGBl. I, S. 3322.

Schriftform und (mit sog. qualifizierter elektronischer Signatur verbundener) elektronischer Form bestimmt. Außerdem wird der elektronische Verwaltungsakt als neuer Typ in Ergänzung zu den bisherigen in § 37 Abs. 2 VwVfG genannten Typen (schriftlich, mündlich oder in anderer Weise erlassener Verwaltungsakt) geschaffen. Das Artikelgesetz ändert das Verwaltungsverfahrensrecht des Bundes (VwVfG, SGB I und X sowie die AO). Außerdem werden die Verfahrensregelungen in insgesamt 66 Fachgesetzen und -verordnungen des Bundes (vom Atomgesetz über das Flaggenrechtsgesetz und die Wein-Vergünstigungsverordnung bis hin zum Zivildienstgesetz) „internetfähig" gemacht. Es soll die vollelektronische Arbeit der Verwaltung, und zwar ohne Medienbrüche, in allen Fachbereichen und in jeder Situation ermöglicht werden[52].

## 11.5 Die Generalklausel in § 3a VwVfG

Für den Gesetzgeber stellte sich die Frage, wo diese Grundlagen verankert werden sollten. Er hätte eine Anpassung in jedem einzelnen Fachgesetz vornehmen können. Aufgrund der großen Zahl der Vorschriften, die Formerfordernisse beinhalten, wäre das nur schwer möglich gewesen. Zudem sollte die Verbindlichkeit und Eindeutigkeit für sämtliche Bereiche des Verwaltungsrechts hervorgehoben werden. Deshalb bot sich die Regelung durch eine Generalklausel an, von der im Einzelfall Ausnahmen getroffen werden können, wenn die elektronische Form ausgeschlossen sein soll[53]. Diese Generalklausel wurde nicht etwa im Zusammenhang mit dem in § 10 VwVfG enthaltenen Grundsatz der Nichtförmlichkeit des Verwaltungsverfahrens verankert, sondern in Teil I des VwVfG. Denn nur dadurch kommt eindeutig zum Ausdruck, dass elektronische Kommunikation nicht nur im Bereich der Verwaltungsakte und der öffentlich-rechtlichen Verträge zur Anwendung gelangen können und sollen[54].

Der mit „Elektronische Kommunikation" überschriebene § 3a VwVfG legt fest, dass die Übermittlung elektronischer Dokumente zulässig ist, soweit

---

52. Vgl. Catrein, NWVBl. 2001 50 (53).
53. Vgl. Roßnagel, NJW 2003, 469 (471).
54. Vgl. Catrein, NWVBl. 2001 50 (53).

der Empfänger hierfür einen Zugang eröffnet hat (Absatz 1). Durch diese Regelung wird ein rechtlicher oder tatsächlicher Zwang auf Bürger, Unternehmen oder Behörden ausgeschlossen, die Voraussetzungen für eine elektronische Kommunikation schaffen zu müssen. Sowohl mediale Selbstbestimmung für den Bürger als auch die Haushaltsautonomie für die öffentliche Hand bleiben gewahrt[55]. Ob und ggf. wie die Behörde von der elektronischen Kommunikation – auch im Außenverhältnis – Gebrauch macht, bleibt ihr damit überlassen.

Gleichwohl stellt sich die Frage, wann der Empfänger einen Zugang i.S.v. § 3a Abs. 1 VwVfG eröffnet hat. Selbstverständlich ist dafür die objektive Voraussetzung, dass eine geeignete Kommunikationseinrichtung vorhanden sein muss: Ohne Internetzugang kann von der elektronischen Kommunikation kein Gebrauch gemacht werden. Es kann allerdings nicht verlangt werden, dass der den Zugang Eröffnende über einen eigenen Internetanschluss verfügt. Wer sich etwa durch einen fremden Rechner in einem Internetcafé in die Cyberwelt begibt, kann gegenüber Behörden den Zugang für die Übermittlung elektronischer Dokumente eröffnen. Zudem fordert die EU-Kommission den Ausbau des Zugangs mit Hilfe anderer Geräte als dem eigenen PC, also z.b. über das Digitalfernsehen, Mobilfunktelefone oder öffentliche Internetzugänge. In dieses „Multi-Plattform-Konzept" sollen alle Bevölkerungsgruppen einbezogen und das Entstehen einer digitalen Kluft in der Gesellschaft verhindert werden[56]. Einen Zwang zur „Elektronisierung" der Kommunikation wird es jedoch nicht geben; die Verwaltung muss weiterhin auf die klassischen Kommunikationsmethoden zurück greifen, wenn der Adressat eines Verwaltungsaktes nicht von den neuen Formen des Nachrichtenaustausches Gebrauch machen kann oder will[57].

---

55. Vgl. Roßnagel, NJW 2003, 471 (472).
56. Vgl. Mitteilung der Kommission „Die Rolle elektronischer Behördendienste (E-Government) für die Zukunft Europas" vom 26.9.2003, KOM (2003) 567 endg., S. 15.
57. So im Grundsatz schon in der Begründung der Bundesregierung zum Entwurf des 3. WwVfÄndG, S. 12; vgl. insoweit auch die Mitteilung der Kommission „Die Rolle elektronischer Behördendienste (E-Government) für die Zukunft Europas" vom 26.9.2003, KOM (2003) 567 endg., S. 15: Die öffentlichen Dienste sollen plattformübergreifend zugänglich gemacht werden, und zwar neben den üblichen, herkömmlichen nichtelektronischen Diensten.

## Die Generalklausel in § 3a VwVfG

Als subjektive Voraussetzung muss der Empfänger die Kommunikationseinrichtung für die rechtsverbindliche elektronische Dokumentation gewidmet haben, wobei diese Widmung ausdrücklich oder konkludent erfolgen kann. Wenn diese Widmung erfolgt, erklärt der Widmende konkludent seine Bereitschaft, elektronische Dokumente auf diesem Weg entgegenzunehmen. Dann muss aber sicher gestellt werden, dass die eingehenden E-Mails auch regelmäßig abgefragt werden[58]. Teilen etwa Behörden, Unternehmen oder Antwaltskanzleien auf ihren Briefköpfen im dienstlichen bzw. geschäftlichen Briefverkehr ihre E-Mail-Adresse mit, geben sie damit konkludent zu erkennen, dass sie Eingänge auf diesem Wege anzunehmen bereit sind. Sie haben allerdings die Möglichkeit, durch ein „opting out" per Sperrerklärung zu erklären, dass eine solche Annahme von Eingängen nicht akzeptiert wird[59]. Weniger streng darf man aber die Angabe einer E-Mail-Adresse auf dem Briefkopf einer Privatperson interpretieren. Hier kann man im Regelfall nur dann von der Eröffnung eines Zugangs nach § 3a Abs. 1 VwVfG ausgehen, wenn er eine entsprechende Erklärung ausdrücklich gegenüber der Behörde abgegeben hat[60]. Diese unterschiedliche Handhabung der Kommunikation mit Privatpersonen und anderen Kommunikationspartnern wurde im Bundesrat kritisiert[61], zumal die Behörde sich bei anderen Kommunikationspartnern als Privatpersonen zunächst auf deren Webseite informieren muss, ob nicht eine Sperrerklärung vorliegt. Als Alternative hätte sich angeboten, die Zulässigkeit der elektronischen Übermittlung einheitlich von einer Zustimmung abhängig zu machen. Diese hätte im Regelfall dann durch die elektronische Kontaktaufnahme zur Behörde gesehen werden können. Die jetzige Regelung wird zwangsläufig Streit über die Frage auslösen, ob sich im konkreten Fall ein Inhaber einer E-Mail-Adresse zum Empfang rechtsverbindlicher Erklärungen verpflichtet hat[62].

---

58. Vgl. Roßnagel, NJW 2003, 471 (472).
59. Vgl. Roßnagel, NJW 2003, 471 (472).
60. Vgl. Schmitz/Schlatmann, NVwZ 2002, 1281 (1285).
61. BT-Dr 14/9259, S. 1.
62. Vgl. Roßnagel, NJW 2003, 471 (473).

Das Streitpotenzial wird allerdings dadurch verringert, dass eine gesetzlich angeordnete Schriftform nach § 3a Abs. 2 VwVfG grundsätzlich nur durch die elektronische Form ersetzt werden kann. In diesem Fall ist das elektronische Dokument mit einer sog. qualifizierten elektronischen Signatur nach dem Signaturgesetz zu versehen. Hier muss eine Behörde vor der Übermittlung klären, ob der Empfänger überhaupt in der Lage ist, diese elektronische Signatur zu überprüfen. Davon kann aber nur ausgegangen werden, wenn der potenzielle Empfänger der Behörde bereits ein signiertes Dokument übermittelt hat oder dem Empfang eines solchen ausdrücklich zugestimmt hat[63].

## 11.6 Anwendung der unterschiedlichen Signaturverfahren

Die Regelungen über die elektronische Signatur haben aber nicht wegen Aspekts der Zugangseröffnung Eingang in das Verwaltungsrecht gefunden. Vielmehr soll die qualifizierte elektronische Signatur eine erheblich höhere Sicherheit vor Fälschung aufweisen als ein Papierdokument mit eigenhändiger Unterschrift[64].Gleichwohl stellt diese Form der elektronischen Signatur nur eine von mehreren möglichen Formen elektronischer Signaturen dar, denn das Signaturgesetz (SigG)[65] unterscheidet gleich drei verschiedene Verfahren[66]: Neben der (einfachen) elektronischen Signatur (definiert in § 2 Nr. 1 SigG) enthält das SigG in § 2 Nr. 2 eine Definition der fortgeschrittenen elektronischen Signatur. Diese „sonstigen" Signaturverfahren werden im Gesetz aber nicht weiter geregelt und bieten auch keine besondere Sicherheit. Des Weiteren definiert und regelt das Gesetz die in § 3a Abs. 2

---

63. Vgl. Roßnagel, NJW 2003, 471 (473).
64. Vgl. Storr, MMR 2002, 579.
65. Gesetz über Rahmenbedingungen für elektronische Signaturen und zur Änderung weiterer Vorschriften vom 16. Mai 2001, BGBl. I S. 876.
66. Vgl. Roßnagel, NJW 2003, 469 sowie DÖV 2001, 221 (224 ff.); sieht man die beiden „sonstigen" Signaturverfahren jeweils als eigenen Signaturtyp kommt man zwangsläufig auf vier verschiedene Signaturtypen, so Storr, MMR 2002, 579. Zu den verschiedenen Signaturtypen vgl. insbesondere den Beitrag von Nikolaus in diesem Band.

VwVfG genannte qualifizierte elektronische Signatur (§ 2 Nr. 3 SigG) und die qualifizierte elektronische Signatur mit Anbieter-Akkreditierung (§ 2 Nr. 3 i.V.m. § 15 Abs. 1 S. 4 SigG). Der Sicherheitsstandard steigt dabei von Signaturtyp zu Signaturtyp und ist zwangsläufig bei der qualifizierten elektronischen Signatur mit Anbieter-Akkreditierung am höchsten.

Das Verwaltungsverfahrensrecht begnügt sich grundsätzlich bei den elektronischen Signaturen also mit der zweithöchsten Sicherheitsstufe. Hintergrund ist die europarechtliche Vorgabe durch die EG-Signaturrichtlinie[67], dass grundsätzlich bereits qualifizierte elektronische Signaturen die rechtlichen Anforderungen an eine Unterschrift in Bezug auf elektronische Dokumente in gleicher Weise erfüllen können wie handschriftliche Unterschriften in Bezug auf Papierdokumente[68]. Die ausdrückliche Erfordernis einer qualifizierten elektronischen Signatur erlaubt es damit nicht mehr, Verwaltungsakte, für die im Einzelfall Schriftform vorgeschrieben ist, durch „einfache" – also nicht signierte – E-Mails zu übermitteln[69].

Dieser Grundsatz der Gleichstellung von qualifiziert elektronisch signierten Dokumenten mit durch Rechtsvorschrift angeordneter Schriftform kann aber nicht ausnahmslos gelten. Fachlich erforderliche Abweichungen vom Grundsatz des § 3a VwVfG enthalten die Art. 5 ff. des 3. VwVfÄndG. In insgesamt 67 Artikeln werden solche Abweichungen ausdrücklich festgelegt. Hierbei sind drei verschiedene Arten von Abweichungen vorgesehen: Ausschluss der elektronischen Kommunikation, Kommunikation mit abgesenktem Sicherheitsstandard und eine solche mit strengeren Sicherheitsanforderungen.

In einigen Fällen sah der Gesetzgeber das Bedürfnis, jede Form der elektronischen Form auszuschließen. Hier verwendet der Gesetzgeber Formulierungen, die die elektronische Form oder die Anwendung von § 3a VwVfG ausdrücklich ausschließen. So bestimmt etwa § 38a des Staatsangehörigkeitsgesetzes[70] ausdrücklich, dass eine Ausstellung von Urkunden in Staats-

---

67. Richtlinie 1999/93/EG vom 13. Dezember 1999 über gemeinschaftliche Rahmenbedingungen für elektronische Signaturen, ABl. EG 2000, Nr. L 13/12.
68. Vgl. Storr, MMR 2002, 579 (580); Kopp/Ramsauer, § 3a VwVfG, Rz. 4.
69. Vgl. Kopp/Ramsauer, § 3a VwVfG, Rz. 14.
70. Eingefügt durch Art. 5 des 3. VwVfÄndG.

angehörigkeitssachen in elektronischer Form ausgeschlossen ist. § 6 Abs. 2 Bundesbeamtengesetz wurde um eine Regelung ergänzt[71], nach der die Beamtenernennung in elektronischer Form ausgeschlossen ist. § 6 Abs. 1 des Passgesetzes wurde dahingehend ergänzt[72], dass § 3a des VwVfG keine Anwendung findet und damit die elektronische Beantragung eines Passes ausdrücklich ausgeschlossen wird. Und im Personenbeförderungsgesetz wurde etwa ein neuer § 5 eingefügt[73], der festlegt, dass Genehmigungen nach diesem Gesetz schriftlich zu erteilen sind, die elektronische Form ausgeschlossen ist, soweit sie nicht wiederum ausdrücklich zugelassen wird.

Anders ist die Situation in den Fällen, in denen zwar die elektronische Kommunikation zugelassen wurde, aber keine besonderen Erfordernisse an die Sicherheit gesehen wurden. Hier hat der Gesetzgeber den die Schriftlichkeit anordnenden Gesetzestext jeweils um die Worte „oder elektronisch" ergänzt. Diese Fälle sind erheblich seltener als der Ausschluss der elektronischen Kommunikation. Beispiele dafür sind etwa das Bundesreisekostenrecht[74], das Bundesumzugskostenrecht[75] oder das Statistikrecht[76]. In diesen Fällen darf die Kommunikation auch ohne qualifizierte elektronische Signatur erfolgen. Eine unsignierte oder nur einfach signierte E-Mail wäre in diesem Bereich zulässig.

Von besonderer Bedeutung ist aber die Möglichkeit, dass der Gesetzgeber die Anforderungen an die Sicherheitsstandards der elektronischen Kommunikation verschärfen kann. Hierfür kommt die höchste Sicherheitsstufe des SigG in Betracht, die nur durch akkreditierte Signaturen gewahrt werden kann. Von der qualifizierten Signatur unterscheiden sie sich dadurch, dass nur hier tatsächlich nachgeprüft wird, ob der Anbieter tatsächlich die gesetzlichen Anforderungen zur technischen und administrativen Sicherheit einhält (§ 15 Abs. 1 und 2 SigG). Dagegen ist der Sicherheitsstandard einer

---

71. Eingefügt durch Art. 9 des 3. VwVfÄndG.
72. Eingefügt durch Art. 13 des 3. VwVfÄndG.
73. Durch Art. 49 des 3. VwVfÄndG.
74. Art. 10 des 3. VwVfÄndG.
75. Art. 11 des 3. VwVfÄndG.
76. In § 17 des Bundesstatistikgesetzes werden nach dem Wort „schriftlich" die Wörter „oder elektronisch" eingefügt, vgl. Art. 16 des 3. VwVfÄndG.

qualifizierten elektronischen Signatur lediglich ein behaupteter[77]. Auch können nur akkreditierte Signaturen langfristig überprüft werden, während für die qualifizierte elektronische Signatur die Nachprüfbarkeit nur in eingeschränktem Umfang besteht[78]. Weil es sich hier um eine für den öffentlichen Bereich zugelassene[79] Ausnahme von dem europarechtlich vorgegebenen Grundsatz handelt, dass die qualifizierte elektronische Signatur die Schriftform ersetzen kann, ist die Verpflichtung zur Verwendung von akkreditierten Signaturen auf begründete Ausnahmefälle zu beschränken. Zudem müssen die zusätzlichen Anforderungen objektiv, verhältnismäßig und nichtdiskriminierend sein und dürfen sich nur auf die spezifischen Merkmale der betreffenden Anwendung beziehen (§ 1 Abs. 3 SigG). § 37 Abs. 4 VwVfG sieht entsprechend vor, dass für die elektronische Signatur eines Verwaltungsakts durch Rechtsvorschrift die dauerhafte Überprüfbarkeit vorgeschrieben werden kann. Im Fachrecht kann daher für Verwaltungsakte mit besonderer Bedeutung (insbesondere Dauerverwaltungsakte) die dauerhafte Überprüfbarkeit der qualifizierten elektronischen Signatur angeordnet werden. In diesen Fällen verdrängt § 37 Abs. 4 VwVfG die Generalklausel in § 3a Abs. 2 VwVfG[80]. Beispiele hierfür sind §§ 3 und 16 Vereinsgesetz[81] oder § 2b Atomgesetz[82].

## 11.7 Fehlerhafte elektronische Kommunikation

Die Generalklausel enthält mit Absatz 3 Regelungen für den Fall, dass ein elektronisches Dokument in einer für die Bearbeitung durch den Empfänger ungeeigneten Form – etwa als Datei, die der Empfänger nicht „öffnen" kann – übermittelt wird. Diese sehen für beide Seiten des Kommunikationsvorganges (Behörde und Bürger bzw. Unternehmer) vor, dass sie die jeweils andere Seite bei fehlerhafter elektronischer Kommunikation informieren,

---

77. Vgl. Storr, MMR 2002, 579; Kopp/Ramsauer, § 3a VwVfG Rz. 21.
78. Vgl. Roßnagel, NJW 2003, 469 (473); Storr, MMR 2002, 579.
79. Vgl. Roßnagel, DÖV 2001, 221 (225).
80. Vgl. Roßnagel, NJW 2003, 469 (473);
81. Geändert durch Art. 15 des 3. VwVfÄndG.
82. Eingefügt durch Art. 70 des 3. VwVfÄndG.

wobei aber nur die Behörde eine Pflicht zur Information trifft[83]. Ist ein der Behörde übermitteltes elektronisches Dokument für sie zur Bearbeitung nicht geeignet, so muss sie dies dem Absender unverzüglich unter Angabe der für sie geltenden technischen Rahmenbedingungen mitteilen (§ 3a Abs. 3 S. 1 VwVfG). Macht dagegen der Empfänger geltend, er könne das von der Behörde übermittelte elektronische Dokument nicht bearbeiten, hat die Behörde es ihm erneut in einem geeigneten elektronischen Format oder als Schriftstück zu übermitteln (§ 3a Abs. 3 S. 2 VwVfG). Daraus ergibt sich für die Verwaltung die Ermächtigung zur Festlegung eines für die elektronische Kommunikation zwingend erforderlichen technischen Standards[84].

## 11.8 Elektronische Verwaltungsakte auf Grundlage des 3. VwVfÄndG

Die Generalklausel schafft die grundsätzlichen Voraussetzungen für das elektronische Verwaltungsverfahren. Die Regelungen gelten auch für den Erlass von Verwaltungsakten. Dennoch sah der Gesetzgeber das Erfordernis, besondere Regelungen für elektronische Verwaltungsakte zu schaffen.

Zunächst einmal bleibt die Definition des Verwaltungsaktes in § 35 VwVfG unverändert. Auch das Internet macht es nicht erforderlich, an diesem in der Verwaltungstradition gewachsenen Regelungsinstrument zu rütteln. Allerdings wird durch die Einfügung des Wortes „elektronisch" in § 37 Abs. 2 S. 1 VwVfG ein neuer Typus des Verwaltungsaktes geschaffen, nämlich der elektronische Verwaltungsakt. Auch nach der Neuregelung können elektronische Verwaltungsakte nicht nur im schriftformbedürftigen, sondern auch im formfreien Bereich erlassen werden. Deshalb müssen elektronische Verwaltungsakte auch nicht zwingend in der Form nach § 3a Abs. 2 VwVfG ergehen[85].

---

83. Vgl. Kopp/Ramsauer, § 3a VwVfG Rz. 25.
84. Vgl. Kopp/Ramsauer, § 3a VwVfG Rz. 25.
85. Schmitz/Schlatmann, NVwZ 2002, (1286)

Obwohl außer Frage stand, dass der elektronisch erlassene Verwaltungsakt ein in anderer Weise erlassener ist[86], sah man das Erfordernis, den neuen Typus zu schaffen. Dem elektronischen Verwaltungsakt wurde nämlich ein erhebliches Entwicklungspotenzial beigemessen, sodass man es als erforderlich erachtete, ihn ausdrücklich in den Katalog der beispielhaften Aufzählung der wichtigsten Arten des Erlasses von Verwaltungsakten aufzunehmen und ihn nicht unter den „in anderer Weise" erlassenen zu verstecken[87].

Wollte man den elektronischen Verwaltungsakt aber dem schriftlich erlassenen gleichstellen, muss er auch die Funktionen erfüllen können, welche die Schriftform erfüllen soll. Dem trägt die Neuregelung in § 37 Abs. 3 VwVfG Rechnung.

§ 37 Abs. 3 S. 1 VwVfG stellt die inhaltlichen Anforderungen an den elektronischen Verwaltungsakt auf. Er muss die ausstellende Behörde erkennen lassen und die Namenswiedergabe des Behördenleiters, seines Vertreters oder seines Beauftragten enthalten. Wenn der Verwaltungsakt aufgrund gesetzlicher Anordnung der Schriftform bedarf, kann diese nun durch die elektronische Form ersetzt werden. In diesem Fall muss nach dem durch das 3. VwVfÄndG eingefügte § 37 Abs. 3 S. 2 VwVfG aber das der Signatur zu Grunde liegende qualifizierte Zertifikat die erlassende Behörde erkennen lassen. Alternativ muss ein zugehöriges qualifiziertes Attributzertifikat diese Information enthalten. Diese Anforderungen sind zusätzlich zur qualifizierten Signatur zu erbringen, denn nach § 3a Abs. 2 genügt nur der elektronische Erlass eines Verwaltungsaktes mit qualifizierter Signatur der durch Rechtsnorm angeordneten Schriftform[88]. Weil ein elektronischer Verwaltungsakt ohnehin die ausstellende Behörde erkennen lassen muss, wird die Regelung in § 37 Abs. 3 S. 2 VwVfG aber als überflüssig angesehen, die darüber hinaus ohne die Anforderung, das Zertifikat in die Signatur einzuschließen, wenig sinnvoll erscheint[89].

§ 37 Abs. 3 S. 2 VwVfG schafft im Wesentlichen zwei Möglichkeiten um die Signatur mit der Information über die erlassende Behörde auszustatten.

---

86. Vgl. Catrein, NWVBl. 2001, 50 (55).
87. Vgl. Catrein, NWVBl. 2001, 50 (55).
88. Vgl. Kopp/Ramsauer, § 37 VwVfG Rz. 35a.
89. Vgl. Roßnagel, NJW 2003, 469 (473).

Auf der einen Seite kann das Zertifikat gleich die erlassende Behörde nennen, weshalb die Signaturkarte im Regelfall dann auch nur dienstlich einsetzbar ist. Oder einer persönlichen Signaturkarte wird ein Attributzertifikat hinzugefügt[90]. Dieser in § 37 Abs. 3 S. 2 VwVfG verwendete Begriff „Attributzertifikat" hat seinen Ursprung in §§ 5 Abs. 2, 7 Abs. 1 Nr. 9 und Abs. 2 SigG[91]. Dort wird festgelegt, dass ein qualifiziertes Zertifikat auf Verlangen eines Antragstellers Angaben über seine Vertretungsmacht für eine dritte Person sowie berufsbezogene oder sonstige Angaben zu seiner Person (Attribute) enthalten kann. Diese Attribute können bei Behörden-Mitarbeitern etwa den Zuständigkeitsbereich innerhalb einer Behörde umfassen. Wechselt ein Mitarbeiter in einen anderen Zuständigkeitsbereich innerhalb der Behörde, muss nicht das gesamte Zertifikat erneuert, sondern nur eine neues Attributzertifikat erstellt werden[92]. Wenn § 37 Abs. 3 S. 2 VwVfG aber nur ein qualifiziertes Attributzertifikat als hinreichend erachtet, so liegt hierin ein Anwendungsfall von § 7 Abs. 2 SigG, wonach Attribute auch in ein gesondertes qualifiziertes Zertifikat aufgenommen werden können.

## 11.9 Zugang und Bekanntgabe von elektronischen Verwaltungsakten

Die umfassende Ermöglichung elektronischen Verwaltungshandelns zog zwangsläufig weitere gesetzliche Änderungen nach sich. Dazu zählt die Anpassung der Zugangs- (§ 15 VwVfG) und der Bekanntgabefiktion (§ 41 Abs. 2 VwVfG). Das VwVfG bestimmte bislang, dass schriftliche Verwaltungsakte am dritten Tag nach der Aufgabe zur Post als bekannt gegeben galten. Diese Fiktion gilt nunmehr auch für elektronisch übermittelte Verwaltungsakte: § 41 Abs. 2 VwVfG erhielt durch das 3. VwVfÄndG eine Bestimmung, nach der auch ein Verwaltungsakt, der elektronisch übermittelt wird, am dritten Tage nach der Absendung als bekannt gegeben gilt[93]. Hier

---

90. Schmitz/Schlatmann, NVwZ 2002, 1281 (1286).
91. Dort allerdings geschrieben als „Attribut-Zertifikat".
92. Vgl. Kopp/Ramsauer, § 37 VwVfG Rz. 35a.
93. Vgl. Storr, MMR 2002, 579 (582).

geht es aber nur um die Wirkung der elektronischen Übermittlung eines Dokumentes, nicht aber darum, ob überhaupt ein Zugang i.S.v. § 3a Abs. 1 VwVfG eröffnet wurde[94].

Im Übrigen ist diese Regelung zumindest auf den ersten Blick überraschend, denn anders als der herkömmliche Brief hat eine elektronische Mitteilung den Empfänger im Regelfall innerhalb von Sekunden erreicht. Die Übernahme der Zugangsfiktion aus der Zeit der „snail mail", wo auf die Übermittlung von Schriftstücken und deren Transport abgestellt wurde, schien hier nicht zwingend. Anders als beim Postweg spielt beim elektronischen Erlass von Verwaltungsakten die Entfernung zum Bestimmungsort keine Rolle mehr[95]. Es wurde daher eine Anpassung der Zugangs- und Bekanntgabefiktion dahingehend erwogen, dass der Zugang spätestens am Tag nach der Übermittlung vermutet werden sollte[96]. Wegen der Unwägbarkeiten des Internets wurde dieser Vorstoß aber verworfen. Es lässt sich im Internet nämlich nicht festlegen, auf welchem Übertragungsweg ein Dokument zum Empfänger gelangt. Je nach Provider gibt es auch unterschiedliche Verhaltensweisen, wenn ein Übermittlungsversuch scheitert. Aus diesem Grund erschien auch bei der elektronischen Übermittlung ein Zeitraum von drei Tagen angemessen, um die – widerlegbare – Bekanntgabefiktion in § 41 Abs. 2 VwVfG greifen zu lassen. Zugleich wurde mit der Bezugnahme auf die Absendung des Dokuments ein der physischen Aufgabe zur Post vergleichbarer und leicht festzuhaltender Anknüpfungspunkt gewählt[97].

Es war insoweit konsequent, dass der Gesetzgeber diese Fiktion der Bekanntgabe am dritten Tag nach der Absendung auch auf die Zugangsfiktion des § 15 VwVfG übertragen hat. Für den Fall, dass ein Beteiligter über keine postalische Anschrift im Bundesgebiet verfügt, hat er einen Empfangsbevollmächtigten in Deutschland zu benennen. Unterlässt er dies, kann die Behörde alle weiteren Schreiben an ihn mit gewöhnlicher Post aufgeben[98]

---

94. Vgl. Schmitz/Schlatmann, NVwZ 2002, 1281 (1288).
95. Vgl. Schmitz/Schlatmann, NVwZ 2002, 1281 (1288).
96. Vgl. Roßnagel, DÖV 2001, 221 (231); Schmitz/Schlatmann, NVwZ 2002, 1281 (1288).
97. Vgl. Schmitz/Schlatmann, NVwZ 2002, 1281 (1288).
98. Vgl. Kopp/Ramsauer, § 15 VwVfG Rz. 7.

# 11 – Der elektronische Verwaltungsakt als Kernelement des E-Government

und an seine Adresse im Ausland versenden. Nach der Neufassung des § 15 VwVfG durch das 3. VwVfÄndG gilt ein an ihn gerichtetes Schriftstück – wie bisher – am siebenten Tage nach der Aufgabe zur Post als zugegangen; ein elektronisch übermitteltes Dokument aber schon am dritten Tage nach der Absendung. Für die Übermittlung von elektronischen Verwaltungsakten über das Internet macht es übertragungstechnisch keinen Unterschied, ob der Empfänger im In- oder Ausland ansässig ist. Deshalb ist die Gleichstellung der Fristen in § 15 und § 41 Abs. 2 VwVfG gerechtfertigt. Allerdings ändert die Neufassung von § 15 VwVfG nichts an der bisherigen Rechtslage, dass die Fiktion nur greifen kann, wenn der Behörde der ausländische Wohnsitz, Sitz oder Aufenthaltsort bekannt ist[99]. Nicht ausreichend ist dafür die alleinige Kenntnis einer E-Mail-Adresse[100]. Diese Rechtslage dürfte an Bedeutung zunehmen, denn sowohl die Möglichkeit der Inanspruchnahme von öffentlichen Diensten im Rahmen des E-Government als auch die zunehmende Nutzung der Freiheiten des wachsenden Binnenmarktes – insbesondere der Dienstleistungsfreiheit – dürfte zu einer erheblichen Zunahme der Fälle grenzüberschreitenden Wirtschaftens führen.

## 11.10 Zustellung von elektronischen Verwaltungsakten

In den Fällen, in denen die förmliche Zustellung von Verwaltungsakten erfolgen muss oder soll, schaffen die Regelungen über den elektronischen Verwaltungsakt keine Erleichterung. Die Zustellung von Urkunden erfolgt nämlich nach der Regelungen des Verwaltungszustellungsgesetzes[101] (VwZG). § 2 Abs. 1 VwZG legt fest, dass die Zustellung durch Übergabe des Schriftstückes zu erfolgen hat. Alle weiteren Regelungen des VwZG orientieren sich an dieser physischen Übergabe, weshalb eine Anwendung der Zustellungsregeln auf elektronische Dokumente grundsätzlich ausschei-

---

99. Bonk/Schmitz in Stelkens/Bonk/Sachs, § 15 VwVfG Rz. 11.
100. Vgl. Schmitz/Schlatmann, NVwZ 2002, 1281 (1288).
101. Verwaltungszustellungsgesetz vom 3. Juli 1952, BGBl I 1952, 379; zurückhaltend dagegen Schwarz in Hübschmann/Hepp/Spitaler, § 2 VwZG Rz. 14.

det[102]. Auch wenn es hier Auflockerungstendenzen gibt, nach denen etwa eine (elektronische) Zustellung per Telefax als zulässig angesehen wird[103], empfiehlt es sich, schnellstmöglich Rechtsklarheit zu schaffen und der elektronischen Zustellung den Weg zu ebnen.

Das VwZG sollte deshalb modernen Anforderungen an den elektronischen Verwaltungsgeschäftsverkehr angepasst werden, um auch eine Zustellung elektronischer Verwaltungsakte zu ermöglichen. Ziel der Anpassung muss es sein, die Zustellung eines elektronischen Dokuments nachweisen und das Abstreiten des Zugangs unterbinden zu können[104]. Hier bietet sich zunächst die Möglichkeit an, dass die Behörde auf einen spezifischen Zustelldienst zugreifen kann, der das Abrufen der E-Mail aus der Mailbox des Empfängers bestätigt. Die Behörde könnte ihrem elektronischen Dokument aber auch ein Empfangsbekenntnis beifügen, das vom Empfänger elektronisch signiert und an die Behörde zurückgesandt wird[105]. Erst durch eine entsprechende Änderung des VwZG wird E-Government auch im Bereich der förmlichen Zustellung ermöglicht.

## 11.11 Fazit

Das 3. VwVfÄndG macht es möglich, dass neben papiergestützten Handlungsformen auch elektronische Dokumente rechtsverbindlich in der öffentlichen Verwaltung eingesetzt werden können. Durch § 3a VwVfG ist die Gleichwertigkeit von gesetzlich angeordneter Schriftform und elektronischer Form erreicht. Klarstellend wird der elektronische Verwaltungsakt als neuer Typ ins Leben gerufen. Einem umfassenden E-Government steht rechtlich nichts mehr im Weg[106]. Die neuen Möglichkeiten erfassen auch den Kernbereich des Verwaltungshandelns, nämlich den Erlass von Verwaltungsakten. Bislang hat der elektronische Verwaltungsakt aber den Durch-

---

102. Vgl. Stelkens/Stelkens in Stelkens/Bonk/Sachs, § 37 VwVfG Rz. 46d; Roßnagel, DÖV 2001, 221 (231).
103. Vgl. Stelkens/Stelkens in Stelkens/Bonk/Sachs, § 37 VwVfG Rz. 54b f.
104. Vgl. Schlatmann, DVBl. 2002, 1005 (1013); Roßnagel, DÖV 2001, 221 (231).
105. Vgl. Roßnagel, DÖV 2001, 221 (231); Storr, MMR 2002, 579 (582).
106. Roßnagel, NJW 2003, 469.

bruch noch nicht geschafft. Die Ursache liegt hier in den derzeit noch relativ hohen technischen Hürden. Wenngleich die Zahl der Privathaushalte mit Internetanschluss ständig steigt, verfügen aber die wenigsten über die Möglichkeit einer elektronischen Signatur. Dies liegt auch an den Kosten, die mit der Beschaffung einer Signaturkarte verbunden sind.

Bei den eher sporadischen Behördenkontakten lohnt sich die Beschaffung alleine für die Inanspruchnahme des formgebundenen E-Governments nicht. Soweit sich die elektronische Signatur aber auf breiter Basis (etwa im Privatrechtsverkehr oder beim Online-Banking) durchsetzt, werden die Bürger die Bereitschaft zeigen, diese auch bei Behördenkontakten einzusetzen. Anders sieht aber die Situation in den Unternehmen aus: Hier kann es durch die laufende Inanspruchnahme elektronischer öffentlicher Dienste zu erheblichen Kosteneinsparungen kommen, was die Nachfrage nach Angeboten seitens der Behörden ankurbeln hilft. Ohne eine dynamische Weiterentwicklung der elektronischen Identitäts- und Authentifizierungssysteme wird aber das Ziel von eEurope, dass die Europäer über eine öffentliche Verwaltung von Weltrang verfügen, nicht zu erreichen sein.

# 12 Elektronische Verwaltung: Rechts- und Verwaltungsorganisationsfragen bei der Implementierung

von
Regierungspräsident a. D. Professor Dr. jur. Axel Saipa, LL.M.

## 12.1 Einleitung

Die rasante Entwicklung der Kommunikationstechnologie hat Wirtschaft, Verwaltung und Justiz gezwungen, bei Kunden, Auftragnehmern oder Auftraggebern, bei Bürgerinnen und Bürgern, die Verwaltungs- oder Justizdienstleistungen in Anspruch nehmen oder die Adressaten von Verwaltungs- oder Justizentscheidungen sind, von konventionellen auf moderne Kommunikationsformen umzuschalten. In der Wirtschaft hat sich dieser Prozess ohne größere öffentliche Aufmerksamkeit vollzogen, auch wenn er teilweise, wie etwa beim elektronischen Bankverkehr, konventionelle Kommunikationsformen völlig ausschließt. In Verwaltung und Justiz ist das in dieser Weise, wie zu zeigen sein wird, so nicht möglich.

Soweit es die öffentliche Verwaltung angeht, waren und sind es vor allem die Kommunalverwaltungen, die sich wegen ihres täglichen unmittelbaren Kontaktes mit den Bürgerinnen und Bürgern schon recht früh mit der Elektronisierung oder Digitalisierung der Verwaltungsleistungen befasst haben[1]. Die frühere Niedersächsische Landesregierung hatte sich mit dem Thema

---

1. Dazu nur beispielhaft Axel Saipa/Oliver Kasties/Frank Dreßler, Verwaltungsreform beim Landkreis Goslar: Konsolidierung, Leistungskontrolle und Zukunftskonzept, in: BFuP 1997, S. 681, 685; Hannes Rehm/Sigrid Matern-Rehm, Kommunale Finanzwirtschaft, Frankfurt am Main, 2003

## 12 – Elektronische Verwaltung

„E-Government" in den letzten beiden Jahren intensiv beschäftigt, nachdem sie große Anstrengungen unternommen hatte, die „Elektronisierung" der öffentlichen Verwaltung voranzutreiben. Die Computerisierung der Arbeitsplätze wurde beschleunigt und Internet, Intranet, E-Mail sind die Stichwörter dazu. Erlasse der Ministerien kommen per E-Mail oder Berichte werden auf diesem Wege gesandt, Landtagsvorlagen und Rechtsquellen oder andere Erkenntnisse kann der Bürger aus dem Internet abrufen. Verwaltungsentscheidungen – und natürlich auch Gerichtsentscheidungen – werden elektronisch vorbereitet, abgefasst und gespeichert, aber sie werden dem Betroffenen oder Begünstigten noch schriftlich zugestellt. Standardtexte und Versatzstücke sind vorhanden, mit denen sich schnell arbeiten lässt, wenn man etwa an das „Massengeschäft" denkt. Dazu lässt sich eine interessante Zahl aus der staatlichen Mittelinstanz, also den vier Bezirksregierungen in Niedersachsen sagen: jährlich verfasste eine der vier Bezirksregierungen – neben vielen anderen Entscheidungstypen – ca. 2.900 Widerspruchsbescheide in praktisch allen öffentlich-rechtlichen Rechtsgebieten, durch die der verwaltungsinterne Rechtsschutz eine Entlastung der Verwaltungsgerichtsbarkeit bewirkte. Mancher kann sich noch an die Zeiten erinnern, in denen z. B. Widerspruchsbescheide oder Urteilsentwürfe bei gleich gelagerten Fällen aus den Akten kopiert und handschriftlich angepasst wurden, um sie dann in der „Kanzlei" schreiben und aus der Organisationseinheit heraus über die „Poststelle" dem Adressaten schicken oder zustellen zu lassen. Im Binnen-Leben von Justiz und Verwaltung wurden „Abschriften" durch „Kopien" ersetzt, Kopien durch „Ausdrucke", und nun geht es darum, Anträge oder Klagen und Bescheide, Urteile oder Beschlüsse gleichsam durch E-Mail zu ersetzen.

Die jetzige Landesregierung setzt diesen Kurs – natürlich – fort. Er ist Reflex der unaufhaltsamen technischen Entwicklung in der Kommunikation, er spart Kosten, er hat aber auch – das sei nur am Rande erwähnt – schon eine große Zahl von Arbeitsplätzen im öffentlichen Dienst überflüssig gemacht.

Die Kommunalverwaltungen waren – wie bereits erwähnt – Vorreiter dieser Entwicklung, denn sie haben den direkten Kontakt zum Bürger, weil sie im eigenen und übertragenen Wirkungskreis erstinstanzlich entscheiden, sofern nicht staatliche Aufgaben tatsächlich (noch) von staatlichen Behörden vollzogen werden[2]. Deshalb nimmt es nicht Wunder, wenn auf den „E-Government-Tagungen" elektronische Rathäuser vorgestellt werden. Aber es sollte schon zu denken geben, dass diese Rathäuser meistens in Süddeutschland liegen: Esslingen mit seiner elektronischen Bauverwaltung oder der Städteverbund Nürnberg/Fürth/Schwabach/Bayreuth können als Beispiele genannt werden[3]. In dem Maße, wie z. B. in Niedersachsen im Zuge der geplanten Abschaffung der Bezirksregierungen weitere Staatsaufgaben „kommunalisiert" werden, wir der Druck zur schnellen und kostengünstigen Erledigung der Aufgaben bei den Kommunalverwaltungen noch größer[4].

## 12.2 „Unter falscher Flagge"

Eine Zwischenbemerkung ist erforderlich, die keinesfalls philologisch zu verstehen ist. Das Wort „E-Government" darf eigentlich nicht weiter als Fachterminus verwendet werden, weil es missverständlich ist. Amerikanische Juristen, Politologen oder Exponenten von Public Administration, aber auch die amerikanischen Bürger selbst, verstehen unter „Government" die Gesamtheit der Staatsorgane[5], so dass sie – wenn sie differenzieren wollen –

---

2. Klaus Rosenzweig, Kommunalrecht, in: Edmund Brandt/Manfred-Carl Schinkel (Hrsg), Staats- und Verwaltungsrecht für Niedersachsen, S.287, bemerkt zutreffend, „angesichts des Umstandes, dass das Land weitgehend auf eigene Behörden auf der unteren Verwaltungsstufe verzichtet hat, sind die Aufgaben des übertragenden Wirkunskreises, die von den Kommunen wahrzunehmen sind, außerordentlich vielgestaltig" und er zitiert dann (FN 109) empirische Untersuchungen, nach denen zwei Drittel aller von den Kommunen wahrgenommener Aufgaben solche des übertragenen Wirkungskreises seien. Bei den Landkreisen dürfte das quotale Verhältnis zwischen übertragenen (Staats) Aufgaben und eigenen Aufgaben in Richtung von drei Vierteln zu einem Viertel gehen; siehe dazu Jörn Ipsen, Kommunalrecht, Übersichten S.90/91
3. Frankfurter Rundschau vom 10. August 2002, Handelsblatt vom 23. Juli 2002
4. Nach meiner Einschätzung dürfte nach dieser Aufgabenverlagerung, die natürlich auch eine Aufgabenprivatisierung und eine Aufgabenabschaffung beinhalten wird, gleichwohl der Bestand an Staatsaufgaben bei den Kommunen weit mehr als 80% betragen.
5. Axel Saipa/Hans Georg Schütze, das öffentlich-rechtliche Schrifttum in den Vereinigten Staaten von Amerika – Überblick und Analyse, Archiv des öffentlichen Rechts (AöR) 1971, S.113 ff.; dazu auch Kenneth Culp Davis, Administrative Law, St. Paul, Minnesota, 1965, mit Bezug auf eine Kernentscheidung des Supreme Court (Kilbourn v. Thompson, 103 U.S. 168, L.ED. 377 <1887>, wo es heißt: „...that all powers of government are divided into executive, legislative and judicial..."

von „legislative branch of government", administrative or executive branch of government" oder „judicial branch of government" sprechen. „ Government" ist also mehr als „Regierung" und wesentlich mehr als das, was wir „Verwaltung" oder „Exekutive" nennen. „Regierung" im deutschen Sinne ist ja nicht unbedingt Gegenstand unserer heutigen Bemühungen. Aber auch die Ersetzung des Begriffes „E-Government" durch „E-Administration" ist nicht wünschenswert, auch wenn er halbwegs richtig übersetzt wäre, denn das liegt nahe, dass unsere Sprache keinen passenden Begriff bereithält. Warum haben wir nicht einfach den Mut, von elektronischer Verwaltung zu sprechen, so wie das Gesetz von elektronischer Kommunikation spricht, und damit wie die Franzosen, Italiener oder Spanier erkennbar zu machen, dass wir unsere Sachverhalte, unsere Projekte und unsere politischen und rechtlichen Vorgänge auch in unserer Sprache ausdrücken können.

## 12.3 „Digitale Spaltung"

In dem Buch von Edmund Brandt und Manfred-Carl Schinkel „Staats- und Verfassungsrecht für Niedersachsen"[6] heißt es aus der Feder von Edmund Brandt an einer Stelle[7], *„die elektronische Form (i.e. der Arbeit der Verwaltung) soll eine gleichberechtigte Alternative zur gesetzlich angeordneten Schriftform werden. Die elektronische Signatur soll dem elektronischen Dokument eine dem Schriftstück vergleichbare Beweiseignung verleihen"*. Dann nennt Brandt eine Reihe von Vorschriften, die Schriftform voraussetzen, z. B. § 38 I VwVfG (Zusicherung), § 37 II 2 VwVfG (Bestätigung eines mündlichen VA) oder § 57 VwVfG (Abschluss eines öffentlich-rechtlichen Vertrages) sowie Sonderregelungen des Verwaltungsverfahrens, die Schriftform, Aushändigung von Urkunden, Vorlage einer Unterschriftenliste oder Zustellung eines Schriftstücks verlangen, um dann zu folgern, *„will man das Ziel des vollelektronischen Verwaltungshandelns und damit die Modernisierung der Verwaltung umsetzen, muss also nicht nur das VwVfG, sondern müssen zahlreiche Vorschriften geändert werden. Zudem müssen die technischen Voraussetzungen geschaffen werden, um mit einer fälschungs-*

---

6. 1. Auflage 2002, Baden-Baden
7. Ebenda, Brandt, Recht der Verwaltungsorganisation, S. 168

## „Digitale Spaltung"

*sicheren elektronische Unterschrift sichere Verfahrensabläufe zu gewährleisten".*

Das VwVfG (des Bundes) ist geändert worden und es enthält in seiner Bekanntmachung vom 23. Januar 2003 (BGBl. I S. 102) den § 3a, der sich mit der elektronischen Kommunikation befasst. Dort ist auch die Rede von der elektronischen Signatur, deren Einzelheiten das Signaturgesetz regelt. In den §§ 33 V (Beglaubigung von Dokumenten, hier: Ausdruck eines Dokumentes, das mit einer elektronischen Signatur verbunden ist) und 71a ff., die Regelungen zur Verfahrensbeschleunigung erhalten, wird das aufgegriffen. Damit sind die verwaltungsverfahrensrechtlichen Prämissen für die elektronische Kommunikation optimiert worden.

In dem bereits zitierten Buch schreibt Antje Niewisch-Lennartz[8], *„der einzelne wird sich aber erst dann von der Papierform und der persönlichen Vorsprache – der personalintensivsten Form – ab- und den neuen Möglichkeiten zuwenden und damit Wirtschaft und Verwaltung die begehrten Effektivierungspotentiale eröffnen, wenn er darauf vertraut, dass seine persönlichen Daten ausschließlich in der eingegangenen Geschäftsbeziehung oder im gewünschten Verwaltungsverfahren genutzt werden".*

In diesem Spannungsbogen zwischen verfahrensrechtlicher Ermöglichung von elektronischer Verwaltung und „schottendichter" datenschutzrechtlicher Absicherung des elektronischen Verkehrs zwischen Bürger und öffentlicher Hand befinden wir uns. Aber es gibt noch einen weiteren Spannungsbogen und der hat gleichsam eine gesellschaftspolitische Komponente. Darf – so muss man fragen – der Staat für die Kommunikation mit seinen Organen einen bestimmten technischen Modus vorschreiben, der nicht oder noch nicht allen Menschen in der Gesellschaft zugänglich ist? Was ist mit alten oder älteren Menschen, die elektronische Kommunikation nicht beherrschen, oder anderen, die sich keinen Computer und/oder Internetanschluss leisten können? Was ist mit Menschen, die das nicht wollen? Kann oder darf der Staat sie dazu zwingen? Reicht die Vermittlung der Basiskenntnisse für diese Kommunikationsform aus, die in der Schule geleistet wird, wenn doch auch hierfür sicheres Lesen und Schreiben unerlässlich ist, bevor sich je-

---

8. aaO., Datenschutzrecht, S. 472

mand an seinen PC setzt? Wird es einen neuen Berufsstand geben müssen, der – gleich einem Anwalt für den Rechtsunkundigen – nun als beliebiger Bevollmächtigter für den der elektronischen Kommunikation Unkundigen tätig werden muss? Die idyllische gesellschaftliche Variante, die viele, ältere und jüngere – manchmal in einem bewussten „understatement" – erzählen, wonach ihnen Söhne, Töchter oder Enkel beim Umgang mit den modernen Kommunikationsinstrumenten helfen, kann doch nicht zum staatlichen Programm erhoben werden.

Das hier beschriebene Problem wird „digitale Spaltung" genannt.

Es ist gewiss nicht überraschend, wenn man behauptet, der Staat müsse über viele Jahre hinweg beide Kommunikationsformen rechtlich gleichwertig und als wahlweise Optionen anbieten. Die Wirtschaft tut das, wenn es verkaufs- oder umsatzrelevant ist. „Electronic banking" hat noch nicht die Chance ausgeschlossen, „am Schalter" Bankgeschäfte zu erledigen, es sei denn, jemand hat eine Geschäftsbeziehung zu einer Bank aufgenommen, die keine persönliche Präsenz „in der Fläche" mehr hat. Aber – wie gesagt – hier gibt es Alternativen. Und die gäbe es beim Staat, also bei der öffentlichen Verwaltung und der Justiz, eben nicht. Sein hoheitlicher Zugriff, seine ordnungsrechtliche Kompetenzen, sein Genehmigungs- oder Planungsmonopol, seine Dienstleistungen sind – dem Rechtstaatsprinzip des Art. 20 GG entsprechend – immer an örtliche und sachliche Zuständigkeiten gebunden. Um es platt zu sagen, im Anschluss an das „Bankbeispiel": wenn die Bauverwaltung des für einen Bauherrn zuständigen Landkreises A nur noch elektronisch im Zu- und Abgang arbeitet und die des unzuständigen Landkreises B auch „Papier-Anträge" entgegennimmt, kann der Bauherr seine Baugenehmigung gleichwohl nicht bei B beantragen, wenn er keinen PC mit Internetanschluss hat, weil B für ihn örtlich und sachlich nicht zuständig ist.

Umgekehrt kann z. B. die Gemeinde als Trägerin der Bauleitplanung für Flächennutzungs- und Bebauungspläne die gesetzlich vorgesehene Kommunikation mit ihren Bürgern/Einwohnern stark über das Internet laufen lassen, aber sowohl bei der frühzeitigen Bürgerbeteiligung nach § 3 Abs. 1 BauGB als auch bei der förmlichen Bürgerbeteiligung nach § 3 Abs. 2 BauGB muss sie verfahrensrechtlich das Problem der digitalen Spaltung überwinden, denn ein im Internet „öffentlich ausgelegter" Bebauungsplan-

## „Digitale Spaltung"

entwurf ist nicht vorschriftsgemäß ausgelegt in Bezug auf die Betroffenen, die keinen Zugang dazu haben.

Man kann sich – gerade unter dem Eindruck dieser simplen Beispiele – sofort fragen, ob nicht dadurch eine weitere Verwaltungsorganisationsreform ausgelöst werden könnte. Entweder müssen die Behörden Papier- und elektronische Kommunikation auf lange Zeit parallel anbieten oder sämtliche örtlichen, sachlichen und instanziellen Zuständigkeiten der Verwaltungsbehörden müssten – pro futuro – dann noch um eine „Kommunikationskomponente" ergänzt werden. Das müsste dann vermutlich in der Form geschehen, dass eine Stelle jenseits des herkömmlichen Zuständigkeitsschemas eröffnet wird, die nur mündlich oder herkömmlich schriftlich korrespondiert, kommuniziert und reagiert. Aber: wie soll diese Stelle ein konventionelles Kommunikationsverfahren z. B. für einen „fremden" Bebauungsplan oder eine Anhörung nach § 28 VwVfG für eine nicht von ihr gefertigte, elektronische Entscheidung veranstalten? Gesellschaftspolitisch würde man gewiss sofort von einer „Zwei-Klassen-Verwaltung" sprechen und verwaltungspolitisch wäre das auch prekär: sind die Mitarbeiter bei der „herkömmlichen Stelle" die besonders guten und beweglichen, weil sie konkreten Bürgerkontakt haben und alles können müssen, denn sie müssten ja auch die Zuständigkeitsgrenzen überspringen, oder hätten sie – abträglich formuliert – eine Art „Mülleimer-Funktion", weil sie nur Fälle von Bürgern bearbeiten, die gleichsam gesellschaftlich rückständig sind? Und weiter: welcher Verwaltungsträger im Gefüge – man denke nur, um im Duktus zu bleiben, an Landkreise und innerhalb der Landkreise bestimmte Städte als Baugenehmigungsbehörden – würde die moderne, welcher die unmoderne Aufgabe übernehmen?

Auf jeden Fall muss – um ein Wort aus der einschlägigen Literatur zu verwenden – der Medienbruch, nämlich die manuelle Unterschrift auf einem Ausdruck, noch eine Zeit bestehen bleiben. Denn die digitale Signatur kann ihre Sinnhaftigkeit – und das ist ihre essenzielle Bedeutung innerhalb konzeptioneller Überlegungen zur Gestaltung der einzelnen Geschäftsprozesse und der damit verbundenen Reorganisation der Verwaltungsprozesse – nur im echten online-Betrieb entfalten.

## 12 – Elektronische Verwaltung

Dies alles hat nun nichts zu tun mit den Optimierungschancen, die die öffentliche Verwaltung innerhalb ihres Gefüges für sich selbst und damit für den Bürger initiieren kann, und zwar nicht nur lokal, sondern natürlich auch regional, landesweit, bundesweit, europaweit. Hier geht es nicht vordergründig um die Beziehung „Bürger – Verwaltung", sondern um die Beziehungen innerhalb der öffentlichen Verwaltung. Dass deren Verbesserung dem Bürger zugute kommt, ist weit mehr als ein Nebeneffekt.

Nehmen wir ein konkretes Beispiel aus der Region Braunschweig-Harz: am 22. August 2003 meldete die Goslarsche Zeitung, „die Verwaltung unserer Region geht online. Einwohnerdaten, Haushaltspläne, Ordnungswidrigkeiten und Wohngeldanträge – alles soll nach und nach über das weltweite Netz organisiert werden. Bei der KOSYNUS-GmbH in Braunschweig laufen die Fäden zusammen, sie setzt das Projekt < Moin! – Meldewesen online> um". Dahinter steht die Absicht zu vermeiden, dass in Sekunden ausgedruckte Datensätze später konventionell per Post oder Fax an den Fragesteller gehen.

Dieses Modell kann man auf viele Bereiche übertragen. Denken wir an Folgendes:

- In einem komplizierten immissionsschutzrechtlichen Verfahren muss die Genehmigungsbehörde etliche Träger öffentlicher Belange beteiligen. Der neue § 71d VwVfG bietet dazu das Sternverfahren an, nach dem gleichzeitig und unter Fristsetzung die Stellungnahmen angefordert werden. Dieses Verfahren konnte auch früher schon gewählt werden, aber wenn man sich jetzt vorstellt, dass die Äußerungen elektronisch kommen, das Programm die Fristen überwacht und Posteingangs- und Durchgangszeiten vermieden werden, tritt der Beschleunigungseffekt gewinnbringend ein. Je schneller die Stellungnahmen bearbeitet werden, desto schneller kann der Bescheid ergehen.
- Dasselbe gilt für eine ganze Reihe von weiteren Verfahren, an denen andere Stellen beteiligt sind: Raumordnungsverfahren, Planfeststellungsverfahren oder Bauleitplanverfahren jenseits der gesetzlich geregelten Auslegung.
- Aber jedes „normale Verwaltungsverfahren" taugt auch dafür. Denn es gibt ja kaum Verwaltungsverfahren, in denen nicht auch andere als die Entscheidungsbehörden zu beteiligen sind. Ausländerrechtliche oder

straßenverkehrsrechtliche Verwaltungsakte, verbraucherschutzrechtliche Maßnahmen, gentechnische, medizintechnische Entscheidungen, naturschutzrechtliche Befreiungen – immer ist irgendeine Fachbehörde zu beteiligen (Landesamt für Ökologie, Landesamt für Verbraucherschutz, Landesgesundheitsamt, Landesamt für Geowissenschaften, Bundesamt für das Kraftfahrwesen usw.).

Selbst da, wo der Rechtsvollzug im Vordergrund steht – etwa im
- Ausländerrecht, im allgemeinen Gefahrenabwehrrecht, im Gewerberecht, im
- Baurecht oder, um ein ganz anderes Beispiel zu wählen, im Gewerbesteuerrecht
- sind andere Stellen im Verfahren einzuschalten: die Gemeinde beim Einvernehmen, die Melde- oder Ausländerbehörde, das Finanzamt, die Polizei.

Bei der Vielfalt der öffentlichen Verwaltung ist die Zahl der Beispiele wirklich Legion. Aus der realen Praxis lässt sich aber auch manches nennen, was vielleicht als exotisch empfunden wird und was nicht Rechtsvollzug oder Verwaltung im engeren Sinne ist: immer wieder habe ich es als störend empfunden, dass das gewaltige Kultur- oder Veranstaltungsangebot in dem Regierungsbezirk, für den ich verantwortlich war, streckenweise willkürlich organisiert war. Musiktage hier, Kleinkunstfestival dort, Altstadtfest hier, Ausbildungsmesse dort, feste Theaterangebote und Tourneetheater, Museumsaktivitäten und Einweihungen – alles zur gleichen Zeit an verschiedenen Orten. Auch da wäre ein Online-Austausch eine große Chance.

Aber zurück zu den echten Verwaltungsthemen:

Nachfragen, Rückfragen, Sachverhaltsaufklärungen, die Beseitigung von Unklarheiten können sofort „online" vorgenommen werden. Vergleiche sind möglich, man denke an Haushaltspläne oder Stellenpläne der Landkreise und Gemeinden und, etwa in der Binnenorganisation der Kommunen im Rahmen der neuen Steuerungsmodelle, es werden Kosten- und Produktvergleiche schneller möglich. Entscheidungen können – unter Berücksichtigung von Datenschutz – ausgetauscht werden. Wie oft habe ich in meiner kommunalen Praxis die Frage gehabt, wie die Stadt X oder der Landkreis Y die Ordnungsangelegenheiten, die Bauverwaltung, den Tiefbaubereich, die

## 12 – Elektronische Verwaltung

Volkshochschule oder die Musikschule organisiert. Dann mussten Papiere angefordert und synoptisch aufbereitet werden. In einer elektronischen Verwaltung würden regionale Abstimmungen in Planungsprozessen, Wirtschaftsförderungsmaßnahmen, kommunal- oder landespolitische Aktivitäten, kurz: das gesamte Dienstleistungsprogramm der öffentlichen Verwaltung vernetzt und optimiert zum Wohle desjenigen angeboten, der die behördlichen Entscheidungen für private oder geschäftliche Zwecke benötigt.

Lokale und regionale Partizipation von interessierten Bürgern an den Entscheidungsvorbereitungen, am politischen Willensbildungsprozess erführe durch die neuen Verfahrensweisen eine neue Chance und die ist bitter nötig in einer Zeit, in der die Teilnahme jener, für die Politik gemacht wird – gleichviel, ob Kommunalpolitik, Regionalpolitik oder Landes- und Bundespolitik – immer geringer wird. In dem Maße, wie diese Zahlen, Daten und Fakten im Internet abrufbar sind, geschieht dieser Austausch ja auch schon. Aber dabei geht es um die Binnen-Arbeit der Verwaltungen und die Information der Bürgerinnen und Bürger, nicht um die Kommunikation und Verfahrensdurchführung mit ihnen als Antragsteller oder Adressaten von Verwaltungsentscheidungen.

Jenseits der infra-administrativen Kommunikation müssen gesetzliche Verwaltungs- und Justizentscheidungen den Medienbruch noch eine Zeit ertragen: digital beantragt und mit digitaler Signatur verbindlich gemacht; elektronisch oder real ausgelegt, angefragt, angehört und beschieden oder per Rechtsbehelf digital angefochten oder – etwa bei den Standardentscheidungen in Verkehrsordnungswidrigkeitenangelegenheiten – digital akzeptiert, aber eben auch digital produziert und konventionell – mit Medienbruch – verbindlich gemacht.

Aber natürlich muss rechtspolitisch gefragt werden, ob und wie lange in der öffentlichen Verwaltung etwas so Seltenes wie der Widerspruch zur Niederschrift[9] oder – um nur eines von vielen denkbaren Beispielen herauszugrei-

---

9. § 70 I VwGO: Der Widerspruch ist innerhalb eines Monats, nachdem der Verwaltungsakt dem Beschwerten bekannt gegeben worden ist, schriftlich oder zur Niederschrift bei der Behörde zu erheben, die den Verwaltungsakt erlassen hat.

## „Digitale Spaltung"

fen – im Anwendungsbereich der Zivilprozessordnung Anträge und Erklärungen zu Protokoll[10] noch rechtlich möglich sein sollen.

Beide Beispiele zeigen ja überdeutlich, dass die Verfahrensordnungen (VwGO, ZPO) die modernen Kommunikationsformen noch nicht berücksichtigen. Man sieht – um es etwas pointiert zu sagen – den von einem Verwaltungsakt beschwerten Bürger wutentbrannt in „sein" Rathaus oder Kreishaus (Landratsamt) laufen, um einem Beamten etwas in die Feder zu diktieren, und man sieht in dem Beispiel der ZPO vom 30.01.1877 den „Rechtsgenossen" im alten Deutschen Reich, wie er in Berlin eine Erklärung abgibt, die in Aachen verfahrensrelevant sein soll. Das war damals eine Verfahrenserleichterung, aber heute ist das eher eine Verfahrensverzögerung.

Rechtspolitik mit dem Blick auf Verfahrensrecht kann dann gewissermaßen einen pädagogischen Effekt erhalten, wenn sie dazu zwingt, moderne Kommunikationsformen zu „können". Und dieses „Können" vermittelt die Schule. Also muss hier angesetzt werden, wie das im Lande Niedersachsen schon seit Jahren geschieht, mit einer Ausweitung und Intensivierung von Unterrichtsangeboten, nein: nicht „Angeboten", sondern zwingenden Unterrichtseinheiten, die den Zugang zu und die Beherrschung von elektronischer Kommunikation beinhalten.

Dem Datenschutz muss in diesem Zusammenhang ein noch stärkerer Rang eingeräumt werden. Denn die subjektive Vermutung vieler Bürgerinnen und Bürger bezüglich nicht immer gegebener Datensicherheit wird durch objektive Vorkommnisse erhärtet. Umfragen[11] „belegen zweifelsfrei, dass sich die Mehrheit der Bevölkerung (29% sehr, 45% mittel) von Datenmissbrauch

---

10. §129a ZPO: (1) Anträge und Erklärungen, deren Abgabe vor dem Urkundsbeamten der Geschäftsstelle zulässig ist, können vor der Geschäftsstelle eines jeden Amtsgerichtes zu Protokoll gegeben werden.
(2) Die Geschäftsstelle hat das Protokoll unverzüglich an das Gericht zu übersenden, an das der Antrag oder die Erklärung gerichtet ist. Die Wirkung einer Prozesshandlung tritt frühestens ein, wenn das Protokoll dort eingeht.
(3) Die Übermittlung des Protokolls kann demjenigen, der den Antrag oder die Erklärung zu Protokoll abgegeben hat, mit seiner Zustimmung überlassen werden.
11. Antje Niewisch-Lennartz, aaO., S. 472

persönlich betroffen fühlt und dem Datenschutz einen hohen Stellenwert einräumt. Ohne Vertrauen in einen den Datenschutz respektierenden Umgang mit den eigenen Daten wird es die gewünschte und erwartete Ausdehnung (erg. Der elektronischen Kommunikation) in die Selbstverständlichkeit nicht geben. Und eines muss auch klar sein: die elektronische Verwaltung (und Justiz) soll schneller, besser, bürgerfreundlicher und kostengünstiger sein, aber sie muss auch weiterhin rechtskonform und von Menschen kontrolliert sein. Niemals darf es umgekehrt sein.

# Autoren

## Prof. Dr. Reza Asghari

Prof. Dr. Reza Asghari, geb. 1961, ist seit September 2000 Professor für Betriebswirtschaftslehre, Internetökonomie und E-Business am Fachbereich Recht der Fachhochschule Braunschweig/Wolfenbüttel. Nach dem Studium der Wirtschaftsinformatik promovierte er 1997 am Institut für Wirtschaftswissenschaften der TU Braunschweig. Er hat mehrere Jahre in der IT-Branche, u.a. bei Oracle Deutschland als CRM-Berater gearbeitet. Er ist geschäftsführender Leiter des Instituts für E-Business (www.institute-business.de) an der Fachhochschule Braunschweig/Wolfenbüttel und Vorsitzender des Bundesverbands Mittelstand und Internet (bmit e.V.). Er beschäftigt sich in der Lehre und Forschung mit den Fragen der Internetwirtschaft und des E-Business. Prof. Asghari analysiert die Auswirkungen der IT im Hinblick auf die Gefüge der Unternehmen und Behörden und leitet das E-Government-Pilotprojekt „Online Bürgerservice" beim Landkreis Wolfenbüttel, das von den Unternehmen Oracle und Behörden Online System (bol) unterstützt wird. Prof. Asghari ist der Vorsitzende des Trägervereins des Bürgerfernsehens in Südostniedersachsen TV 38.

## Dr. Horst Baier

Dr. Horst Baier hat in Kiel und Osnabrück Volkswirtschaftslehre studiert und war acht Jahre in einem Versicherungsunternehmen als Vorstandsassistent und Controller tätig. Von 1996 bis 2002 hat der Autor das Controlling bei der Stadt Braunschweig aufgebaut und war dort zuletzt Leiter des Bereiches Haushalt, Controlling und Beteiligungen. Die Promotion zum Dr. rer. pol. erfolgte im Jahr 2002 an der Technischen Universität Braunschweig über das Thema „Operative Planung in Kommunen". Seit 2002 leitet er den Zentralen Steuerungsdienst der Stadt Salzgitter und verantwortet die Bereiche Organisation, IT, Personal, Controlling, Beteiligungsmanagement und Ratsangelegenheiten.

## Autoren

### Kirsten Hinkel-Käflein

Studium an der Fachhochschule für öffentliche Verwaltung, Fachbereich Allgemeine Finanzwirtschaft von 1992–1995. Berufsbegleitender Aufbaustudiengang zum „Master of Business Adminstration" an der Julius-Maximilians-Universität in Würzburg und der Boston University, Masterarbeit zum Thema „Entwicklung einer E-Government-Strategie", 1999–2001.

Mehrjährige Beratung und Produktmanagement für Softwarelösungen mit dem Schwerpunkt Haushalts-, Kassen und Rechnungswesen sowie Kosten- und Leistungsrechnung, Controlling für Länder und Kommunen. Seit 2003 bei Oracle Deutschland GmbH, seit 2004 Team Leader Sales für Public Sector Applications.

### Uwe Fährmann

Studium an der Technischen Universität Dresden, Sektion Informatik von 1987-1992. Tätigkeit als Software-Projektant und Anwendungsbetreuer im Bereich Finanzwesen in der Stadtverwaltung Dresden 1992–1997. Technischer Systemberater für Oracle-Lösungen im Bereich der öffentlichen Verwaltung bei Oracle Deutschland GmbH von 1997–2000.

Fachberater und Projektverantwortlicher für Oracle E-Government-Lösungen mit dem Schwerpunkt Beschaffungs- und Logistiksysteme bei Oracle Deutschland GmbH seit 2001.

### Volker Wehmeier

Volker Wehmeier (Jahrgang 1971) war vier Jahre in einem großen kommunalen Rechenzentrum als DV-Organisator und Berater für betriebswirtschaftliche Systeme sowie für Themen der Verwaltungsreform tätig. Von 1999 bis 2001 hat er bei Oracle Deutschland GmbH den Ausbau innovativer Lösungsthemen wie Steuerungssysteme, elektronische Beschaffung und Bürger-Informationssysteme im behördlichen Umfeld verantwortet. Von 2001 bis 2003 war Volker Wehmeier bei Oracle Deutschland Produkt-Manager für den Bereich digitaler Lernplattformen. Ein besonderer Fokus seiner Tätigkeit liegt auch heute noch im Bereich Öffentliche Einrichtungen und Behörden.

## Frank Nikolaus

Frank Nikolaus, geb. 1968, Studium der Kulturpädagogik und der Verwaltungsbetriebswirtschaft, ist Consultant bei der nordmedia – Die Mediengesellschaft Niedersachsen/Bremen mbH-, dabei u.a. Projektleiter der Studie „Internet-Serviceangebote niedersächsischer Kommunen" des Landes Niedersachsen 2002, Projektleiter für die Geschäftsstelle Signaturbündnis Niedersachsen, Beratung und Unterstützung der Niedersächsischen Staatskanzlei und des Ministeriums für Inneres und Sport.

## Jochen Koch

Dipl.-Ing. MSc. Jochen Koch, 1975 in Lübeck geboren, studierte Multimedia an der Fachhochschule Braunschweig Wolfenbüttel am Standort Salzgitter. Im Frühjahr 2003 schloss er seine Masterarbeit zum Thema „E-Government – Erschließung der Produktivitätspotenziale der Verwaltung vor dem Hintergrund der digitalen Steuerung von Verwaltungsprozessen" ab.

Bis 2004 war Jochen Koch am Institut für E-Business an der FH Braunschweig/Wolfenbüttel tätig. Seit Februar 2004 ist er als freier Mitarbeiter bei der Hamburger Dialog-Marketing Agentur Proximity im Consulting beschäftigt.

## Rolf Lührs

Dipl.-Soz. Rolf Lührs ist Leiter der Abteilung Interaktive Kommunikation bei der TUHH Technologie GmbH in Hamburg. Von 1989–1997 hat Rolf Lührs Soziologie, Psychologie, Sozial- und Wirtschaftsgeschichte und Betriebswirtschaftslehre in Hamburg studiert. Während dieser Zeit hat er in den Bereichen Direktmarketing, Datenbankentwicklung, Marktforschung sowie in verschiedenen sozialwissenschaftlichen Projekten gearbeitet. Von 1997 bis 2003 war Rolf Lührs an der Technischen Universität Hamburg-Harburg, Arbeitsbereich Technikbewertung und Technikgestaltung (Prof. Thomas Malsch) als wissenschaftlicher Mitarbeiter beschäftigt und hat dort u.a. das europäische Forschungs- und Entwicklungsprojekt DEMOS geleitet.

# Autoren

## Dr. Martin Hube

Dipl.-Phys. Dr. Martin Hube, geb. 1957, ist Regierungsdirektor und Leiter Referatsteil 11.2 Iuk-Technik, E-Government im Niedersächsischen Ministerium für Inneres und Sport.

## Christoph Dyck

Christoph Dyck, Jahrgang 1970, hat an der Universität Augsburg Ökonomie mit Schwerpunkt Operations Research studiert. Er war als Business Development Manager für Oracle Deutschland GmbH für Großprojekte im Umfeld wehrtechnische Industrie und Behörden zuständig. Seit dem Jahr 2002 ist Herr Dyck bei der Firma Elektroniksystem- und Logistik GmbH (ESG) im Bereich Geschäftsfeldentwicklung für das Fachgebiet Prozessconsulting verantwortlich. Neben betriebswirtschaftlichen Analysen sowie Prozessgestaltung und -Integration gehören speziell Programmmanagement und Projektcontrolling zu den Beratungsschwerpunkten der ESG.

## Prof. Dr. Achim Rogmann

Nach dem Ergänzungsstudium an der Hochschule für Verwaltungswissenschaften Speyer tratt Prof. Dr. Rogmann 1990 in die Bundesfinanzverwaltung ein. 1993 bis 2000 war er als Lehrender für Allgemeines Zollrecht und Europarecht am Fachbereich Finanzen der Fachhochschule des Bundes in Münster, zuletzt als Regierungsdirektor, tätig.

1998 folgte seine Promotion an der Universität Hamburg. Seit 2000 ist er Professor für Öffentliches Wirtschaftsrecht und Europarecht am Fachbereich Recht der Fachhochschule Braunschweig/Wolfenbüttel.

Seit 2002 ist Prof. Rogmann wissenschaftlicher Leiter des Europäischen Dokumentationszentrums der Fachhochschule Braunschweig/Wolfenbüttel.

## Prof. Dr. Axel Saipa

Geboren 1943 in Hannoversch Münden und aufgewachsen in Hannover. Nach Abitur 1963 und Wehrdienst 1963 bis 1964 Studium der Rechtswissenschaften in Göttingen. September 1968 bis Juni 1969 Postgraduierten-Studium an der University of California, Berkeley Law School. Juni 1969

Master-of-Laws an der University of California. 1971 Promotion an der Universität Göttingen zum Dr. jur.

Seit 1978 Mitglied des Landesjustizprüfungsamtes in Hannover. Lehraufträge an der Universität Hannover und an der Leibnizakademie Hannover von 1978 bis 1986. 1980 bis 1992 Stadtdirektor der Stadt Lehrte. 1992 bis 1998 Oberkreisdirektor des Landkreises Goslar. 1998 bis 2003 Regierungspräsident des Regierungsbezirks Braunschweig. Juli 2003 Ernennung zum Honorarprofessor an der Technischen Universität Clausthal. Lehrauftrag dort seit 1998. Lehraufträge an der FH Braunschweig/Wolfenbüttel und der Verwaltungs- und Wirtschaftsakademie Braunschweig seit 2002 bzw. 2004. Zahlreiche Veröffentlichungen im Staats- und Verfassungsrecht, Polizeirecht, Kommunalrecht sowie im allgemeinen Verwaltungsrecht und zum Verwaltungsorganisationsrecht.

# Stichwortverzeichnis

**A**
Adaption 122
Anbieterakkreditierung 143
Anlagenverwaltungsprozesse 104
Application Service Provider 87
Authentizität 223
automatisierter Verwaltungsakt 216

**B**
Bedarfserfassung 90
Bedarfsmanagement 90
Beschaffung 84
Beschaffungsanalyse 94
Beschaffungsprozess 85
Bestellmanagement 91
BundOnline2005 142
Bürgerportale 212

**C**
collaborative Lernformen 113
Computer-based-Training 112
Content Management 166

**D**
DEMOS 176
Der elektronische Verwaltungsakt 211
digitale Signaturen 103
digitale Spaltung 242, 244

**E**
E-Government 216
Einsparpotenziale 84
E-Learning 111
elektronische Demokratie 173

elektronische Signatur 141
EPC 197, 198, 199, 200, 201, 202, 203, 204, 205, 206, 208, 209, 210
E-Procurement 84
eVergabe 102

**H**
Hamburg 180
Hash-Werte 145
HTTP 87

**I**
IC-Kennzahlen 204
Ideenwettbewerb 177
Informationszeitalter 35
Input-Output-Modell 200
Integration 181
Internet 240
Intranet 240

**K**
Katalogadministration 99

**L**
Landeskommunikationsnetz 189
Landesverwaltung 189
Lern-Controlling 113
Lernfortschrittskontrolle 113
Lernsystem 114

**M**
Media@komm 141
Moderatoren 178

## N
Neues kommunales Finanzwesen (NKF) 67
NKF 80

## O
öffentliche Verwaltung 247
Online-Banking 238
Open-Source-Software 157
Oracle 108
Organisationsoptimierung 36
Outsourcing 79

## P
Partizipationsmethodologie 175
Pensionsrückstellungen 72
Pilotprojekte 190
PIN 144
Projektdisziplin 198, 199
Projektlenkungsausschuss 203
Projektmanager 203
Projektorganisation 199, 203, 209
Projektplan 199, 202, 203, 205
Projektrisiken 205
Projektteam 132
Public Key Infrastructure 152
Punchout-Mechanismus 99

## Q
Qualitätsmanagement 49

## R
Rechnungsprüfung 94
Rechnungswesen 72
Reorganisation 92
Reporting-Ebene 208

## S
Schnittstellen 91
Signaturkarten 151
SMTP 87
Standardartikel 108
Steuerungsinstrumente 73
Systemintegration 95

## T
TCP/IP 87

## V
Verdingungsordnungen 101
Vergabemanagement 91
Vergabeverfahren 101
Verwaltungsverfahren 218

## W
Workflow 93
Workflowmanagement 90
Workflowsystem 90

## X
XML 87

## Z
ZMS 164

# Abonnieren Sie jetzt!

**1re Vorteile, wenn Sie jetzt Linux Enterprise abonnieren:**

- Sie erhalten die Jahres-CD mit allen Ausgaben 2004.
- Sie sparen mehr als 10% (gegenüber dem Einzelbezug) und haben die Sicherheit, keine Ausgabe zu verpassen.
- Sie erhalten die Linux Enterprise Lola-Tasse (Tasse wird nach Zahlungseingang der Rechnung zugesendet. Angebot gilt, solange Vorrat reicht.)
- Das Abonnement ist jederzeit kündbar

Einfach ausfüllen und an **069 63 00 89 89** faxen oder unter **www.linuxenterprise.de** bestellen

**Ja,** ich bestelle das Linux-Enterprise-Jahresabonnement (6 Ausgaben). Das Abonnement gilt zunächst für ein Jahr und verlängert sich automatisch um ein weiteres. Das Abonnement ist jederzeit – ohne Einhaltung von Fristen – kündbar. Das Geld für bezahlte, aber noch nicht gelieferte Hefte, bekomme ich zurückerstattet.

Das Abo kostet z.Zt.:
Inland € 29,50 / € 23,50 Studentenabo (gegen Nachweis)
Ausland € 39,50 / € 33,50 Studentenabo (gegen Nachweis)

Firma: _____
Name: _____
Straße: _____
PLZ/Ort: _____
Telefon/Fax: _____
E-Mail: _____

**Zahlungsweise:**
❑ Bankeinzug
Kreditinstitut: _____
BLZ: _____ Konto-Nr.: _____

❑ **Kreditkarte**
❑ Visa   ❑ Eurocard/Mastercard
Karten-Nr.: _____ gültig bis: _____
Karteninhaber: _____

❑ **Nach Erhalt der Rechnung**

Ich weiß, dass ich diese Bestellung innerhalb von 10 Tagen bei der Software & Support Verlag GmbH widerrufen kann.
Zur Wahrung der Frist genügt die rechtzeitige Absendung.

Datum, Unterschrift: _____

**S&S** Software & Support Verlag

## OpenOffice.org im Business-Einsatz
### Das Praxishandbuch für Windows, Linux und Mac OS

Jacqueline Rahemipour
ISBN 3-935042-55-8
577 Seiten, CD, 29,90 €

Open-Source-Software im Büro? Kein Problem: Dieser praxisnahe Guide erläutert ausführlich alle Lösungswege und Arbeitsschritte mit OpenOffice.org/StarOffice. Die Kapitel orientieren sich an den konkreten Aufgaben im Büroalltag, die Administratoren, Sekretärinnen und Sachbearbeiter mit der Office-Suite lösen müssen. Dabei beschränkt sich die Beschreibung keineswegs auf die Erläuterung der Funktionen, sondern liefert zudem wichtige Hintergrundinformationen und praxisnahe Tipps, die die Arbeit am PC erleichtern: angefangen bei der klassischen Korrespondenz über das Erstellen von Prospekten und dem Einsatz von OpenOffice.org zur Datenverwaltung bis hin zur Organisation von Workflows (Mailings, Teamarbeit, Arbeiten mit umfangreichen Dokumenten usw.).

Die Autorin Jacqueline Rahemipour schreibt aus ihrer täglichen Praxis in Schulung und Beratung und ihrer langjährigen Erfahrung im Anwender-Support. Speziell für Entscheider und Administratoren greift sie wichtige Aspekte auf, die bei einer Migration zu OpenOffice.org von Bedeutung sind, und sie beschreibt, wie die Software sinnvoll für den Unternehmenseinsatz konfiguriert und zentral administriert werden kann.

**Die Themen:**
- Die Module Writer, Calc, Draw und Impress ausführlich vorgestellt
- Installation und Konfiguration
- Texte gestalten mit Formatvorlagen
- Dokumentenaustausch
- Formulare mit Datenbanken verknüpfen
- Professionelle Präsentationen
- Arbeiten mit Tabellen
- Programmieren mit OpenOffice.org Basic
- Migrationsstrategien
- Zentrale Administration im Unternehmen

Software & Support Verlag

Weitere Informationen: **www.entwickler.com/buecher/openoffice**

## Linux für Umsteiger
### Einfach lernen und anwenden

Ralph Steyer
ISBN 3-935042-61-2
239 Seiten, Pocket, 13,90 €

Sie verfügen über grundlegende Windows-Kenntnisse und wollen sich nun auch das Open-Source-Betriebssystem Linux erschließen? „Linux für Umsteiger" bespricht alle auftretenden Fragen rund um das Themenfeld Installation und Konfiguration, geht auf die Einrichtung des Desktops ein und stellt Ihnen die wichtigsten Anwendungen vor. Dazu finden Sie die wichtigsten Informationen zu Software- und Systemmanagement, Netzwerkkonfiguration sowie die Einbindung von Hardware wie Sound-Systemen, CD-Brennern, Druckern etc. Schon bald nutzen Sie Linux produktiv – im Unternehmen wie auch im Privatbereich. Im Mittelpunkt stehen die populären Linux-Distributionen SuSE (Version 9.0) und Knoppix. Das Buch eignet sich für das Selbststudium genauso wie für den Einsatz in Schulungen und Seminaren.

**Die Themen:**
- Schnellstart mit Knoppix
- Installation von SuSE Linux 9.0
- Systemstart und Bootkonzepte
- Grafische Oberflächen, Window-Manager, X-Server, Konfiguration mit SaX und SaX2
- Mit KDE, dem K Desktop Environment, arbeiten
- Den Datei-Manager Konqueror produktiv einsetzen
- Linux-Konfiguration mit YaST

**S&S**

Software & Support Verlag

Weitere Informationen:
**www.entwickler.com/buecher/linuxumsteiger**

## PHP & XML für Web Developer
### Praxis und Referenz

Michael Seeboerger-Weichselbaum
ISBN 3-935042-50-7
549 Seiten, 29,90 €

Der universelle Sprachenstandard XML ist fester Bestandteil in modernen Webpräsenzen. Auch die populäre serverseitige Skriptsprache PHP bietet seit der Version 3.0.6 einen umfangreichen Support von XML und XSLT. Durch diese enge Zusammenarbeit sind aktuelle und kostengünstige Webapplikationen möglich. Viele Content-Management-Systeme (CMS) setzen auf diesen beiden Technologien auf. Das vorliegende Buch führt in alle Facetten von XML und XSLT ein, die mit PHP möglich sind. Sie erfahren zunächst alles Wichtige zum Parsen und Einlesen von XML-Dokumenten über SAX (Simple API for XML) und lernen weitergehende Möglichkeiten mit dem Document Object Model (DOM), das mit PHP 4.1.0 Einzug hielt, und dem XSLT-Prozessor Sablotron kennen. Jedes Kapitel schließt mit praktischen Anwendungen und Fallbeispielen.

Die Themen:
- Sprachgrundlagen
- Collections und Generics
- Datentransfer über Streams
- Jar-Archive, Javadoc und Anwendungsweitergabe
- Grafische Anwendungen, Applets und Drucken
- Multithreading
- Netzwerkanwendungen
- Annotations
- Logging
- Preferences
- XML-Verarbeitung
- Datenbankzugriffe über JDBC
- JUnit – Tests

**S&S** Software & Support Verlag

Weitere Informationen: **www.entwickler.com/buecher/phpxml**

## Eclipse – Die Plattform
### Enterprise-Java mit Eclipse 3

Kai Brüssau (Hrsg.), Oliver Widder (Hrsg.)
ISBN 3-935042-54-X
729 Seiten, CD, 49,90 €

Eclipse gilt heute als Quasi-Standard für Java-Entwicklungsumgebungen. Dieses umfassende Handbuch gibt Ihnen einen Überblick über die vielfältigen Anwendungsgebiete von Eclipse 3.0 und stellt dabei insbesondere seinen Einsatz in größeren Entwicklungsprojekten in den Mittelpunkt. Nach der Grundlagenvermittlung in Teil 1 zeigen die Autoren – allesamt erfahrene Spezialisten in ihrem Bereich – wie die wichtigsten Aufgaben mit der mächtigen und komplett offenen Entwicklungsumgebung gelöst werden können. Die Beschreibung typischer Anwendungsfelder wie UML-Modellierung, Model Driven Architecture, Versionsverwaltung u.v.m. rundet den zweiten Teil ab. Im dritten Teil erfahren Sie, wie einfach Sie selbst Erweiterungen (Plug-ins) entwickeln können und welche mächtigen Werkzeuge Eclipse hierfür zur Verfügung stellt, z.B. die Plug-in Development Environment (PDE). Schließlich erleben Sie die ganze Leistungsfähigkeit von Eclipse als mögliches „Start-Framework" im Einsatz als Rich-Client-Plattform.

### Die Themen:
- Die Plattform Eclipse vorgestellt
- Konfigurations- und Buildmanagement
- Eclipse als Modellierungswerkzeug
- GUI-Design mit Eclipse
- Entwicklung und Deployment von J2EE-Anwendungen
- Eclipse und CVS
- Plug-in-Entwicklung für die Eclipse Workbench
- Refactoring to Eclipse

**S&S** Software & Support Verlag

Weitere Informationen: **www.entwickler.com/buecher/eclipse**